本书是国家社会科学基金青年项目"大数据时代新媒体传播权体系研究"
（项目编号18CXW031）成果

大数据时代新媒体传播权体系研究

代江龙　著

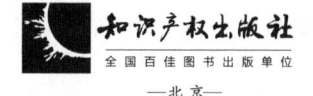

知识产权出版社
全国百佳图书出版单位
—北京—

图书在版编目（CIP）数据

大数据时代新媒体传播权体系研究／代江龙著．
北京：知识产权出版社，2024.7. -- ISBN 978-7-5130-9433-7

Ⅰ. G219.2

中国国家版本馆 CIP 数据核字第 2024YV5810 号

责任编辑：刘 睿 邓 莹　　　　　　责任校对：王 岩
封面设计：智兴设计室·任册　　　　　责任印制：刘译文

大数据时代新媒体传播权体系研究

代江龙　著

出版发行：知识产权出版社有限责任公司	网　址：http://www.ipph.cn
社　　址：北京市海淀区气象路 50 号院	邮　编：100081
责编电话：010-82000860 转 8346	责编邮箱：dengying@cnipr.com
发行电话：010-82000860 转 8101/8102	发行传真：010-82000893/82005070/82000270
印　　刷：天津嘉恒印务有限公司	经　销：新华书店、各大网上书店及相关专业书店
开　　本：720mm×1000mm　1/16	印　张：12.25
版　　次：2024 年 7 月第 1 版	印　次：2024 年 7 月第 1 次印刷
字　　数：200 千字	定　价：88.00 元
ISBN 978-7-5130-9433-7	

出版权专有　侵权必究

如有印装质量问题，本社负责调换。

前　　言 / PREFACE

在新技术与新理念打造的新格局下，产权保护与传播促进、数据开放与创新激励之间的矛盾更为凸显，大数据时代的新媒体传播权体系面临挑战。本书以新兴媒体为研究对象，聚焦大数据背景下新媒体传播权体系，以考察新媒体行业参与方利益格局为基础，分析我国新媒体以版权资源为元数据的大数据利用，针对存在的传播权错配、低效、缺失等相关问题，为我国新媒体产业发展、版权改革方向的确立，探寻解决之道。本书研究遵循"背景分析—产业聚焦—制度梳理—体系证成"的研究进路，从大数据技术革命与传播理论入手，通过对产业实践的利益格局分析，找准问题，展开传播权规则体系建构。

要理解大数据技术对新媒体的影响与改造，需要从传播历史发展与变革中探寻。从古登堡印刷机到短视频智能推送，技术革新、传播理论和版权规则的渐进发展密切相关。纸质媒体时代，印刷术的发展带来了文化工业的勃兴，传播利益也驱动了版权规则的诞生。进入广播电视媒体的大众传播时代，媒介开始更深地影响人们的生活，传播理论也出现百家争鸣的局面，反思与审视大众传播媒介对社会生活与人类自身的深刻塑造。广播电视媒体时代，随着传播媒介的多样化，作品类型与传播权项快速扩张，为传播者提供保护的邻接权也开始出现。互联网媒体的诞生与崛起，颠覆了传统的传播格局，作品的创作、复制、传播更为便捷，同时许可与责任机制也面临挑战。进入大数据时代，新媒体借助人工智能与大数据技术的加持，在内容创作、版权资源运营与精准化传播方面形成巨大突破，既有的传播理论与版权规则亟待变革。

新媒体产业的各参与主体，在新的传播技术环境下，存在各自差异化的利益立场。不同的新媒体平台在内容运营上采取不同的商业模式。随着人工智能与大数据技术的发展演进，新媒体商业模式也从免费加广告转向智能化推荐加多渠道商业变现。平台与用户之间的关系，在责、权、利方面都需要再平衡。传统的新媒体用户也转化为重要的内容生产者与传播者，同时，专业化的内容创作与传播辅助机构也作为新媒体平台的关键主体参与其中。用户创作、职业化创作、智能化创作存在不同的利益动因。以智能化推荐为基础的平台传播与以内容运营为基础的专业化机构，辅之以海量的公众创作分享者，共同形成新媒体平台传播的基本利益格局。

著作权法规则诞生于纸质媒体，发展于广电媒体时代，在互联网时代发生重大变革。面对大数据时代的技术发展，著作权法与传播相关的权项、邻接权、著作权限制规则、传播主体责任规则都亟待调整以适应新技术与新传播环境。从《伯尔尼公约》到欧盟版权指令的国际法发展，体现了国际规则对于新传播环境的适应性调整。域外其他国家和地区，尤其是美欧等发达国家和地区也在大数据利用、平台责任等方面进行了立法修订。大数据时代的新媒体环境下，现有的传播权体系面临着传播权项体系化缺失、大数据利用与版权限制规则冲突、平台责任规则失范等一系列问题。

新媒体传播权体系的完善，需要立足于大数据时代的技术背景与传播环境，以"财产/责任规则"的经济分析立场为基础，从传播权项、版权限制与责任规则等维度，展开规则建构。传播权项的体系化应从其历史发展解读权利内涵，进而划定权项边界。尤其是随着网络直播等新传播形态的发展，需要准确界定表演权与信息网络传播权、广播权等权利的边界，针对出版者、网播组织，应适当扩展邻接权权项。在大数据利用与人工智能开发、元宇宙技术应用中，需要拓展合理使用的版权限制规则，变革版权利用的许可机制。针对大数据时代新媒体传播责任规则，则应改造现行"避风港规则"，激活"红旗原则"，准确厘定算法推荐行为所引致的平台版权责任规则。

目录 / CONTENTS

第一章 背景分析：大数据时代新媒体传播变革 …… 1
  第一节 技术革新背景下传播变迁与版权理论溯源 …… 1
    一、纸质媒体时代的传播与版权理论发展 …… 2
    二、广播电视媒体时代的传播与版权边界扩张 …… 14
    三、互联网媒体时代的传播与版权理论革新 …… 26
  第二节 大数据技术对新媒体传播的改造 …… 34
    一、大数据技术与新媒体发展 …… 34
    二、新媒体的内容生产转型 …… 39
    三、大数据时代媒体融合的传播变革 …… 46

第二章 产业聚焦：新媒体传播利益格局分析 …… 51
  第一节 新媒体传播利益格局的实践考察 …… 51
    一、大数据时代新媒体内容运营的商业模式 …… 52
    二、新媒体平台内容维权典型案例评析 …… 63
  第二节 新媒体内容生产与传播主体利益格局 …… 73
    一、新媒体内容生产与传播的参与主体 …… 74
    二、新媒体内容生产与传播主体的利益分析 …… 83

第三章 制度梳理：新媒体传播权规则失范 …… 100
  第一节 国内外著作权法中的传播权规则考察 …… 100
    一、中国著作权立法考察 …… 101
    二、版权法规则域外考察 …… 112

第二节　新媒体发展与传播权规则不足 …………………… 123
　　一、传播权项在大数据时代面临冲击 …………………… 124
　　二、大数据利用与版权限制规则的冲突 ………………… 127
　　三、作品传播的侵权责任规则亟待变革 ………………… 130

第四章　体系革新：大数据时代新媒体传播权规则完善 …… 138
第一节　卡-梅框架下新媒体传播的经济分析 ……………… 138
　　一、财产/责任规则及其适用场景 ………………………… 138
　　二、新媒体传播中的交易成本判断 ……………………… 139
第二节　大数据时代新媒体传播权项的体系化 ……………… 141
　　一、新媒体著作权相关传播权项的体系化 ……………… 141
　　二、新媒体环境下的邻接权扩展 ………………………… 149
第三节　适应大数据时代的版权限制与利用规则 …………… 152
　　一、大数据时代的版权限制规则 ………………………… 153
　　二、大数据时代的版权利用规则 ………………………… 157
第四节　大数据时代新媒体传播责任规则 …………………… 160
　　一、对现行"避风港规则"的改造 ……………………… 160
　　二、激活"红旗原则"："避风港规则"的有效补充 …… 163
　　三、"算法推荐"的著作权侵权认定 …………………… 166

第五章　结　　语 …………………………………………… 171

参考文献 ……………………………………………………… 173

第一章　背景分析：大数据时代新媒体传播变革

传播学发展得如此迅猛，以至于它几乎不能停下来等待对它进行描述。[1] 进入大数据时代，新媒体的迅速发展，更是让传播学进入最为剧烈和复杂的历史变革阶段。从人类漫长的传播史发展来看，肇始于20世纪最后20年的计算机与互联网技术，诞生时间尚短。然而，移动互联网所带来的社会文化影响，以及人工智能、大数据等新兴技术风驰电掣般地席卷，则让传播学在如此短的时间内，面临着如此多的变革冲击。从古登堡印刷机到短视频智能推送，在技术革新的历史脉络与传播理论的渐进发展之间，存在或明或暗的联系。要理解大数据技术对新媒体的影响与改造，需要从传播历史发展与变革中探寻。

第一节　技术革新背景下传播变迁与版权理论溯源

美国社会学家赖特·米尔斯（Charles Wright Mills）指出，"人们只有将个人的生活与社会的历史这两者放在一起认识，才能真正地理解他们"[2]。技术发展推动媒体变革，同时带来传播理论的变迁。从个人生活的层面观察，媒体变革影响到信息接收与传播渠道，进而潜移默化地改变生活习惯，直至改变个人与群体的生活方式；从社会历史发展的维度考察，媒介发展所呈现

---

[1] SCHRAMM W, ROBERTS D F. The Nature of Communication between Human, Process and Effects of Mass Communication, Rev. ed. [M]. Urbana: University of Illinois Press, 1971: 3-53.
[2] C. 赖特·米尔斯. 社会学的想象力 [M]. 陈强, 张永强, 译. 上海: 上海三联书店, 2001: 1.

的历史阶段性与技术革新相伴相随,看似跃迁式的传播媒介变革,实质上有着渐进式的传播理论演进。当然,技术绝非媒介发展的充分条件,作为推崇传播革命的先驱,美国学者弗德瑞克·威廉斯(Frederick Williams)也不得不承认,媒介技术"既不是变迁的原因,也不是结果,只是催化剂而已"❶。技术变革、社会文化与制度规则相互关联,共同推动媒介传播不断向前。从传播史的宏观视角审视,传播技术的点滴累积影响到传播理论的发展,正如一系列杂乱无章的音符演奏出气势恢宏的华美交响乐。

一、纸质媒体时代的传播与版权理论发展

人类工业文明的快速扩张与宗教的现代化转变,都离不开印刷术的发展。英国牛津大学的人类学家罗宾·邓巴(Robin Dunbar)基于对灵长类动物大脑进化与社交行为提出的"邓巴数字"❷,揭示了人类的分享天性来源与稳定的社交规模。印刷术的发展让人类的分享天性"插上翅膀"。纸质媒体在印刷术的助推下,取得了长期的发展与"统治地位",从"对权力的挑战"逐步发展为"权力的来源"。正如著名的大众传播学者路易斯·沃斯(Louis Wirth)所言:"在我们所生活的时代,对媒介的控制或许构成了社会生活领域中最为重要的权力来源。"❸纸质媒体的发展让传播学理论,以及与之相适应的版权法规则不断完善,真正构建起了近现代意义上的传播理论框架与版权规则体系。

(一)印刷术与纸质媒体发展

马歇尔·麦克卢汉(Marshall McLuhan)对印刷术在西方文明发展中的重要性给予了充分的肯定,其曾经指出,"西方机械文化的一切方面都是由印刷术塑造的"❹。人类借由印刷术的发展,实现了媒介与传播的革命式突破,

---

❶ 弗德瑞克·威廉斯.传播革命[M].韩玉兰,译.台北:台湾允晨文化实习股份有限公司,1983.
❷ 罗宾·邓巴.人类的演化[M].余彬,译.上海:上海文艺出版社,2016:2-5.
❸ WIRTH L. Consensus and Mass Communication [J]. American Sociological Review, 1948, 13: 10.
❹ 埃里克·麦克卢汉,弗兰克·秦格龙.麦克卢汉精粹[M].何道宽,译.南京:南京大学出版社,2000:370页.

催化了纸质媒体的诞生，并通过信息资讯的快速且低成本传播，推动社会文化与工业文明发展的高歌猛进。

1. 印刷术的起源与纸质媒体的诞生

自公元105年东汉时期的蔡伦发明造纸术后，我国在北宋以前，印刷皆采用"雕版"，方法是把图文刻在木板上用水墨印刷。但雕版印刷成本高，难度大，效率低，很难得到大面积的推广应用。北宋时期，毕昇总结了历代雕版印刷的丰富的实践经验，经过反复试验，首创了活字印刷术，完成了印刷史上一项重大的革命。至15世纪，德国美因茨的约翰内斯·谷登堡（Johannes·Gutenberg）采用铅、锑、锡等金属制成活字，并发明了用亚麻油、松节油和炭黑混合而成的油性墨水，❶让印刷速度和准确性大大提升，印刷的质量也因技术的改进取得突飞猛进。

印刷技术的快速发展，使现代传播媒介走上历史的舞台。首先出现的是印刷书籍，包括宗教典籍在内的印刷品开始在官方途径出现，并逐步扩展到民间。在此之前，以手写方式出现的经典古籍，借助印刷术的进步被大量复制、发行、传播。专业化的印刷出版机构也在这个时期开始萌芽。我国唐朝开元年间印刷的《开元杂报》是当今经过考证最早的报纸。由于当时仍然采用的是雕版印刷技术，《开元杂报》局限于官方的小范围发行。随着活字印刷术的发展，宋代以后，报纸印刷从官方拓展到民间。民间开始出现大量的"小报纸"，作为发布消息、新闻、讯息的非官方"媒体"雏形。

反观西方国家，印刷术的发展推动纸质书籍从宗教典籍领域进入大众文化传播范畴。16世纪之后，欧洲开始出现大量介于图书与报纸之间的印刷出版物，可视之为早期的报刊形式。1690年9月25日，北美殖民地第一份报纸《国内外大事记》的创刊号面世，以发布来自欧洲的相关"新闻"。❷但该份报纸仅仅发行了一期，即因触怒殖民地理事会而被禁止。然而，新闻报刊的萌芽，此时已经在北美殖民地新的信息生态系统中不断地茁壮成长。1814

---

❶ 伊丽莎白·爱森斯坦. 作为变革动因的印刷机：早期近代欧洲的传播与文化变革 [M]. 何道宽, 译. 北京：北京大学出版社，2010：70.

❷ 汤姆·斯丹迪奇. 从莎草纸到互联网：社交媒体2000年 [M]. 林华, 译. 北京：中信出版集团，2015：185–186.

年11月29日凌晨，英国伦敦《泰晤士报》第一次采用蒸汽印刷机代替手工操作印刷机，发行了第一份采用蒸汽技术印制的大批量报纸，尽管因为英国政府为控制报刊所采取的印花税模式，大大限制了低成本大量生产报纸的进程，但在更具有新闻自由土壤的北美大地上，蒸汽印刷机却有力地推动了报刊向大众化传播转变。以1833年到1851年创刊的美国纽约《太阳报》《纽约先驱报》《纽约时报》为代表的报刊，通过将蒸汽印刷技术与广告登载结合起来，极大地降低了报纸成本，拓展了发行渠道，能够"对社会大众——商人、机械师、工人，对私人家庭和公共旅店，对雇工和雇主，对小职员和他的上司，都一律平等地提供服务"❶。印刷技术的不断改进与革新为大众传播的开启奠定了坚实基础。

2. 纸质媒体与"文化工业"的勃兴

媒介技术的发展让文化生产的速度显著加快，文化产品的丰富也会带来优质文化消费品的大量出现。❷ 技术发展与媒介变迁，形成了文化的再生产能力，从而步入布迪厄所述的从文化的自我超越到自我批判，进而自我生产的社会运作结构。❸ 纸质媒体的不断发展，通过多方面的影响，塑造了现代传播的发展与媒体"工业时代"的勃兴。

一方面，印刷术推动下的纸质媒介，带来了知识总量与知识获取渠道上的突飞猛进，让传播发展真正进入大众时代。在印刷术发展之前，知识与信息的传播主要依赖于手写与口头的传播，不仅信息传播的稳定性与标准化不足，而且传播的受众范围较为狭窄。而印刷术带来的复制效率与复制能力的提升，让承载着知识与信息的书籍能够"飞入寻常百姓家"，从"庙堂之上"步入"市井之中"，普通社会公众拥有了接触知识与信息"廉价媒介"的机会。大众化的文化传播又进一步带来了知识信息的丰富与再生产。从中国的"宋元文化繁荣"到欧洲的"文艺复兴"，印刷术改进与传播媒介发展见证了

---

❶ 汤姆·斯丹迪奇. 从莎草纸到互联网：社交媒体2000年 [M]. 林华, 译. 北京：中信出版集团, 2015：251-257.

❷ 马晓乐, 宁继鸣. 技术进步与文化再生产的互系与互惠——基于印刷术和自媒体的分析 [J]. 文史哲, 2015 (6)：146-154.

❸ 高宣扬. 布迪厄的社会理论 [M]. 上海：同济大学出版社, 2004：30.

与之相随的科技与文化兴盛。

另一方面，印刷术所带来的纸质媒介发展，形成了社会文化的再生产组织体系，推动孕育了适应于"工业化"文化传播的专业化机构与专业化人员。复制的便捷化与规模化，以及大规模复制的版权保护需求，让出版行业成为文化传播中连接创作者与普通受众的一股重要力量。创作者的"天才之火"与文化产品输出的"利益之油"，让文化传播通过图书出版商步入了信息传播的"高速公路"，进而衍生出专注于纸质媒体出版的专业机构与人员助推文化工业发展。

（二）守成与创新：纸质媒体的新世纪危机

纸质媒体在相当长的历史时期占据着主导地位，并在当今仍然发挥着举足轻重的作用。然而，进入21世纪，随着广播电视媒体，尤其是互联网媒体的蓬勃发展，纸质媒体的影响力与传播力每况愈下，甚至产生了纸质媒体机构与从业人员的生存危机。即使是世界知名的报刊亦不例外，《纽约时报》2008年经济危机时期的快速衰落即是重要的例证。❶ 由于报纸行业印刷广告的急剧下降，2016年，包括《纽约时报》《华尔街日报》在内的多家报业集团再次进行买断合同式裁员，以进一步缩减成本。加利福尼亚大学伯克利分校媒体经济学教授阿兰·穆特（Alan D. Mutter）在其博客上直呼，报刊行业的寒冬已经来临，出版商们已经意识到，他们将会进入报业出版的"新常态"。这种新常态显然意味着，正如微软前首席执行官史蒂夫·鲍尔默（Steve Ballmer）在2009年6月24日，美国次贷危机后的演讲中所提到，"传统媒体不可能会恢复到经济衰退以前的水平，传统的广播和印刷媒体在未来媒体市场中只能占据很小的份额"。十余年的发展已经在逐步证实史蒂夫·鲍尔默的预言，时至今日，传统纸质媒体在脸书、推特、微信、微博等互联网媒体的挤压下，生存日益艰难，自身也在不断寻求突围。

代表着纸质媒体风向标意义的期刊与报纸，近年来出现急剧萎缩的局面，根据国家统计局公布的数据，以报纸期刊为例，中国报纸出版总印数从

---

❶ 潘元金. 纸质媒体生存危机探析 [J]. 武汉科技学院学报, 2009 (6)：67–69.

2013年的482.4亿份下降到2022年的266亿份，10年时间下降了45%（见图1）；中国期刊出版总印数从2013年的32.7亿册下降到2022年的20亿册，10年时间下降了39%（见图2）。

从中国印刷行业的总印刷量来看，出版印刷企业黑白、彩色印刷产量均出现下降。出版印刷企业黑白印刷量，从2013年的32607.94"万令"，下降到2021年的18956.36"万令"，9年时间下降了42%；出版印刷企业彩色印刷量，从2013年的255672.47"万对开色令"下降到2021年的123687.09"万对开色令"，5年时间下降的比例更是达到52%，仅剩原印刷量不到一半的数量（见图3）。

随着报纸、期刊、图书发行、出版印数的减少，相应的媒体企业利润下滑。传统纸质媒体行业的相关机构与从业人员的数量也随之相应减少。纸质媒体与广播电视及互联网媒体呈现出此消彼长之势。传统纸质媒体出版行业在新技术与新媒介的冲击之下，既面临着生存之"危"，也在不断寻求着转型之"机"。为适应技术发展与消费需求的变化，传统纸质媒体不断"自我革命"，期望通过与新媒体技术的融合，实现传播渠道的拓展，纸媒行业也进入一个"危机并存"的新发展阶段。

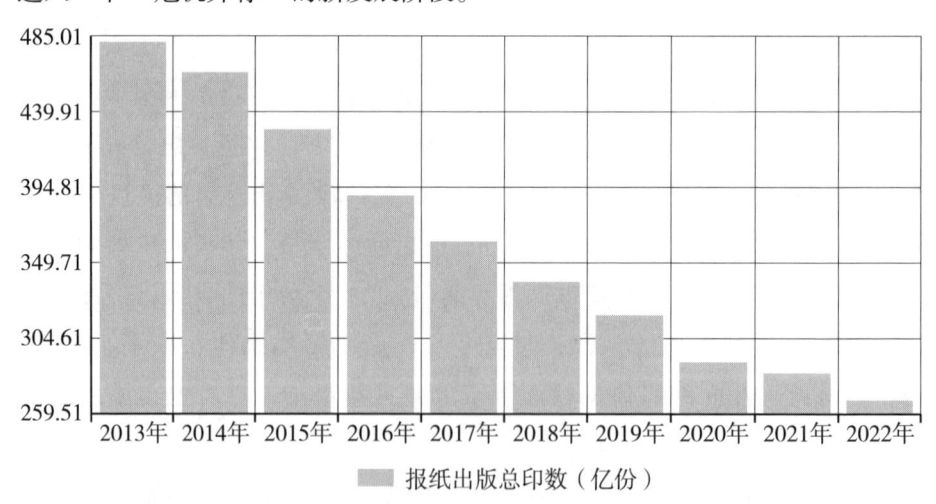

图1：报纸出版总印数（数据来源：国家统计局网站"国家数据"）

第一章　背景分析：大数据时代新媒体传播变革

期刊出版总印数（亿册）

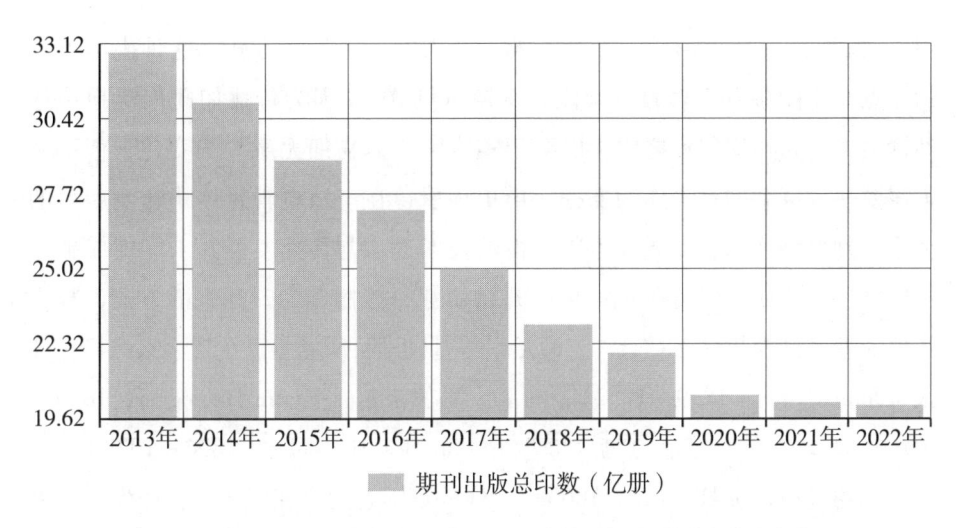

图2：报纸出版总印数（数据来源：国家统计局网站"国家数据"）

出版印刷企业黑白印刷产量（万令）
出版印刷企业彩色印刷产量（万对开色令）

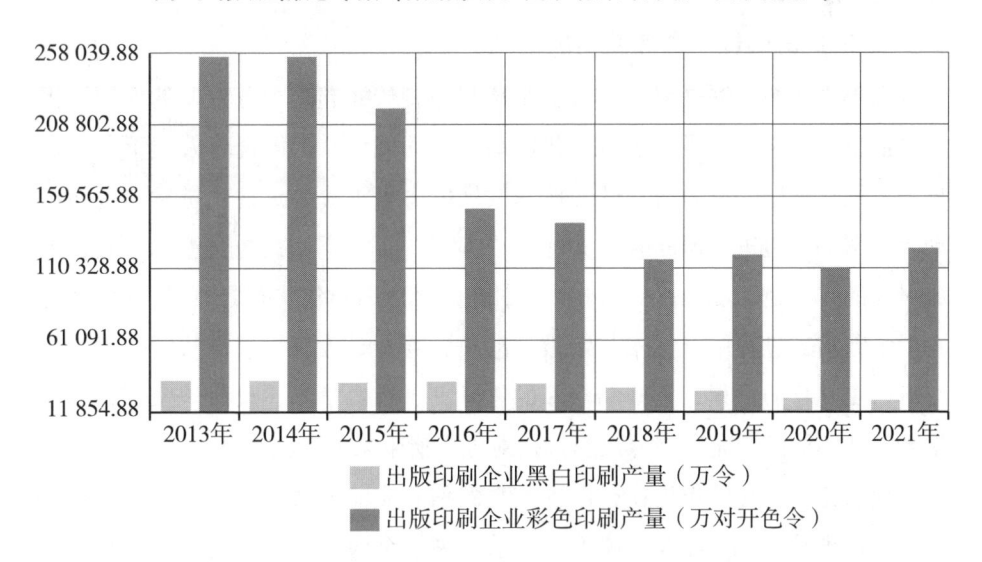

图3：出版印刷企业黑白、彩色印刷产量（数据来源：国家统计局网站"国家数据"）

（三）纸媒时代的传播理论发展

传播从词源上理解，是指人类的交流与共通。著名实用主义哲学家约翰·杜威（John Dewey），在其《经验与自然》中，提出了传播的普遍性与民主意义：在所有的事情当中，最奇妙的莫过于传播，共同体（community）通过传播（communication）形成共同的（common）"目标、信仰、渴望、知识"等。❶ 通过传播形成一种私人的、个人的民主生活方式，这种生活方式的特点在于能够自由接触、交流、交换意见。❷ 正因为传播如此广泛地渗透到社会生活与知识传递之中，以至于实践中"润物细无声"的变化，似乎并不需要多少复杂的理论作为支撑。历史地看，在广播电视媒体快速发展后的理论批判思潮之前，纸质媒体所取得的技术进步与传播发展并未能促成独立传播学科的形成，但传播理论早已开始萌芽，传播作为一种生活方式，与之相关的理论已为哲学、社会学、政治学等基础学科所涵盖。在哲学家约翰·杜威（John Dewey，1859—1952）、马丁·海德格尔（Martin Heidegger，1889—1976）以及社会学家查尔斯·库利（Charles H. Cooley，1864—1929）、乔治·米德（George H. Mead，1863—1931）等学者的研究中，均已产生了传播理论的思想基础。

1. 表达与阐释：传播的功能基础

人类文明的发展进程中，信息交流与信息传播起着十分重要的作用。无论是语言、文字、符号，还是承载这些信息的载体，都体现着人类不断寻求自身发展与突破的努力与尝试。技术发展助力人类分享天性的迸发，进而推动人类文明的迈进，但同时又反过来"绑架"了人类交往与交流的形式，形成对人的"控制"，让个人进入"非本真生存"的异化状态之中。❸ 在传播方式的不断演进过程中，技术与宗教、战争，甚至是人口数量，共同作用，改造着历史文化的进程，也推动众多的哲学家、社会学家、政治学家等各领域学者，从不同的视角审视并反思传播对人类所带来的影响。

信息传播最初的作用在于促进人类的信息交流与共享，既是人类的生存所需，也推动人类个体及群体不断向前发展。个人之间通过交流形成相互信任，并以群体的方式实现更好的生存。"人类传播是历史前进的动力，信息交流是整个社会改革的助推器。"❹ 印刷媒介的发展，让知识传播进入大众阶

---

❶ 约翰·杜威. 经验与自然 [M]. 傅统先，译. 北京：商务印书馆，2015：1-3.
❷ 约翰·杜威. 创造性的民主——我们面临的任务（1939）[M] //涂纪亮. 杜威文选. 北京：社会科学文献出版社，2006：410-418.
❸ 海德格尔. 存在与时间 [M]. 陈嘉映，王庆节，译. 熊伟，校. 北京：生活·读书·新知三联书店，1987：12-20.
❹ 查尔斯·霍顿·库利. 社会过程 [M]. 洪小浪，译. 北京：华夏出版社，2000：3-5.

层，也形成了民主与自由的关键要素。传播不断侵入个人生活，有时会带来个体的过度"兴奋"❶。库利认为，语言和信息交流让人类的生命焕发出新的活力，人类因语言而产生信息互通与交流，语言交流让人类飞速前行，也实现个体生命的奔涌向前，在此意义上，传播成为人类不断向前进化的重要工具，甚至成为人类本身的重要特征。❷

当然，库利同时认为，信息传播与语言交流既是人类的自我需要，同时也促进了个体的社会化，传播让"人们彼此成为一面镜子，相互映照对方"。库利通过对"镜中我""初级群体"的论述，提出传播在个人的社会化发展中的重要作用。库利认为，"初级群体"是指能够通过密切联系，面对面坦诚交流与合作，建立起情感连接的共同体，包括家庭、儿童游戏群体、邻里社区群体等，以此为基础建构起社会传播的整体环境。可是，当他见证了工业文明所带来的贫富分化、社会冲突时，发现自己的理想与现实社会的巨大鸿沟，陷入了深深的痛苦与自我怀疑。❸ 杜威则对此作出了进一步的阐释，基于工业社会的发展特征，现代化的传播技术机关能够将人们"团结"起来，但这种"团结"只是形式上的团结，相互之间的结合仍较为松散，由于其个体的差异化背景，包括社会阶层、家庭经济状况等，只有在集体的利益遭受到侵害之时，这一群体才真正团结起来。❹

与库利传播理论相呼应，著名的社会心理学家米德提出了传播学领域影响颇深的"符号互动理论"。"符号互动理论"认为，许多社会行为不仅包含了生物有机体间的互动，而且还包含有意识的自我间的互动，这种有意义的姿势即为"符号"，人类的传播存在对"符号"的解释体系与理解体系，而个人通过自身的生活经验与文化背景来参与传播活动。❺ 个人与个人之间的

---

❶ COOLEY C H. Social Organization: A Study of the Larger Mind [M]. New York: Charles Scribner's Sons, 1909: 64 – 65.
❷ 邵培仁. 论库利在传播研究史上的学术地位 [J]. 杭州师范学院学报（人文社会科学版），2001（3）: 58 – 62.
❸ 查尔斯·霍顿·库利. 社会组织 [M]. 北京：中国传媒大学出版社，2013: 105 – 110.
❹ 约翰·杜威. 公众及其问题 [M]. 上海：复旦大学出版社，2015: 42.
❺ 芮必峰. 人类社会与人际传播——试论米德和库利对传播研究的贡献 [J]. 新闻与传播研究，1995（2）: 60 – 65.

交流，个体与群体之间的互动，不仅存在以符号为载体的信息传递，还存在对符号本身的解释与理解。因此，传播不仅是一个单向或者被动的过程，还包含对符号的阐释，这一理论深刻影响了人际传播的认知方式。

2. 异化与回归：传播的理论反思

库利与米德的传播理论从个人的主体性出发，探讨传播对个体与群体的影响及其价值，充满人文主义的色彩。但随着规模化的印刷媒体被工业文明推上历史前行的快车道，工具理性主义甚嚣尘上，社会生活也面临着深刻变革。社会领域工具理性主义的不断跃进，让传播理论开始反思传播技术给个体发展所带来的异化问题。

对于个体人同自身、环境和他人的关系，海德格尔在其《存在与时间》一书中，展开了详尽论述，并精心构造了一个存在主义的哲学体系。❶ 海德格尔对于个人与他人、个人与世界之间的关系，是以"此在"为出发点的。"此在"的生存方式有"本真生存"与"非本真生存"两种模式。而"非本真生存"又包含两种类型。个体生活在世界上，难免要与他人、他物发生关联，个人可能会因为其他个体的观念、态度、语言，以及所形成的公众意见所左右，进而成为"他人化"的存在，此即个体异化的第一种类型"非本真生存"；个人在"他物"的影响下领会自我的存在，被"物化"，从而形成个体异化的第二种类型"非本真生存"。所谓的个体异化，即此在这种存在者在其日常生活中恰恰丧失了自身，而且在沉沦中脱离自身而"生活着"❷。海德格尔认为，个体与世界的关系是一种直接地、主动地参与，个体与他人之间的交往也不是一种单纯的传导，而是一种直接的互动交往。人类的这种生存方式，很容易进入一种"本真"被"遮蔽"的状态，但人对于死亡与虚无的焦虑或畏惧，仍然可能在一种"不期而遇"的状态下由"沉沦"走向"超越"，听到本真"良知的呼唤"。

在此基础之上，海德格尔提出了自己的见解：在现代技术发展的背景之

---

❶ 弗兰克·梯利. 西方哲学史［M］. 北京：光明日报出版社，2014：540.
❷ 海德格尔. 存在与时间［M］. 陈嘉映，王庆节，译. 熊伟，校. 北京：生活·读书·新知三联书店，1987：217.

下，传播者与受众之间的传播目的性与对象性十分凸显，人类很难脱离这种"订制"化的技术裹挟，"良知的呼唤"会被遮蔽，技术让语言被"物化"为非本真"信息"。因此，海德格尔认为，只有通过对滞钝、麻木的语言信息系统进行更新和拓展，这个被语言所包容的世界也不断更新，人类才能在语言之路上"归家"❶。这种对传播技术所带来的个体"异化"问题的反思，对于当代传播理论发展，仍然具有十分重要的价值。

（四）纸媒时代的版权规则建构

从文化史的角度考察，版权与创作并非共生关系。人类文明数千年的发展，创作出灿若星河的成果，但口口相传与手工书写的时代，复制并未产生明显的经济效益，盗版复制的成本优势几乎为零，亦未能形成具有巨大利益驱动的出版商群体，创作者对于复制行为更多从道德而非经济方面进行主张。

1. 利益驱动与版权规则的诞生

印刷技术所带来的复制成本的降低，无可挽回地改变了作者的作品在道德主张与经济主张之间的平衡。❷ 但作者个体的力量是微小的，政府出于管控的需要，以出版商公会来代为行使其王室与政府公共权力。在工业革命早期的欧洲中心英格兰，借助于王室最高权力的背书，通过颁行出版《许可法》的强制法令，没有出版商公会的同意，任何印刷商均不得出版任何作品，公会有权检查、没收，以及销毁违禁作品。印刷技术及其带来的工业化规模经济效应，让出版商群体的可得利益不断扩张，并具备了谋求永久性垄断利益的内在驱动力。然而，出版商公会这种"政府代言人"的身份，在欧洲文化进步与文艺复兴的过程中不断受到挑战。正如约翰·弥尔顿在其《论出版自由》一书中所指出，"书籍就像一个宝瓶，把创作者智慧中最纯净的菁华保存起来，杀人只是杀死一个理性的动物，而禁止好书则是扼杀了理性本身"，"出版自由应当是一种法律限度范围内的自由"，政府的政治议题与

---

❶ 姜红. 从本真生存到人神和谐——海德格尔传播思想探析[J]. 新闻与传播评论，2007(Z1)：24–32.

❷ 保罗·戈斯汀. 著作权之道：从谷登堡到数字点播机[M]. 金海军，译. 北京：北京大学出版社，2008：32.

出版商公会的商业目标之间必须划出明确的界线。❶ 出于对出版审查的强烈反对，1694 年英格兰政府的《出版许可法》到期，英国王室转而通过煽动性诽谤的刑事指控来控制异议者，出版商公会则失去了其对于出版行业最为倚重的"出版审查"控制权。出版商在发现其无法通过审查权控制出版后，为了保护其行业利润，开始将作者利益推向前台，尝试推动立法，意图通过对作者财产权利的保护，进而通过从作者手中继受权利而获取利益保障。

多方利益的博弈与历史发展的车轮，推动了 1710 年世界上第一部正式的版权法案——《安妮法案》❷ 的颁行。尽管有学者从《安妮法案》的内容出发，认为"当时还不存在'版权'观念，作为版权保护对象的'作品'尚未诞生，'版权'一词还没定型"。❸ 但毋庸置疑，该法案第一次将作者及其所享有的权利通过法律的方式确立下来，并意图通过这种"专有权利"鼓励学术创作，其毫无疑问开创了版权法规则的历史先河。在版权的期限设置上，实现了作者与出版公会会员资格的分离，一改以往的永久性垄断权，议会将 28 年的版权保护分为两个 14 年的保护期，所以，即便作者已经将作品全部著作权转让给出版商，该法律亦在第一个 14 年期限届满之后将著作权返还给作者，使作者得以享有第二个 14 年的保护期。❹ 在著作权的获取上，也将原有的审查许可变更为登记即可赋权。此后，出版商们多次在王座法院与衡平法院发起挑战，试图论证版权应当作为普通法上的永久性自然权利而存在，但最终失败。有限期的版权保护规则，意在为私人利益与公共利益之间达成一种微妙的平衡，并在立法和司法上得以确认。

2. 权利延伸与版权规则的发展

因应印刷技术发展所带来的社会发展变化，版权规则在工业革命的发源

---

❶ 约翰·弥尔顿. 论出版自由［M］. 吴之椿，译. 北京：商务印书馆，1958：50 - 58.

❷ 《安妮法案》（The Statute of Anne）的正式全称为《赋予书籍复制件的作者或购买者法定期间内之专有权以鼓励学术之法案》（An Act for the Encouragement of Learning, by vesting the Copies of Printed Books in the Authors or Purchasers of such Copies, during the Times therein mentioned）。

❸ 易健雄. "世界上第一部版权法"之反思——重读《安妮法》［J］. 知识产权，2008（1）：20 - 26.

❹ 保罗·戈斯汀. 著作权之道：从谷登堡到数字点播机［M］. 金海军，译. 北京：北京大学出版社，2008：35.

地英格兰地区得到构建，但在其当时的殖民地美国则进入发展的快车道。从英国版权法发展的轨迹可以看到，在印刷技术发展的时代背景下，王室的管制需求与印刷商群体的利益诉求共同推动，催生出了多方利益博弈下有限制的版权制定法规则。然而，作为殖民地的美国，在版权法发展的早期并没有在市场上具有垄断利益的出版商群体，在美国宪法与版权法制定过程中，以及在普通法院与衡平法院的诉讼中，各参与方具有了相对超脱的利益立场，主要的博弈集中于联邦与地区之间的权力配置与平衡。

美国作为一个联邦制国家，在立法权限问题上，由宪法划出明确的界限。宪法规定由联邦政府规范的事项，则可由国会进行联邦立法，否则属于各州政府通过州议会予以规范。美国宪法中列举了国会对于版权的立法权限，即著名的"版权与专利条款"："为了促进科学与实用技术的发展，国会有权保障作者与发明者在有限的时间内对于其创作和发现享有专有权利。"[1] 美国国会根据宪法的授权，于1790年制定了第一部《美国版权法》，[2] 提供了对于"地图、图表和图书"的版权保护，保护期为14年，可以续展一次。作品得到版权保护的条件是，在出版前到居住地的法院登记注册，并在出版后6个月内向国务卿办公室提交一册样书。[3] 随着《美国版权法》的颁行，英国法院所发生过的争议，在美国司法实践中也呈现出来。在"惠顿诉彼得案"（Wheaton v. Peters）中，原告既依据成文《美国版权法》提出主张，也依据普通法进行权利主张。美国联邦最高法院指出，图书一经出版，则制定《美国版权法》取代普通法，成为出版作品享有权利的唯一来源，联邦权力在版权保护上实现了对州权力的胜利。[4]

技术的进步与表达形式的丰富多彩，对版权法也不断提出新的挑战，成文的《美国版权法》由国会制定，但在司法适用过程中需要依赖于法官针对新的作品形态进行解释。这也使得版权法所面临的核心挑战，从立法之初联

---

[1] U. S. Const. art. I, §8, cl. 8, To promote the Progress of Science and useful Arts, by securing for limited Times to Authors and Inventors the exclusive Right to their respective Writings and Discoveries.

[2] 第一部版权法称为《鼓励学习之法》（An act for the encouragement of learning）。

[3] 李明德. 美国知识产权法 [M]. 2版. 北京：法律出版社，2014：228.

[4] 保罗·戈斯汀. 著作权之道：从谷登堡到数字点播机 [M]. 金海军，译. 北京：北京大学出版社，2008：45.

邦权力与州权力的争夺，转化为国会与法院之间的冲突。美国联邦宪法对于所保护的对象界定为"Writings"，1790年制定的《美国版权法》将之限定为"地图、图表和图书"，但版权客体随着技术的发展在不断扩张，1802年增加了印刷字体，1831年增加了音乐作品，1965年增加了摄影和底片，1879年增加了绘画、素描、彩色石印图画和雕塑。❶ 技术发展与文化繁荣，在版权法诞生的早期，推动版权规则从政治博弈转向法律技术，讨论的核心也从版权权利应否保护发展至版权权利的边界何在。版权保护对象之独创性，成为诸多案件所讨论的核心争点。在"Trade – Mark"案❷中，萨缪尔·米勒大法官指出，著作权不可能按照宪法来保护那些用于商品广告的符号或者标志，因为他们并非独创，也无创造性，并非"智力劳动成果"，独创性必须是独立创作加上一定的创造性，而商业广告不具备独创性条件。1903年的"Bleistein案"❸中，霍姆斯大法官则推翻了之前的司法先例，指出作品并不是因为其绘画品质吸引人，才具有实际用途，一幅图片虽然被用作广告，但图片依然是图片，仍然是著作权的保护对象，公众的审美与情趣并不影响其可版权性。版权规则在这种相对宽容的司法观念影响下，开始逐步走向扩张。

二、广播电视媒体时代的传播与版权边界扩张

　　印刷技术的发展，让作为人类传播媒介文字载体的成本迅速降低，让人类信息传播壁垒逐步消失，知识信息对于普通公众能够以可承受的成本获取。而发端于20世纪前后的无线电与影音技术，则让信息传播从文字走向声音与画面，更为立体，更为丰富，更为迅速，也带来了信息传播真正走向大众化。广播与电视的普及，让传播媒介真正融入公众生活之中，人类在惊叹于技术发展的同时，也在无形之中被新兴的传播手段所裹挟。从技术到社会生活，再从社会生活到制度与理论变革，传播方式的转变形成"多米诺骨牌"效应。传播与版权理念不断在技术发展中得到重塑，并焕发出新的生命力。

---

❶ 李明德. 美国知识产权法 [M]. 2版. 北京：法律出版社，2014：230.
❷ U. S. Supreme Court：Trade – Mark Cases. 100 U. S. 82（1879）.
❸ Bleistein v. Donaldson Lithographing Co. 188 U. S. 239（1903）.

（一）无线电技术与广播电视媒体发展

人类进入"地球村"时代，在互联网技术全面发展之前就已经来临。无线电作为一种信号实时传输技术，能够飞跃性地跨越地理上的鸿沟，远距离信息传递从"飞鸽传书"的延时图文传送，进入"声临其境"的即时影音互动。这一跨越极大地丰富了人类获取信息的渠道与内容，也促成了广播电视媒体的飞速发展。

1. 无线电技术起源与广播媒体诞生

伴随着工业革命带来的技术进步，人类不断尝试打破物理世界的既有壁垒。19世纪，英国著名物理学家麦克斯韦在法拉第"场"的理论基础之上，提出了物理学上具有世纪性意义的"统一电磁场理论"，人类正式进入无线电时代。20世纪初期，著名的意大利人马可尼将该理论应用于无线电报，并在随后的发展中，电子二极管、三极管在工业应用中被发明出来，无线电广播正是在此背景下诞生。

1909年，加利福尼亚州圣何塞市工程和无线电学院的发明家赫罗德（Charles D. Herrold）开始从圣何塞市的一家银行播出节目，并在旅馆的大厅中安置了公共收音机，这是最早的"点对点"通信广播。[1] 传统通过书面文字阅读获取信息的方式，在无线电广播逐步普及的情况下，广播信号能够通过极高的无延迟速度传递给受众，而且能够不受场景、环境的影响，传播的成本也较为低廉。这种传播方式快速地占据了重要的传播渠道。在历史上数次重大的突发事件中，广播展现出了其传播迅捷性的强大威力，实现了远超于传统纸质媒体、印刷媒体的传播效力与传播影响力。

同时，广播因其语音特征，超越了传统纸质媒体文字阅读的知识水平鸿沟，对于拥有不同教育背景的社会公众能够实现无差别化的传播。因此，广播的快速发展，真正意义上实现了媒体传播的"平等性"与"大众化"，广播可以被称为"更平等的"媒体。

2. 无线电技术发展与电视媒体普及

在广播迅速发展的基础上，具有视听特征，对受众更具吸引力的电视技

---

[1] 郭镇之. 美国公共广播电视的起源[J]. 新闻与传播研究，1997（4）：83-92.

术也开始酝酿发展。1936年英国伦敦第一次出现电视播送。此后，电子电视系统的发展，让电视接收机开始从实验走向现实。但第二次世界大战的爆发，让电视生产进入停滞阶段。直到"二战"后，1946—1948年，电视机生产从6000台迅速增长到300万台，到1951年又增长到1200万台，电视机开始在全球范围内爆炸式普及开来。[1] 中国最早的电视台是中央电视台，其前身为北京电视台，成立于1958年，建成后即对外正式播送电视节目。

电视被称为20世纪人类最伟大的发明，其不仅改变了既有的传播方式，更深刻影响了人们的生活方式。从广播到电视尽管只是内容传播方式上的变化，但足以称为革命性变革，其深刻改变着人们的生活习惯。电视因其声色并茂，不受时空限制，具有极大的影响力与活力，可以传播各种形式内容的文化艺术。电视也首次实现了受众同时接收声音和画面的多维传播方式，能够将受众的听觉和视觉同时调动起来，具有更强的吸引力与感染力。电视媒介的同步直播，更增加了观众的参与感，让观众身临其境，从而融入自身的情绪，与现场气氛融为一体。

自20世纪50年代始，全球范围内有线电视、卫星电视的发展大大补充了无线电视的传输内容和传输资源，更让大众体会到了电视节目的丰富性与全球性。电视技术的快速发展，深刻影响了普通民众的生活，同时带来了政治、经济、文化、社会的深刻影响。影音技术所具有的天然吸引力，让社会公众快速地转向电视媒体，并形成集聚效应。

（二）大众传播时代与经典传播理论

广播电视媒体的诞生与发展，伴随着两次世界大战，以及其间世界工业文明的飞速进步。近现代意义上的传播学理论在广播电视媒体的繁荣与对工业文明的反思中，才真正渐成体系。以哥伦比亚学派、法兰克福学派、芝加哥学派、多伦多学派等为代表的传播学理论，为传播学积淀了丰厚的经典成果，也拓展了人们对于传播学，乃至对与传播学相关的社会学、哲学等学科知识的认知。传播大众化所形成的巨大社会力量，让人们在震惊之余，亦促动着学者对于大众传播理论的反思与重构，形成了至今仍然生生不息、极具

---

[1] 飞利浦影音历史空间：电视技术发展简史[J]. 音乐爱好者，2001（7）：63.

生命力的理论经典。

1. 实证考察：哥伦比亚学派"传播效果"审视

传播学领域的哥伦比亚学派以拉扎斯菲尔德（Lazasfeld）等人为代表。拉扎斯菲尔德、默顿（Merton）等对传媒影响力的研究成果，成为20世纪40年代最具代表性，同时也被广泛讨论和批判的对象，但其创立的一整套社会调查实验系统，获取了大规模的经验调查数据，作为重要的研究方法"输出"至世界各地。在广播电视媒体呈现爆炸式增长的历史时代背景下，人们对于当代大众传媒的恐惧与担忧关乎以下核心问题：对于大众传播无处不在的恐惧感；对于社会利益集团通过广告和公共关系进行的社会控制的恐惧；对于大众传播工具对审美与文化的破坏和威胁的担忧[1]。尽管社会问题已经开始被广泛关注，但当时对大众媒体在社会受众中的影响，并无任何占主导地位的研究观点，人们对当代媒体影响力的担忧大多归因于传播技术的发展，但媒体究竟如何影响受众则并无明晰的论证支撑。

拉扎斯菲尔德与默顿所引领的传播学"哥伦比亚学派"，在传播领域被认为是"有限效果范式"的典型代表。以托德·吉特林（Todd Gitlin）为代表的学者，试图对该主导范式进行批判。吉特林提出，自"二战"后，传播理论的主导范式是以拉扎斯菲尔德及其所领导的哥伦比亚学派为代表的传播观念，即通过对传播媒介所带来的短期个人化、具象化行为"效果"的研究，得出媒介在公共传播中所具有的"有限效果"结论，这实质上低估了媒介在政治领域与商业领域所具有的深刻影响力。吉特林进而指出，拉扎斯菲尔德及其所领导的哥伦比亚学派，实际上，通过其"有限效果"媒介理论，意在为美国战后的资本主义繁荣提供合法性依据[2]。实质上，20世纪七八十年代对战后传播理论的批判，包括吉特林在内，在某种程度上是对早期哥伦比亚学派理论观点的误读，并未全面审视其宏大的理论视野。

拉扎斯菲尔德对于技术决定论，包括对广播电视媒介影响力无理由地揣

---

[1] LAZASFELD P F, MERTON R K. Mass Communication, Popular Taste, and Organized Social Action. In L. Bryson (ed.), The Communication of Ideas [M]. New York: Harper and Brothers, 1948: 96–97.

[2] GITLIN T. Media Sociology: The Dominant Paradigm [J]. Theory and Society, 1978 (6): 205–246.

测，持反对态度。其认为，在没有充分的实验证据证明媒体影响力的情况下，我们不能通过简单的经验判断来擅自推断。大众传媒既然根植于当下的社会与经济体系巨大的商业利益，那么它必然要竭力去维护这一体制，而大众媒体对于受众的影响力实际上并不仅仅取决于它"说了什么"，更在于它"没说什么"。❶ 大众媒介承担了地位赋予、社会规范强制与麻醉等负功能。❷ 对媒体影响力的研究分析，应当脱离单纯的经验主义立场。拉扎斯菲尔德与默顿在二人代表作品《大众传播、流行品味与组织化社会行为》一文中，归纳了影响后世的媒介影响力基础"三要件"："垄断"（monopolization）、"渠道"（canalization）、"补充"（supplementation）。❸ 只有满足于以上三大条件，媒体才能展现出其真正强大的影响力。但商业力量对大众传媒的虚拟垄断，支持品牌的消费主义实践，在日常生活中对媒介影响力进行了强化，并带来媒介对资本主义与消费主义的现状维系，进而对有组织的反抗力量形成反向压制。❹ 哥伦比亚学派对大众传播的实证考察，打开了传播理论研究方法论的一个重要面向，也为20世纪传播媒介影响力研究奠定了坚实基础。

2. 理性分析：法兰克福学派"文化工业"反思

法兰克福学派以德国法兰克福大学"社会研究中心"为主阵地，以"二战"期间欧洲流亡美国的学者群体为创始人，不断发展所形成的一个学术共同体，包括哲学家、社会学家、文学理论家、文化学者，以及传播理论研究

---

❶ LAZASFELD P F. The Effects of Radio on Public Opinion. In D. Waples (ed.), Print, Radio, and Film in a Democracy [M]. Chicago: University of Chicago Press, 1942: 108.

❷ 转引自［美］伊莱休·卡茨，约翰·杜伦·彼得斯，泰玛·利比斯，等. 媒介经典文本解读 [M]. 常江，译. 北京：北京大学出版社，2011：25. 参见《大众传播、流行品味与组织化社会行为》（拉扎斯菲尔德与默顿）一文（Lazasfeld, P. F. and Merton, R. K. Mass Communication, Popular Taste, and Organized Social Action.）第100 – 105页："地位赋予"功能是指媒介能够提高其报道的政治事件、人物及群体的社会地位，无论报道取向正面与否；"社会规范强制"功能是指媒介有能力填补"'个人态度'与'公共道德'之间的龃龉"，从而避免人们偏离社会规范，实现维护主流道德标准的目的，具体做法就是通过公开宣传向公众施压，使其服从；"麻醉负功能"是指媒介通过提供大量"仅对社会问题作出肤浅关注"的产品以使大众在政治上变得冷漠而迟钝。

❸ LAZASFELD P F, MERTON R K. Mass Communication, Popular Taste, and Organized Social Action. In L. Bryson (ed.), The Communication of Ideas [M]. New York: Harper and Brothers, 1948: 115 – 116.

❹ 伊莱休·卡茨，约翰·杜伦·彼得斯，泰玛·利比斯，等. 媒介经典文本解读 [M]. 常江，译. 北京：北京大学出版社，2011：29.

者等。该学派主要承继了德国批判哲学，以马克斯·霍克海默（Max Horkheimer，1895—1973）、西奥多·阿多诺（Theodor Adorno，1903—1969）、瓦尔特·本雅明（Walter Benjamin，1892—1940）和尤尔根·哈贝马斯（Jürgen Habermas，1929—）等为代表人物，具有马克思主义的理论底色，意在通过对美国工业文明背景下的文化发展虚假繁荣进行批判，揭示文化的阶级性与剥削本质。

法兰克福学派所秉持的理性批判与辩证法立场，与哥伦比亚学派的实证主义方法论截然相反。实证主义立足于现实展开分析，以调查研究的经验事实为基础，而在批判理论看来，实证主义并非科学哲学，仅为一种强大的涵括模式，标志着人类理性主义思想对社会现实的让步，扼杀了殊为宝贵的自由想象与思想启蒙。霍克海默与阿多诺的《文化工业：欺骗大众的启蒙》一文，是从大众文化角度对批判理论的最好注脚。❶ 哥伦比亚学派与法兰克福学派，早期均立足于"二战"前后美国经济社会快速发展的大背景，观念立场与方法论的差异导致他们走向了不同的方向，哥伦比亚学派的实证研究从媒介影响力的现实展开考察，而法兰克福学派的研究则意图超越现实，以一种怀疑和批判的眼光看待文化工业迅猛发展。随着广播、电视、电影等新传播媒介的发展，文化产业与传播的社会化让公众深陷"消费资本主义"泥潭，人们在娱乐中耗费太多的精力，而忘却了对思想解放与启蒙的渴望。❷ 法兰克福学派对于文化工业的"警惕"与对大众文化的批判，实际上与早期霍克海默、阿多诺等学者曾经亲历纳粹德国的崛起与艺术的政治化不无关系。当然，其欧洲中心主义、精英主义，甚至是男性主义的立场也遭受了较多的批判。

技术进步带来了媒介渠道的丰富以及复制的低成本与规模化。在法兰克福学派看来，艺术的灵韵被机械复制与大众化生产所破坏。❸ 尽管媒介技术

---

❶ HORKHEIMER M, ADORNO T. The Culture Industry: Enlightenment as Mass Deception. In Curran, J., Gurevitch, M. and Woollacott, J. (eds) Mass Communication and Society [M]. London: Edward Arnold, 1977: 312-313.

❷ ADORNO T W. On Popular Music. Studies in Philosophy and Social Science [M]. London: Edward Arnold, 1941: 48.

❸ BENJAMIN W. Illuminations, ed. and tr. H. Arendt [M]. London: Fontana/Collins, 1968.

的发展实现了艺术的民主化,但摄影、音乐、电影等复制技术的实现,破坏了艺术的仪式感与宗教特性,复制件的易于获取,让人们对于艺术原件的敬仰也不复存在,艺术的基础不再是仪式,而变为了另一种政治实践。❶ 媒介技术的发展本身并不具有任何的倾向性,但一旦被资产阶级统治者所利用,则可能会沦为"欺骗大众"的文化工具,从而"为统治阶级的统治目的和利益进行辩护和服务"。这正是法兰克福学派的学者对"文化工业"与媒介技术发展的反思与批判之所在。

3. 社会研究:芝加哥学派"交互性传播"解读

相较于哥伦比亚学派对传播所持的实证主义立场和法兰克福学派对传播的理性批判主义立场,芝加哥学派从社会学意义上展开分析,认为传播是一个具备复合内涵的概念,既有经验主义的实践,也有规范性的理性评判。在芝加哥学派看来,传播是人与人之间关系维系的核心方式,可以视为构成社会生活的首要元素。❷

芝加哥学派以芝加哥大学社会学系为其主要阵地,伴随着19世纪芝加哥工业化与城市化的迅速崛起,芝加哥大学的社会学家们相继从种族融合、阶级冲突与社会重构中提炼社会理论,并将传播视为社会秩序的主要推动力。❸ "互动"是芝加哥学派研究传播相关问题的重要出发点。芝加哥学派学者从社会学的角度提出,工业化与城市化所带来的陌生人"邂逅",传播技术发展所实现的社会互动交流距离的延伸,通过现代交通与大众传播发展,推动社会进步,也拓展了传统的时间与空间局限。大众传播的发展,还为人类提供接触另类观点的渠道,击碎既存的社会整体一致性,支持思想的多样化,并缔造了新的社会关系。鉴于此,当务之急即是理解大众传播的属性、潜能

---

❶ BENJAMIN W. The Author as Producer. In A. Arato and E. Gebhardt (eds), The Essential Frankfurt School Reader [M]. Oxford: Blackwell. 1978.

❷ DEPEW D J, PETERS J D. Community and Communication: The Conceptual Background. In G. J. Shepherd and E. W. Rothenbuhler, Mahwah [M]. NJ: Erlbaum, 2001: 3-21.

❸ 伊莱休·卡茨,约翰·杜伦·彼得斯,泰玛·利比斯,等. 媒介经典文本解读 [M]. 常江,译. 北京:北京大学出版社,2011:107.

第一章　背景分析：大数据时代新媒体传播变革

与极限，并使之服务于人类的需求。❶ 这种交流与互动的提升，带来了群体之间的碰撞与冲突，需要文化多元主义来包容群体共识的差异性。

　　媒体发展带来交互传播与社会交往的进步，但广播电视媒体对人类社会交流模式产生的冲击则呈现出一定的复杂性。观众通过观看媒体所呈现出的"传媒事件"与群众身临其境参与现场活动之间，存在怎样的差异性，如何认识这种差异性；人和人之间面对面交流的"社交互动"与人和电视等媒介机器之间的"类社交互动"有何不同，观众与电视之间究竟是何关系，观众与电视角色之间的"互动"是否为真实的"互动"，都是芝加哥学派学者所关注并试图分析研究的电视媒体时代新型"交互性传播"所诱致的全新社会问题。朗格夫妇（格莱蒂斯·朗格和库尔特·朗格）1953年发表于《美国社会学评论》的《电视及其效果的独特视角：一项初步研究》（*The Unique Perspective of Television and Its Effect：A Pilot Study*）❷ 一文，通过对麦克阿瑟将军被召回国后在芝加哥市所举办的"胜利归来"欢迎庆祝活动的实证研究，观察到"电视叙事"与"现实场景"之间的差异性，发现电视对"真实事件"产生"扭曲"，将杂乱无章、单调无聊的现实事件，通过连续性的叙事，产生真正的戏剧效果。电视既表征了现实，又改变了表征现实的方式。而人与电视之间的交流互动，有别于传统的人与人之间的互动，只能称为"类社交互动"。人类社交互动与"类社交互动"究竟何者更为真实，其实并无绝对的界限，现实或许只是互相模仿的拟像，旧的现实不断衍生出新的现实，并无绝对的终极现实。❸ 就此而言，自我的内在社交性、世界的外在社交性，以及观众与电视荧幕之间的社交性很有可能不断地相互转化，并在转化的过程中生产着社会现实。❹ 观众在现实的日常生活中通过模拟电视媒体中的角色内容形成了"类社交互动"。

---

❶ WIRTH L. Consensus and Mass Communication [J]. American Sociological Review, 1948, 13：15.
❷ LANG K, LANG G E. he Unique Perspective of Television and Its Effect：A Pilot Study [J]. American Sociological Review, 1953, 18：3–12.
❸ BAUDRILLARD J. Simulations [M]. New York：Semiotext (e), 1983.
❹ HORTON D, WOHL R. Mass Communication and Para–social Interaction：Obeservations on Intimacy at a Distance [J]. Psychiatry, 1956, 19 (3)：215–29.

4. 工具解释：多伦多学派"媒介即信息"展开

多伦多学派20世纪60年代由加拿大多伦多大学学者哈罗德·英尼斯（Harold Innis）、艾瑞克·亥乌络克（Eric Havelock）和马歇尔·麦克卢汉（Marshall McLuhan）共同创立，以对传媒技术的社会效果研究而名满天下。这种从传播内容转向媒介形式本身的研究，来源于研究领域的跨越。哈罗德·英尼斯本身是一名经济学家，在政治经济学、经济史、文明史等领域颇有建树，其在对国家经济发展变迁的研究中，将历史发展锚定于传播过程，对于媒介发展所扮演的角色展开了深入分析。英尼斯秉持媒介研究的"历史主义"与"传播决定论"，其将媒介区分为空间性和时间性两类。❶ 从媒介发展的历史阶段来看，最早期的陶土、羊皮纸等"偏向时间的媒介"具有重物质的特征，能够经得起时间的洗礼，但在传播空间上受到较大限制。这些媒介能够与具体场景相联系，有助于树立权威，利于传统、宗教、等级制度发展，便于形成等级森严的社会体制。而在纸张及印刷术发展后，轻便的印刷纸张则属于"偏向空间的媒介"，易于移动，更适宜跨越空间的各种行政关系，促进社会制度与政治体系的非集权化，彰显个人主义的发展，但同时也意味着导向帝国空间的兴起与扩张。当然，英尼斯也认为，传播技术仅仅是导致社会变迁的因素之一，而非决定性因素，但在社会发展的进程中，我们依然能看到传播技术的巨大力量。

马歇尔·麦克卢汉早期从事文学研究，其立足于英尼斯的研究基础，对电子媒介的发展提出了前瞻性的分析判断。麦克卢汉将传播历史划分为三个主要的阶段，口语传播、书写/印刷传播和电子传播，各个历史时期有其独特的思考与传播方式。❷ 口语传播阶段，传播的首要形式是演讲与口头交流，社会所盛行的是一种"听觉文化"，传播主体之间注重即时性与依赖性，立足于部落群体的传播范围呈现为相对封闭的社会，生活经验与传播处于较为平衡的状态，个人主义尚不存在。文字与书写的出现，最终促成了更具影响

---

❶ INNIS H A. The Bias of Communication [M]. Toronto: University of Toronto Press, 1951.
❷ MCLUHAN M. Laws of the Media: The New Science [M]. Toronto: University of Toronto Press, 1988.

力与传播力的印刷媒介形成，传播受众从"听觉"转向"视觉"，文字符号系统这一更为"冷峻"的传播形态取代了立足经验生活的口语传播，部落化的共同生活经验与立足于家庭经验的凝聚力逐渐消失，流水线、单线剧情和"理性"思维方式成为主流。进入电子媒介阶段，线性的印刷媒介被新型、直接的口语化传播方式所替代，人类重新进入部落化状态，但这种以电子媒介为传播方式的"重新部落化"所形成的"村落"，是以整个地球为群体，也就是"地球村"出现了。广播电视等视听媒介的发展，对于既有的印刷媒体时代所形成的社会文化、社会认知与社会知识产生冲击，大众开始产生了对"强盗逻辑的厌恶情绪"，以及人们对"总体性"和"深度知觉"的渴求。

麦克卢汉所提出的"媒介即讯息"论断，认为媒介自身的属性决定了"内容"如何以最佳的方式实现传播，媒介传播的"编码"与"释码"行为塑造了媒介使用者的感觉系统。这种具有一定"先知性"的预言，不仅历史上已被证明不断发生，而且在互联网与大数据、人工智能不断对新媒体进行改造的今天，仍然呈现出极大的理论生命，不断被现实所证实。而麦克卢汉之所以提出"媒介即讯息"的论断，是因为他认为，每一种媒介延伸了一种人类的感官或感觉过程，[1] 正如车轮是双脚的延伸，麦克风是耳朵的延伸。人们之所以在很多时候沉浸于此毫不自觉，缘由在于这种延伸的程度越高，人们对这种延伸的效果就会越"浑然不觉"。多伦多学派的"预言"，意图让大众从日益丰富并让人沉沦的文化消费中觉醒，让公众得以认识到，围绕于我们周围的技术貌似独立，实则牢牢裹挟着我们，并深刻改变着我们的生活甚至是认知能力。

（三）广播电视媒体时代版权边界扩张

广播电视媒体时代的技术发展与传播内容变迁，让传播载体从文字为主，转向了以语音、视频内容为核心。广播、电视等电子媒体平台在传播过程中，需要寻求与其话语权相应的利益，势必推动传统著作权法所划定的权益分界重新调整。与之相应，著作权法所保护的作品类型不断增加，权项也不断丰

---

[1] MCLUHAN M. Understanding Media: The Extensions of Man [M]. Cambridge, MA: MIT Press, 1994.

富。传播者利益通过邻接权的方式得以在法律中被确立,法定许可制度也为广播电视媒体打开了一扇版权内容获取之门。

1. 作品类型与权项扩张

广播电视媒体传播的内容以音频、视频为主,传统的音乐、电影作品借助广播电视的翅膀,开始展现出其巨大的文化影响力与经济效益。在广播电视媒体时代来临之前,音乐以现场表演为主,尽管印刷术的发展促进了乐谱的印刷与发行,一定程度上助推了音乐创作、发行、表演的规模化与大众化。但对于作曲者、作词者、表演者等主体而言,其根据音乐的创作、发行和表演所获得的收益并非来自市场交易,而是依托贵族阶层的资助。❶ 广播电视让音乐的传播渠道与传播范围呈现出爆发式的增长,也催生了社会公众对于音乐作品的需求日益增加,音乐产业形态开始突破以往对乐谱的复制与发行,进入第一次转型期。❷ 广播电视所推动的录音技术发展,让音乐产业的主要获益点从乐谱发行转为录音制品的发行。在音乐作品的乐曲、词作著作权之外,录音制品及其公开表演与公开广播所衍生出的巨大利益,让传统的音乐作品版权人与新兴的广播电视组织及唱片公司,形成了激烈的音乐产业利益博弈。不同的国家开始将录音制品纳入著作权保护或邻接权保护的范畴,著作财产权中的复制权开始出现录音、翻录的方式,公开表演权、广播权、出租权等也逐步纳入成为著作权中的单独权项。

世界范围内对于视听作品的保护,经历了相较于单纯音乐作品更为曲折的发展历程。2020年11月审议通过的(2021年6月1日起施行)《中华人民共和国著作权法》(以下简称"现行《著作权法》")中,正式确立了"视听作品"这一独立类别。但"视听作品"概念的确立在立法上经历了较为漫长的过程。我国于1990年颁行的首部《著作权法》对影音作品以现实生活中的表现类别划分,界定为"电影、电视和视频图形作品",2001年修正的《著作权法》参照国际公约,界定为"电影作品和以类似摄制电影的方法创

---

❶ ROBERT P. Merges, The Continuing Vitality of Music Performance Rights Organizations [M]. UC Berkeley Public Law Research Paper, 2008:8.

❷ 熊琦. 数字音乐之道——网络时代音乐著作权许可模式研究 [M]. 北京:北京大学出版社, 2015:16.

作的作品"（简称为"电影作品和类电作品"）。关于视听作品保护的长期争论与徘徊，主要在于声音、影像技术的不断发展迭代始终在进行中。以美国为例，美国1790年制定了第一部版权法，后于1831年增加了音乐作品客体，1912年增加了电影，1971年增加了录音❶。1976年制定版权法时，美国国会针对性指出，随着历史发展的演进，新兴的表达方式会不断涌现，立法不可能针对所有可能出现的新的表达方式进行列举，现行制定的版权立法也不可能在版权保护的客体方面实现绝对的周延，当然版权客体也不可能达到无限地扩展。❷ 但从影像作品发展的历史轨迹可以看到，电影早于电视，在版权法对影音作品进行保护的立法进程中，电影先于其他类型的视听作品进入保护视野，这从《保护文学和艺术作品伯尔尼公约》（以下简称"《伯尔尼公约》"）可见端倪。《伯尔尼公约》1886年9月9日制定于瑞士伯尔尼，是较早的世界性著作权国际公约，采取了较为传统的客体界定方式，其中就包括"电影作品或以与电影摄影术类似的方法创作的作品"，这也是我国《著作权法》中关于"电影作品和类电作品"立法条文的重要借鉴来源。但随着广播电视媒体发展所带来的音视频制作技术不断发展，传统的客体界定方式存在明显的缺陷，不断受到新技术的挑战。

2. 邻接权的拓展

尽管广播电视媒体的迅速发展，带来了传播方式的重大变革，但从法律上来讲，广播、电视组织，以及由此衍生的产业主体，仅为传播者，而非创作者。传播技术发展过程中，如何从既有的版权法体系中，通过法律规则与利益结构的调整，实现对产业主体利益的保护，不同的国家走上了不同的立法路径。英美法系国家的版权立法方面，由于遵循相对的财产主义立场，在版权规则中，并不对作品以及作品的传播利益进行区分保护，相应地，版权立法上也没有单独设立邻接权。❸ 但德国、意大利等注重著作人身权保护的国家，主流意见则强调著作权保护与邻接权保护内容的差异，从而否认邻接

---

❶ 李明德. 美国知识产权法 [M]. 2版. 北京：法律出版社，2014：230.
❷ H. R. Report, No. 94-1476, 94th Cong., 2d Sess. (1976) for Section 102.
❸ 贺涛. 视听作品与录像制品二分立法模式的确立与坚守 [J]. 编辑之友，2021 (1)，81-86.

权是传统意义上的著作权。[1] 对邻接权与著作权采取差别化的保护手段。

自爱迪生1877年发明留声机，录音开始成为可能。1890年"活动电影摄影机"发明，表演被搬上银幕。20世纪初期，广播电视的发展又让声音影像的传播开始跨越地域的限制，各国著作权法开始催生了新型传播主体权益保护的修订尝试，美国和德国在20世纪初期修订著作权法时，把音乐戏剧作品的表演纳入著作权法作品的保护范畴。[2] 1920年，《日本著作权法》修订，规定表演者和唱片制作者可就其演奏、唱歌、唱片等取得著作权。[3] 广播电视媒体发展后，又开始大规模使用表演与录制品。对于这一类传播者利益如何保护，开始出现争论。及至1948年，修订《伯尔尼公约》的布鲁塞尔会议上，与会者提出了表演者、录音制作者和广播组织的保护问题。[4] 此类"传播者"因不符合"自然人"主体身份与作品的"独创性"要求，而未能纳入著作权保护。为了实现对表演者、录音制作者和广播组织提供版权法上的保护，在立法进程中，针对著作权之外另行设立了类似于著作权的制度，通过"作品传播者"身份对其给予保护。[5] "邻接权"就此诞生，并进而形成了1964年5月18日生效的《罗马公约》，[6] 为各国著作权法跟进采纳。

三、互联网媒体时代的传播与版权理论革新

人类进入互联网时代，才真正形成了"地球村"的现实场景，作为传播受众的个体也才具有了现实意义上的传播主动权。纵观媒体技术的历史发展，从印刷术到无线电，再到光电子，每一次的传播技术变革都在悄然改变着传

---

[1] 崔国斌. 著作权法：原理与案例 [M]. 北京：北京大学出版社，2014：511.
[2] 郑成思. 版权法 [M]. 北京：中国人民大学出版社，2009：58.
[3] 吴汉东. 从电子版权到网络版权 [M]. 私法研究（创刊号）. 北京：中国政法大学出版社，2002：421-458.
[4] JEHORAM H C. The Nature of Neighboring Rights of Performing Artists, Phonogram Producers and Broadcasting Organizations [J]. Columbia-vla Journal of Law & the Arts, 1990, 15：75.
[5] 王超政. 著作邻接权制度功能的历史探源与现代构造 [J]. 华中科技大学学报（社会科学版），2020（4）：95-104.
[6] 《Rome Convention for the Protection of Performers, Producers of Phonograms and Broadcasting Organizations》，《保护表演者、音像制品制作者和广播组织罗马公约》（简称：《罗马公约》），1961年10月26日，由国际劳工组织与世界知识产权组织以及联合国教育、科学及文化组织共同发起，在罗马缔结，1964年5月18日该公约生效。

播形态,进而缓慢影响社会发展进程。然而,互联网革命却似一场"暴风骤雨",在人类历史发展的长河中,疾如闪电般改变着传媒发展格局,很多传统媒体还没来得及作出反应,就已在互联网浪潮的裹挟之下举步维艰。

(一)互联网媒体崛起与传播革命

印刷术经历了数百年的发展,广播电视自诞生至今也有百余年的历史,而互联网的兴起则只有几十年,至今仍在蓬勃发展之中。互联网的发展,改变了传播的单向性与集中化,让统治了百余年的广播电视不再是传播的唯一"主流",互联网这种分散化、扁平化、平民化的传播方式受到社会公众的广泛青睐,互动性社交媒体开始登上历史的舞台。

1. 电子计算机与互联网萌芽

1945 年,被称为"计算机之父"的冯·诺依曼提出计算机基本工作原理,即存储设备加程序控制,其在早期的"离散变量自动电子计算机"(EDVAC)方案中明确奠定了新机器由五个部分组成:运算器、控制器、存储器、输入和输出设备,并描述了这五部分的职能和相互关系。自此,电子计算机的时代隆重开启。从第一代电子管数字机发明后,计算机硬件经历了电子管、晶体管、集成电路和大规模集成电路的不断跨越与发展,软件方面,计算机的操作系统也不断变得更为简洁和易操作,运算能力不断增强。

在电子计算机发展的早期,广播电视的发展占据了绝对的主导地位,电脑的使用主要还集中于军事、科研等场景。1969 年,美国国防部研究部门"高级研究计划局"(ARPA)对于其资助的多所高校实验室,因需要进行集中监管与信息交换,通过多台终端机以固定电话线与远程电脑分别连接。因造成设备的大量烦冗,ARPA 主管官员就此提出了建造一个试验性电脑网络的建议,希望能将不同地方的电脑主机连接成一个网,以实现信息相互交换,这就是最早的电脑网络"ARPA 网"。[1] 1969 年 11 月 21 日,加州大学洛杉矶分校与斯坦福大学的两台"接口信息处理机"(IMP)相互实现连接。此后美国东海岸的各个高校之间开始陆续连接形成了早期的"ARPA 试验网"。更多

---

[1] 汤姆·斯丹迪奇. 从莎草纸到互联网:社交媒体 2000 年[M]. 林华,译. 北京:中信出版集团,2015:317.

的电脑不断加入网络,至 1981 年,网络上连接了 213 台电脑,并按照每 20 天一台的速度增加。20 世纪 80 年代,个人电脑开始进入办公和家用场景,网络开始成为连接电脑的重要工具。

20 世纪 90 年代初期,工作于欧洲粒子物理实验室(CERN)的英国科学家蒂姆·伯纳斯·李为了方便物理学家之间的交流,在不同的电脑系统之上,写了一个软件程序,立足于网络页面的"超文本标记语言"(HTML)和"超文本传输协议"(HTTP),免费在互联网上提供,这就是"万维网"的雏形,并催生了"网景导航"等网页浏览器的发展。短短的十年间,互联网取得了飞速的发展,与互联网科技相关的公司如雨后春笋般成立,全球网民数量在 2000 年达到惊人的 2.5 亿人。

2. 传播媒介的"主流"之争

毋庸置疑,20 世纪的传媒是受到报刊、广播、电视"统治"的世纪。以权威报刊、英国国家广播公司(BBC)、美国哥伦比亚广播公司(CBS)、国家广播公司(CNN)等为代表的印刷和电子媒体,基本垄断了信息获取的渠道。广播电视媒体以其"内容+广告"的商业运营模式,在资本助力下,不断形成扩张与集中化的体系。媒体要想扩大影响力,扩展信息的传播范围,需要不断增加投入,提高节目的制作成本,提升广播电视的传播渠道,并在形成影响力后,吸引更多的广告商,收取高额的广告费。在受众与资本的双重推动之下,广播电视媒体被大型的传媒公司所集中控制。而为了提高收视率,获取更高的关注度与运营收益,广播电视台不断迎合社会公众的娱乐需求,人们观看电视的时间也不断攀升。电视媒体被学者诟病为"社会的麻醉剂"[1]。然而,社会公众仍然依赖于通过报刊及广播电视获取讯息,印刷与电子媒介垄断甚至塑造了社会公众的信息获取渠道与社会认知基础。在互联网出现之前,印刷与电子媒体为"主流"无疑。

20 世纪末至 21 世纪初,互联网媒体开始对传统"主流媒体"形成冲击。万维网所展现的开放性与便利性,让普通社会公众可以在全世界面前发表其个人的内容与观点。曾经具有更强话语权的政府、企业、社会组织等,在互

---

[1] 尼尔·波兹曼. 娱乐至死[M]. 章艳,译. 北京:中信出版集团,2015:120-128.

联网环境下，与个体之间不再具有话语影响力，也不再具有传播渠道的差异，规整的"主流"媒体开始感受到来自网络自媒体的冲击。在互联网发展的早期，博客成为一种颇受欢迎的个人网站类型，作者与读者之间可以进行实时的在线互动，"评论"与"留言"交相辉映，"博主"与"读者"深入互动。有深度的思想借助互联网平台传播的广度，迅速形成影响力，进而在互联网上激起更为广泛的讨论。新兴的互联网媒体向所有人开放，逐渐为社会公众所认可，并日渐消解传统"主流媒体"的话语阵地。当然，在相当长的时间内，网络言论并不为主流媒体所认可。正如哥伦比亚广播公司新闻记者埃里克·恩伯格的偏见之言：网络博主因其水平和层次较低，取代主流新闻就像寄生虫取代他们所叮咬的狗一样没有可能。❶然而，随着人们阅读与消费习惯的悄然改变，所谓的"主流"终究将会成为历史陈迹。互联网媒体的快速发展，让传统主流媒体也开始将阵地转向网络，尤其移动互联网的迅速发展，让传统的印刷、广播电视等媒体渠道日渐式微，媒体传播的"主流"之争已在现实面前得到了最好的注解与回答。

(二) 网络环境下的版权理论革新

互联网的发展，为作品的传播插上了"隐形的翅膀"。传统的纸质媒介书籍报刊、电子媒介CD等，在互联网时代均可以通过数据信息形式呈现出来，转换为以"0"和"1"为载体的二进制数字内容。数字形式的"保真度"（Fidelity）、"便捷度"（Facility）、"普遍度"（Ubiquity），以及能够适应现代数字计算机的运算能力和互联网无远弗届的可介入性，让其胜于其他任何媒介。❷网络媒介环境下，作品创作与复制方式产生了颠覆式变革，作品内容的传播渠道也发生了根本性变化。创作门槛的降低，创作场景的拓展，使得依托于互联网的创作无处不在，也让创作的形态异彩纷呈。社交媒体的互动性决定了双向乃至多向的互动，会形成多种新创作模式，产生异于传统的新作品形式。大数据、云计算与人工智能等技术的加持，让创作行为变得

---

❶ 汤姆·斯丹迪奇. 从莎草纸到互联网：社交媒体2000年［M］. 林华，译. 北京：中信出版集团，2015：333.

❷ 保罗·戈斯汀. 著作权之道：从谷登堡到数字点播机［M］. 金海军，译. 北京：北京大学出版社，2008：163.

更为立体和复杂，让传播方式变得多元、丰富。同时，网络媒介平台的兴起，让版权侵权责任与版权许可机制面临挑战。

1. 作品创作与复制方式的变革

互联网发展，改变了传播的单向性与集中化，让每个参与互联网的主体都能成为创作者与传播者。在互联网技术的加持之下，作品的获取更加容易，同样对作品的改编混创也变得更加便利。❶ 网络文学、网络音乐、互联网短视频等"草根"创作大行其道，爆发出巨大的影响力，开始逐步攻占传统的著作权消费市场。海外脸书（Facebook）、推特（Twitter）、油管（YouTube），国内的微信公众号、微博、抖音、快手等平台，由无数的网民创作了海量的版权作品，吸引了大量用户。而传统的报纸、刊物、广播、电视等媒体内容受众却日益减少，影响力日渐式微。互联网时代数字化版权内容，让复制变得空前便捷，在促进传播的同时，也让未经授权许可的复制行为愈加频繁，更为普遍。

互联网时代作品创作与复制方式的改变，对版权基础理论产生影响。世界各国以及国际组织著作权立法，所普遍遵循的基础逻辑在于版权激励理论。从经济学的角度理解，版权对艺术作品或软件的保护理由在于，大部分的生产成本必须先行投入，而创作和开发市场需要大量的资金和努力，没有版权的保护，产品将是非排他性的，这也就意味着，任何看到或者听到该产品的人都可以使用其内容，但使用者的"不劳而获"将剥夺创作者从投入的努力中获得合理回报的机会。❷ 版权即意在通过保护性的社会契约建立财产权制度。❸ 然而，互联网时代的"眼球经济"一定程度上改变了传统产权保护的经济逻辑。在互联网环境下，流量即利益，对创作者而言，传播广度所能带来的收益要远高于通过严格许可限制传播所能获取的许可费收益。版权制度所形成的壁垒"林立"的产权规则，于网络时代的创作者而言意味着阻碍重

---

❶ 孟兆平. 网络环境中著作权保护体系的重构 [M]. 北京：北京大学出版社，2016：45-46.

❷ 迈克尔·A. 艾因霍恩. 媒体、技术和版权：经济与法律的融合 [M]. 赵启杉，译. 北京：北京大学出版社，2012.

❸ WILLIAMSON O E. Transaction Cost Economics: The Governance of Contractual Relations [J]. Journal of Law and Economics, 1979, 22: 233.

第一章 背景分析：大数据时代新媒体传播变革

重。同时，网络时代的"开源社区""开放存取"等形式，对于传统的版权保护理论也形成一定的挑战。

2. 信息网络传播权的挑战

信息网络传播权伴随着20世纪末期互联网的快速发展而出现。1996年世界知识产权组织（WIPO）主持通过"……"《世界知识产权组织版权公约》（WCT）和《……产权组织表演和录音制品条约》（WPPT），针对网络空间的著……保护作出回应。❶

同样，随着计算机和网络技术的发展，在著作权法将信息网络传播权纳入立法条文之前，我国司法审判中已经出现了对网络传播的保护需求。在1999年"王某诉世纪互联通讯技术有限公司著作权侵权纠纷案"❷中，因涉及文字作品未经授权在互联网上传播，法院在尚无"信息网络传播权"法律条文规定的情况下，作出认定。❸ 2000年，最高人民法院通过司法解释将著作权的权项扩展于"著作权法第十条对著作权各项权利的规定均适用于数字化作品的著作权"。❹ 随后，在2001年修正的《著作权法》进一步规定了信息网络传播权相关界定。❺

尽管立法上已经明确规定了信息网络传播权，但在信息网络传播权条款实施后，关于如何理解和界定信息网络传播权的范畴却一直存有理论分歧。这直接导致信息网络传播权法律适用的困局，尤其是，信息网络传播权与广播权之间一直存在相互的关联与交叉。有学者提出，两者的界定应以承载作品的信号在传播介质中保留的时间为基本考察标准，它也同时决定了公众获

---

❶ 李明德，黄晖，闫文军. 欧盟知识产权法[M]. 北京：法律出版社，2010：275-280.

❷ 北京市海淀区人民法院（1999）海知初字第57号民事判决书。

❸ 《著作权法》（1991）第10条第5项所明确的作品使用方式中，并没有穷尽使用作品的其他方式存在的可能。随着科学技术的发展，新的作品载体的出现，作品的使用范围得到了扩张。因此，应当认定作品在国际互联网上传播是使用作品的一种方式。作品的著作权人有权决定其作品是否在国际互联网上进行传播使用。

❹ 2000年11月22日，最高人民法院审判委员会第1144次会议通过的《最高人民法院关于审理涉及计算机网络著作权纠纷案件法律若干问题的解释》第2条第2款规定："著作权法第十条对著作权各项权利的规定均适用于数字化作品的著作权。"这里的《著作权法》指1991年《著作权法》。

❺ 《著作权法》（2001）第10条第12项规定："信息网络传播权，即以有线或者无线方式向公众提供作品，使公众可以在其个人选定的时间和地点获得作品的权利。"

得作品的主动性。❶ 在 2020 年《著作权法》修正案中，第 10 条第 11 项增加了"有线方式公开传播或转播作品"❷。互联网媒体时代的信息网络传播权，在与广播电视媒体时代广播权的相互交织中，不断明晰边界，逐渐成为一项重要且独立的权利。

5."避风港规则"的适用

互联网的开放性吸引了大量用户，也让网络平台分化出内容提供主体与服务提供主体两大类。薛虹教授提出了五种网络服务提供者的类型。❸ 网络服务提供者的特征在于，其并不实际提供版权内容，仅仅为用户提供网络空间与渠道，但作为网络空间其又不可避免地需要存储相关信息与内容。因此，网络服务提供者成为海量用户的"落脚地"，同时也衍生出大量的"网络间接侵权行为"。

我国《信息网络传播权保护条例》从第 20～23 条为四类网络服务提供者规定了免于赔偿责任的情形，即"避风港规则"，也称为"通知 - 删除规则"，该规则借鉴自《美国数字千年版权法》（The Digital Millennium Copyright Act，DMCA）❹。美国尼莫教授（Nimmer）对此制度的诞生曾有过评述，其认为互联网环境下的海量作品传播，需要在著作权人与网络服务提供者之间寻求平衡。❺ 一方面，数字技术的发展让复制变得非常容易，著作权人如果不能确保对大规模网络盗版行为的制止，那么其通过网络传播获利的可能性将极低；另一方面，网络服务提供者如果因为其所提供的服务随时可能面临侵权指控，那么服务提供者将不会大规模投入资金进行网络技术的开发。DMCA 通过设置"避风港规则"限制网络服务提供者责任，以确保网络服务

---

❶ 刘银良. 信息网络传播权及其与广播权的界限 [J]. 法学研究，2017 (6)：97 - 114.

❷ "广播权"被界定为"以有线或者无线方式公开传播或者转播作品，以及通过扩音器或者其他传送符号、声音、图像的类似工具向公众传播广播的作品的权利，但不包括本款第十二项规定的权利"。

❸ 网络服务提供者是网络空间重要的信息传播媒介，支撑着网络上的信息通信，对用户利用网络浏览、下载或上载信息都起着重要作用，主要包括五种：网络基础设施经营者、接入服务提供者、主机服务提供者、电子布告板系统经营者和邮件新闻组及聊天室经营者、信息搜索工具提供者。参见薛虹. 再论网络服务提供者的版权侵权责任 [J]. 科技与法律（季刊），2000 (1)：49 - 57.

❹ 陈锦川. 关于网络服务中"避风港"性质的探讨 [J]. 法律适用，2012 (9)：25 - 31.

❺ NIMMER M B, NIMMER D. Nimmer on Copyright, Matthew Bender, 2009, 12B：24 - 25.

的可持续发展。

我国《信息网络传播权保护条例》第 20~23 条分别界定了类似于 DMCA 五类避风港规则中的前四种,❶ 其中《信息网络传播权保护条例》第 20 条规定了"管道传输服务",即网络服务提供者提供网络自动接入服务或者提供自动传输服务存在的免责情形。第 21 条规定了"系统缓存服务",即为提高网络传输效率,自动存储从其他网络服务提供者获得的作品等存在的免责情形。第 22 条规定了"信息存储空间服务",即为服务对象提供信息存储空间,供服务对象通过信息网络向公众提供作品等存在的免责情形。第 23 条规定了"信息定位工具服务"。❷

4. 著作权许可机制的演变

随着 20 世纪末互联网的飞速发展,网络时代彻底将数字技术的优势发挥出来,数字化与网络化带来了"私人复制的兴起"。❸ 传统的著作权许可机制已经不再适应互联网环境下的作品传播需求。

纸质媒体时代,作品的载体局限于羊皮、纸张等印刷体,作品的复制与传播也是通过物质化的有形载体进行传递。作品的许可主要掌握在出版商手中,由出版商连接起生产端的创作者与消费端的受众。纸质媒体时代的著作权许可通过出版商进行,易于集中控制。广播电视媒体时代的发展,让作品的类型以及传播方式都发生了重大的变化,版权利用与许可交易的频次以及类别都出现了海量的增长,传统单一的协商许可授权机制开始失灵,面临着高昂的版权许可授权成本。❹ 著作权集中许可与法定许可开始出现,以降低著作权许可交易成本,兼顾传播效率与许可效率。

进入互联网时代,作品的创作与传播不再局限于特定的主体,而是真正进入"全民创作、全民传播"的阶段。由此带来作品数量的爆发式增长,创作与再创作的相互交织,作品的利用与传播互为因果,互联网中的创作与传

---

❶ 梁志文. 变革中的版权制度研究 [M]. 北京:法律出版社,2018:338.

❷ 为服务对象提供搜索或者链接服务,在接到权利人的通知书后,根据本条例规定断开与侵权的作品、表演、录音录像制品的链接的免责情形。

❸ 熊琦. 数字音乐之道——网络时代音乐著作权许可模式研究 [M]. 北京:北京大学出版社,2015:22.

❹ 熊琦. 著作权许可的私人创制与法定安排 [J]. 政法论坛,2012 (11):93-103.

播正如古罗马时期公共广场上的自由演说，丰富而绚烂。传统的著作权保护，以及集体管理组织的集中许可与法律严格限定的法定许可，不再适应互联网环境下如此高频和大规模的著作权许可需求。互联网环境中，以维基百科、共享存取、开源软件等为代表的互联网机构及社区，不断尝试通过免费传播与知识共享的开放式许可吸引创作者与消费者的参与，此谓之著作权的"公共许可"模式，有学者将其称为"反财产权投资"（property‐preempting investments），即以私人力量扩张公共领域，[1] 以获取广泛传播所带来的"延迟收益"。

第二节　大数据技术对新媒体传播的改造

互联网技术的发展，让人类之间的联系开始消弭距离的局限，也让信息的传递空前迅捷。在无边无际的互联网海洋中，数据正如一朵朵的浪花，成为在其中遨游的用户所赖以行动的基础。至此，人类开始悄无声息地进入以移动互联网为入口的大数据时代。数据被称为大数据时代的"石油"，数据的重要性对于以信息、知识为传播内容的媒体而言尤甚。以互联网和大数据为驱动的"新"媒体应运而生。新媒体传播的精准化与智能化水平正在颠覆传统传播格局。大数据技术将新媒体传播方式导向版权资源激活与数据分析利用的新阶段。

一、大数据技术与新媒体发展

漫长的传播历史已经无数次证明，技术发展与传播变革向来相伴相随，一项传播技术的发展看似只是带来了传播手段的变迁，但经年累月的发展，让可见的技术产生不可见的影响力。人类社会的发展，工具所带来的影响从来不是单一的，新技术与新工具通过对社会、经济、文化的广泛影响，最终以"无形之手"重塑了整个世界。自20世纪末以来的互联网快速发展，尤

---

[1] ROBERT P. Merges, A New Dynamism in the Public Domain [J]. 71 U. Chi. L. Rev. 2004, 183: 183-186.

其是移动互联网近年来的迅猛发展，已经影响并重塑了公众的生活习惯，甚至改变了人们对世界的认知方式。通过互联网连接起来的虚拟世界，与我们生活的现实世界之间，已经不再有明晰的界限，这种数字化的生活方式已然成为"标配"。与之相应，海量数据积累所衍生出的大数据与人工智能技术，让传统的传播方式插上了"隐形的翅膀"，为新型媒体的发展奠定了技术与社会基础。

（一）大数据：一场悄无声息的革命

人类自有文明以来，不断地尝试通过现有知识预测未来，以克服对于未知的恐惧。天文地理、人文历史、科学技术，无不是对既有知识和信息的归纳与总结提炼，以形成对世界万物运行规律的认知与掌控。然而，受限于人类记录、计量与计算的能力，在无处不在的传感器与分布式的云计算普及之前，立足于有限数据的统计学与概率论知识是被经常用到的决策信息处理模式。随着互联网与计算机技术的飞速发展，计算机与服务器算力的提升，让社会公众可以对极为海量的数据进行处理，人们不再需要通过抽取部分数据样本的方式展开分析。❶ 数据的获取和采集突破了既有的认知，世界范围内的所有物体都可能通过传感器传递数据，各类指标也可以通过信息传递出海量的数据信息。❷ 人类历史上从未产生过如此庞大的数据量，但也从未被如此完整地记录过。尤其随着移动互联网的普及，人类的活动已经离不开无处不在的网络，在我们周围，一切皆可数据化，所有行为都能被记录。而5G技术则会让移动互联网真正进入"万物互联"的物联网世界，更为海量的数据会被产出、收集、处理与分析。

大数据悄然改变着传统的产业驱动模式。数据被称为现代工商业"未来的新石油"，❸ 成为一种重要的产业资源，甚至是一种必需品。传统农业，包括种植业、养殖业等，都开始尝试数字化转型。近年来，诸多的互联网企业，

---

❶ 维托克·迈尔-舍恩伯格，肯尼斯·库克耶. 大数据时代：生活、工作与思维的大变革[M]. 盛杨燕，周涛，译. 杭州：浙江人民出版社，2013：17.
❷ 刘智慧，张泉灵. 大数据技术研究综述[J]. 浙江大学学报（工学版），2014（6）：957-972.
❸ 李国杰，程学旗. 大数据研究：未来科技及经济社会发展的重大战略领域——大数据的研究现状与科学思考[J]. 中国科学院院刊，2012（6）：647-657.

包括网易、阿里巴巴、京东、拼多多、华为等，都投身于智慧种植、智慧养殖等传统农业领域。在现代信息社会，通过实时可追溯的大数据监控，从田间地头、养殖基地到餐桌，数字化转型不仅让农业更加高效，也让食品安全更加透明可见。在工业领域，从需求端到生产端的各个环节，包括供应链、设备、订单、研发、制造、仓储、物流、维护，等等，都或主动或被动地开始适应数字化转型需求。

以世界顶级的航空发动机制造企业罗尔斯·罗伊斯（也被译称为"劳斯莱斯"或"罗罗"）公司为例，为了检测其装配于飞机上的海量运行数据，罗罗公司使用了微软的 Azure 平台，从根本上改变数据的使用方式，罗罗公司内部设立了致力于发动机全生命周期数据分析工作的 R2 数据实验室，借助人工智能和机器学习手段，加速对数据的解读分析，构建发动机的数字孪生体。❶ 罗罗公司通过先进的数据分析服务及物联网管理平台，收集并分析所有从罗罗发动机传输回的数据，进而提出相应建议，包括如何操作引擎以节约燃料提高机械效率、通过数据在故障发生之前预测维修保养需求，实现了减少代价高昂的停机检测和延误，❷ 从而让航空公司收获了更高的效率，也提升了用户的安全感与舒适性。当然，罗罗公司也通过出售发动机之后的监控服务赚取了高额服务费用，甚至远远超过其出售发动机的收入。

相较于传统农业、工业，在商业领域，大数据的力量更是被展现得淋漓尽致。互联网平台型经济的兴起，对传统的商业模式构成了颠覆性挑战。用户不仅仅在网络平台上购买商品与服务，还在消费与使用的过程中形成了大量的数据，数据构成了连接平台、商家、用户之间的纽带。大数据的处理变得规模化与复杂化，需要诸多的技术加持，形成适用于大数据收集、存储、管理、处理、分析、共享和可视化的技术。❸ 这些数据一方面可以为平台以及商品和服务的提供方了解用户，预测用户的消费行为提供精准的营销手段，

---

❶ 邵冬. 罗罗的智能发动机愿景分析 [J]. 航空动力, 2020 (3): 27-30.
❷ 数据显示，罗罗公司的发动机健康管理 (EHM) 系统在 1 年中帮助航空公司避免了近 70% 的潜在发动机维修工作，这将为航空公司省去可观的维修费用。参见邵冬. 罗罗的智能发动机愿景分析 [J]. 航空动力, 2020 (3): 27-30.
❸ 严霄凤，张德馨. 大数据研究 [J]. 计算机技术与发展, 2013 (4): 168-172.

另一方面还能促进商品与服务的品质提升。当然，大数据所带来的用户隐私保护、大数据"杀熟"、算法歧视等问题同样存在。在传播领域，大数据时代所带来的内容数字化与传播智能化，也从基础上深入影响并冲击了传统媒体的内容生产与传播模式。

（二）新媒体：后互联网时代的转型

新媒体的"新"是一个不断演变中的相对概念，新与旧只能在比较中区别。❶ 媒介技术的更迭，媒体形态的变迁，都可以称为新型的媒体内容与传播方式。"新媒体"是一个相对概念，其内涵会随着传媒技术的进步而有所发展，但从人类传播史的角度而言，应是一个时代范畴。时代的更迭与技术的进步，不断为我们开拓新的媒介类型，新媒体亦层出不穷。正如马歇尔·麦克卢汉所言：从长远的观点来看问题，媒介即讯息。❷ 新媒体是一种历史的产物，不断革新，也不断为社会提供新的表达渠道。有学者归纳认为，从技术上看，新媒体是数字化的，从传播特征看，新媒体具有高度的互动性。❸ 然而，不同的学者在不同的历史阶段对新媒体有不同的界定。在互联网发展早期，新媒体被界定为数字媒体与网络媒体，❹ 门户网站、搜索引擎、电子邮件、网络文学等都被称为"新媒体"❺；进入移动互联网发展时期，面向未来的新媒体被认为是"以数字媒体为核心"的三网融合、传统媒体与新媒体的融合、有线网与无线宽带网的融合❻。智能触屏手机的出现与迅速兴起，实现了对传统手机功能以及媒体功能新的整合。❼ 新媒体在移动互联网时代得到了更为长足的发展。对于新媒体发展而言，智能手机是一个革命性的传播工具，推动了新媒体的迅速崛起。

---

❶ 熊澄宇．整合传媒：新媒体进行时［J］．国际新闻界，2006（7）：7-11．

❷ 社会靠集体行动开发出一种新媒介（比如印刷术、电报、照片和广播）时，它就赢得了表达新讯息的权利．参见马歇尔·麦克卢汉．麦克卢汉如是说［M］．何道宽，译．北京：中国人民大学出版社，2006：3．

❸ 匡文波．"新媒体"概念辨析［J］．新闻界，2008（6）：66-69．

❹ 骁亚冰，黄升民，王兰柱．中国数字新媒体发展报告［M］．北京：中国传媒大学出版社，2006：1．

❺ 宫承波．新媒体概论［M］．北京：中国广播电视出版社，2007：1．

❻ 廖祥忠．何为新媒体？［J］．现代传播，2008（5）：121-125．

❼ 熊澄宇．新媒体与移动通讯［J］．广告大观（媒介版），2006（5）：31-33．

互联网时代的新媒体，以便捷化的信息获取与更为开放的公众参与为主要特点。毫无疑问，技术的发展推动传播手段的升级，但历史地看，传播方式却并不总朝着更为开放的方向发展。从古罗马和古希腊广场的口头演讲与莎草纸的直接传播，到印刷机产生后的批量化印刷品传播，再到广播电视时代的音视频传播，媒介的影响力越来越大，但媒介集中度也越来越高。传播从个体与个体之间的社会化讨论，转变为传播者与受众之间的单向权力。出版社、广播电视机构成为传播形态中，具有决定性话语权的主体。进入互联网时代，传播行为又开始出现"去中心化"的迹象。2012年11月，推特的首席执行官迪克·科斯托洛（Dick Costolo）在杰拉德·R.福特公共政策学院演讲时，把推特比作一个全球性的城镇广场，是古罗马的广场或古希腊市政广场的翻版，人们用它直接交换意见，而不是从报纸、广播电台和电视这一小撮集中组织、内容经过过滤的来源获取信息。❶ 从某种程度上来讲，互联网实现了人类对社交化传播真正的渴求，尽管相关传播技术与古罗马广场时代已经不可同日而语。当然，技术发展前行的脚步不断向前，人工智能、大数据、5G、虚拟现实、脑机互联等技术的迭代进化，会不断超出人们的既有认知。媒体技术与传播方式的发展也会超越历史的想象。因此，在此背景下，准确预测媒体技术及传播方式的未来发展模式殊为困难。但从数千年来人类社会交往与信息获取需求的历史背景来看，无论技术如何发展，亘古不变的社交需求与获取信息的便捷化要求始终指引着媒介传播的发展方向。

5G和云计算的到来，为大数据时代开启了一个新的阶段。从互联网到物联网，人类信息获取与传播渠道的变化已经突破了传统的场景。旅游、购物、交流、学习，甚至包括生产活动，人类任何的活动场景，都存在信息的生产与传播。以社交媒体为代表的互动式新媒体，是互联网时代发展到一定阶段后，被市场证明极具生命力的媒介形态。由此，媒体内容生产与传播的基础，从印刷媒体、广播电视媒体时期的集中化走向网络时代的分散化。分散化的社交媒体崛起，让用户生成内容（UGC）、机构生产内容（OGC）逐步取代

---

❶ 汤姆·斯丹迪奇.从莎草纸到互联网：社交媒体2000年［M］.林华，译.北京：中信出版集团，2015：341.

了大众传播工业化时代专业生产内容（PGC）模式。非专业化创作的繁荣，让海量的数据开始在互联网平台上涌现，进而，数据的规模化与运算能力提升，机器生产内容（MGC）随之诞生，推动了立足于大数据与人工智能技术的智能化媒体迅速崛起，并引领了一大批跟随者。

从媒介形式上来讲，新媒体是有别于传统纸质报刊、书籍、广播电视等信息载体，以数字技术为依托、以社交属性为底色的媒体形态。从内容生产上来讲，新媒体以分散式、互动式、机器智能创作为主要方式。从传播特征上来讲，新媒体是以社交化传递、智能化推送为传播方式的媒体。因此，进入以5G、云计算、大数据、人工智能为技术特征的后互联网时代，新媒体是融合了社交属性，具有开放化、分散式、互动性、智能化内容创作环境，依托智能化传播手段的媒体形式。

二、新媒体的内容生产转型

约2100年前，古罗马政治家马库斯·图利乌斯·西塞罗在用餐的间隙、旅行的途中、工作的闲暇，通过写信的方式，与他关系网中的人员进行通信。与此同时，古罗马广场上的演讲、信息分享也都通过抄录的方式在人群间广为传播。这些便是社交媒体的雏形。及至印刷术的发展，尤其是人类进入工业化社会后，传播工具与传播渠道的集中化程度越来越高。就传播能力而言，个人的书信、演讲，与报社、出版机构、广播台、电视台之间的差距愈发明显，传播开始逐步转入专业化与工业化时代。尽管报刊、广播电视存在互动类的栏目，但总体的信息渠道开始形成传播者与受众之间的单向关系。报刊、广播电视等权威媒体在20世纪形成了强有力的统治能力。然而，自20世纪末开始，随着互联网的出现，这种单向传播开始被打破。人们越来越多地主动参与信息的传播与交流，传统资源集约型媒体开始受到来自互联网服务平台与个人自媒体的挑战。具有互动性的社交新媒体由此而生并站上历史的舞台。

（一）人类分享天性是社交新媒体发展的基础

社交媒体源自英文的"Social Media"，通常在互联网"Web 2.0"的语境下使用❶，最早传入中国可见于美国学者安东尼·梅菲尔德（Antony Mayfield）的《什么是社交媒体》（《What is social media》）一书。梅菲尔德将社交媒体概括为在线媒体的总称。❷ 当然也有学者认为，应当将英文"Social Media"译为"社会化媒体"或"社会性媒体"。但社交媒体体现了更好的媒介作用，也凸显了社会交往与沟通交流的基本属性，❸"社会化媒体"或"社会性媒体"则难以凸显此特征❹。从历史的回溯可以看到，广泛意义上的社交媒体诞生已经存在了两千余年。互联网仅仅是社交媒体兴起的助推剂，让作为人类基础需求的社交以更好的技术形态展现出来。英国牛津大学进化人类学教授罗宾·邓巴通过对类人猿及人类的群体进行研究后得出结论，人类群体的平均规模应是 150 人左右。这一人类群体规模的数量，被称为"邓巴数字"❺。罗宾·邓巴通过对类人猿的观察发现，类人猿群体内，会有相互之间通过"梳理毛发"建立起的更为密切的信任关系团体，这类似于人类社交群体中的语言交流。因此，人类天生喜欢"流言蜚语"，希望通过信息共享与沟通建立起更为密切的信任关系。

在互联网时代，人类的这种群体性结构是否发生了变化，也是学者们研究的目标。❻ 无论在书信交流时代，还是在互联网社交媒体时代，时间的限

---

❶ ANDREAS M K, MICHAEL H. Users of the world, unite! The challenges and opportunities of Social Media [J]. Business Horizons, 2010, 53 (1): 0 – 68.

❷ 谭天，张子俊. 我国社交媒体的现状、发展与趋势 [J]. 编辑之友，2017（1）：20 – 25.

❸ 赵云泽，张竞文，谢文静，等."社会化媒体"还是"社交媒体"？——一组至关重要的概念的翻译和辨析 [J]. 新闻记者，2015（6）：63 – 66.

❹ 对于社交媒体，清华大学彭兰教授认为，其主要特征有两个：一是内容生产与社交的结合，也就是说，社会关系与内容生产两者间是相互融合在一起的；二是社会化媒体平台上的主角是用户，而不是网站的运营者。因此，归纳而言，现代社交媒体实际上是赋予了社交功能的新型传播工具。彭兰. 社会化媒体、移动终端、大数据：影响新闻生产的新技术因素 [J]. 新闻界，2012，16：3 – 8.

❺ 罗宾·邓巴通过研究英国人寄圣诞卡的习惯发现，人们约 1/4 的卡片寄给了亲人，近 2/3 给朋友，8% 给同事。不过，最主要的研究发现是这样一个数字：以一个人寄出的全部卡片为例，所有收到贺卡的家庭的人口总和平均为 153.5 人，也就是 150 人左右。参见定国. 朋友圈里神秘的邓巴数字 [N]. 深圳特区报，2015 – 10 – 20（B11）.

❻ 参见 MARLOW C. Primates on Facebook [J]. The Economist, 2009, 27 (2). 脸书的"内部社会学家"卡梅伦·马洛（Cameron Marlow）研究发现，脸书社交网络中可发展的"好友"平均数量为 120，并没有突破邓巴数字，而且，"男性平均拥有 120 个好友，在个人照片、状态通知或留言框中，通常只会对 7 个朋友发表评论。一般的女性稍微更好社交，会对 10 个好友做出回应；在拥有 500 个好友的脸书用户中，情况稍好一点，男性会留下对 17 个朋友的评论，女性会留下对 26 个朋友的评论"。

制迫使人们只能在沟通时有所偏重,核心沟通圈往往很小,更多的人都是以弱连接的方式保持联系,而弱连接者只是一种相识关系而已。❶ 社交媒体的诞生是互联网环境下,因应人类共享与信息交流需求的产物,尽管形式上更为便捷,更具延展性,但其仍然立足于人类社会最本质的社会交往属性。

（二）新媒体内容创作模式的变迁与挑战

社交场景下的新媒体,让普通公众爆发出了强大的创作能力,创作主体与创作形式均呈现异彩纷呈。互联网与计算机共同推进下的技术进步,进一步让大数据、人工智能等新技术应用于内容创作过程。新媒体内容创作在大数据时代迎来重要而深刻的变革。

1. 新媒体内容创作主体与创作形式变化

传统媒体的内容创作存在专业化与职业化的特点。一方面,文字、图片、视频影音等不同的内容形式,往往由不同的主体创作产生,报纸、刊物、书籍等纸质载体主要产出文字、图片类的作品；另一方面,收音机、CD 机等主要呈现声音类的作品,电视机则主要展示影像、视频类作品。但进入互联网时代,尤其是移动互联网的普及,电脑与手机终端打破了原有的载体局限性,可以有效呈现上述所有的内容,融合了多重内容的新媒体就此诞生。新兴媒体的出现增加了社会公众的媒介选择空间,人们可以结合自身的喜好,根据不同的偏好选择不同的媒介传播渠道,进而通过不同媒体差异化的功能组合,实现"定制化"的信息传播。❷ 社交媒体上的问答式创作、评论式创作等形式,更是将创作与社交融合在一起。新媒体传播内容的复合性,让传统创作主体的限制被打破,创作的形式也呈现多样化。

智能手机的普及,让创作场景与地域不再有限制,任何人随时随地都可以通过文字、图片、视频等方式进行创作与分享。微博、微信、短视频平台等渠道,为普通公众的创作提供了传播渠道。在传统"严肃"新闻媒体之

---

❶ 杨新敏. 中国圈子文化与社交网站传播 [J]. 苏州大学学报（哲学社会科学版）, 2010 (5)：148-152.

❷ 王琪琦, 李海燕. 试论"跨媒体"内容创作的策略 [J]. 河北师范大学学报（哲学社会科学版）, 2011 (5)：155-160.

外，"拍客"群体大量涌现，并展现了越来越重大的影响力。❶ 用户声望获得和社会连带增加两种网络激励机制，推动不同类型用户产生大量的"公共品"。❷ 而海量用户生成内容（UGC）的"聚沙成塔"，以及专业机构团队（PGC）让内容"凤凰涅槃"，❸ 让个体创作无论是从便捷度还是专业性角度都得到了很大程度的提升。

在技术发展与新媒体的冲击之下，传统媒体也在不断寻求转型突破。❹ 电视节目内容的制作，包括工作流程和内容展示，也从传统制作转变为 IP 化制作，例如音视频节目内容，现在可以分离制作，展现出更多变数。新的制作方式，被电视媒体人称为"3P"：一是 IP 化；二是沉浸式制作 + 互动（immersive + inter operator）；三是用户定制化（personality），传统电视的单向传输向社交媒体的高定制化发展，必将成为未来的趋势。❺ 传统与现代之间，不同媒体之间的界限日益消失。

相对于传统媒体而言，新媒体内容生产主体与生产形式转变的更大挑战，则来自大数据与人工智能发展所孕育出的智能化创作。以更具标准化模式的新闻创作为例，随着自然语言处理和文本数据集成的不断发展，各类智能新闻写作软件应运而生，融媒时代的新闻创作在选题策划、信息采集、文本处

---

❶ 拍客们最初开始创作和分享自身作品的动机虽然各式各样，种类繁多，但大体可以归纳为内驱力和外在诱因两个层面：内驱力方面，拍客通过对自我生活的记录、对理想的实践等方式表达并展示出自身需求，在展示的过程中获得满足和愉悦，这是一种内部刺激，成为其创作、分享活动的源泉；外在诱因方面，拍客通过对社会和民生议题的关注，在追求自身理想的过程中获得经济回报，以激起拍客定向且可持续的行动。岳改玲，黄灵燕. 拍客进行内容创作和分享的动机研究——以优酷网为例 [J]. 今传媒，2014（7）：11 - 13.

❷ 廖望，刘于思，金兼斌. 社会媒体时代用户内容生产的激励机制 [J]. 新闻与传播研究，2013（12）：66 - 81.

❸ 刘铭哲. UGC 撒网 PGC 做大——视频直播平台内容创作圈解读 [J]. 数码影像时代，2016（6）：26 - 29.

❹ 以电视节目为例，在 5G 到来之前，现场直播系统采用的是传统的采编播方式，2019 年春晚，我国首次实现 5G + 4K 超高清直播，基于 5G 网络覆盖下，通过 5G - CPE 终端，连接本地超高清摄像机、编解码器，将视频流实时传送到演播导控间，从而实现多机位镜头切换、跨区域协同直播、现场视频信号实时回传与远程指挥调度，使传统直播方式发生了颠覆性改变。高雅宁. 技术赋能：5G 技术对内容创作和生产流程的影响 [J]. 广电时评，2020（11）：36 - 38.

❺ 江涛. 媒体内容创作与生产发展趋势的探讨——访中央广播电视总台技术局央视技术制作中心副主任崔建伟 [J]. 现代电视技术，2020（12）：24 - 35.

理以及后期加工等方面表现出智能化的新特点。❶ 人工智能创作的技术应用，并不仅限于具有更强"客观性"的新闻写作，而是进一步走向了更偏向"主观性"的诗词散文等写作内容，技术对写作的渗透与控制已成为无法回避的问题。❷ 创作已经从一种人类智力活动，逐渐扩展至法律规则中"自然人"以外的主体。当然，不能因为人工智能生成物的创作主体不是自然人，就否定其可版权性。❸ 这种创作主体与创作方式的改变，不仅对法律规则提出了挑战，对于文学创作伦理也产生了深远的影响。❹ 当然，纵观传播史的发展历程，历史上每一次的技术进步与传播变革，都会受到来自产业与理论的质疑和挑战。对"新生事物"的接受需要一个调适的过程，究竟是技术出现因应社会需求的调整，还是人类思维跟随技术的转变，需要较长的历史观察以解答，而历史发展终将会给我们答案。

2. 大数据精准引导下的内容生产

新媒体内容创作来自技术发展的另一个支撑在于，海量作品与作品传播所累积的大量数据，经过智能化分析，反过来对内容生产形成指导作用。传统的内容产业从内容生产商发起内容需求再到内容传播，最终到达目标消费者实现商业变现，是一个线性传播过程。❺ 这种线性传播过程，在大数据时代逐渐被新的技术手段与传播路径所取代。

在社交媒体发展的早期，个人作为内容创作主体的崛起，对传统的内容生产专业机构形成挑战与替代。但随着个人创作者的集聚与发展，网络平台形成越来越大的影响力，同时专业化的多频道网络（Multi-Channel Network，MCN）模式所催生的专业生产内容（Professional Generated Content，PGC）方式，开始助力个人内容生产。似乎"草根"创作主体的发展，又开始走向传

---

❶ 王美儿，王景周，王海蓉. 智能软件对新闻内容创作的辅助实践与思考［J］. 中国编辑，2021（3）：76-80.

❷ 王光利. 审美范式转型与新媒体文学发展路向［J］. 江苏社会科学，2021（2）：142-149.

❸ 易继明. 人工智能生成物是作品吗？［J］. 法律科学（西北政法大学学报），2017（5）：137-147.

❹ 在科技裹挟下，写作包括文学创作成为一种机械化、自动化、规模化生产，文学的主题思想、语言与形式变为数字代码，主体性、审美个性、差异性及人文情怀失去依附的母体，文学作品成为"冷酷、无心、修辞空转的随意组合"。于坚. 一种可怕的美已经诞生［N］. 南方周末，2017-06-15.

❺ 段淳林，吕笑. "大数据+"与IP内容运营及价值分享［J］. 现代传播，2017（4）：114-118.

统的专业机构内容生产模式。然而，互联网平台下专业机构的赋能与传统的专业机构内容生产有着本质的不同，新的内容生产模式，是以创作者为主体，以数据和技术为支撑的全新体系。

首先，在新媒体环境下，内容创作者为主体，专业机构仅为辅助。传统的内容生产模式，报刊、广播电视等，传播链条为线性流程，在内容生产者—专业机构—消费者之间，专业机构以其强大的传播渠道控制能力，对前端的内容生产与后端的分发渠道形成"垄断"效应，在内容生产与传播中起到核心作用。但新媒体环境下，开放的网络平台让内容生产者直接面对消费者，面对市场。有吸引力的优质内容可以瞬间吸引用户，形成强大的影响力。网络"关键意见领袖"（Key Opinion Leader，KOL）[1] 与"关键意见消费者"（Key Opinion Consumer，KOC）[2] 在不同平台之间转换成本的降低，以及自身"IP"化所形成的收益变现能力，让内容生产者占据了真正的主导地位，平台与专业机构在整个生产传播链条中仅为辅助角色。

其次，在互联网环境下，新的内容生产模式以海量的数据为纽带，通过大数据、云计算、人工智能技术，围绕内容生产提供助力。网络媒体平台提供了便捷化的传播空间与内容消费场景。同时，随着计算能力与数据分析能力的提高，对于网络平台所沉淀的海量用户习惯与偏好数据，可以为内容生产提供精准引导，针对不同的细分群体与垂直内容领域，由媒体平台与专业服务机构提供技术与数据支持，引导内容创作者切合市场需求进行创作。[3] 新媒体与新技术环境下的内容生产，与传统专业机构内容生产存在明显的差

---

[1] Key Opinion Leader，关键意见领袖，通过输出自身对某个领域的观点及认知，积累认可其输出内容的用户群体，且对用户行为能产生一定影响的人。参见今日头条，新榜：《2020 内容创作发展趋势报告》。

[2] Key Opinion Consumer，关键意见消费者，多指粉丝数在 10 万人以下，影响范围相对 KOL 较小，但能对其所在的圈层或垂直领域用户产生较大决策影响力的人。参见今日头条，新榜：《2020 内容创作发展趋势报告》。

[3] 各主体之间在内容生产、集成、分发、营销等各个环节依赖共生、互相支持与互相制约，促使内容资源不断流转；并且在流转中产生了创作、包装、分发、评估、交易、变现等多个内容运营环节，让内容生产者以"内容"为圆点，以自身的资源为依托，寻求多样化的商业模式，深耕内容，拓展持续生产内容的能力，同时对内容的生产状态有一个全局性的认知。参见周艳，吴凤颖. 互联网下半场内容创作的乱象与破局 [J]. 新闻与写作，2019（4）：43-50.

异，也对传统媒体形成挑战。

3. 用户生产内容对传统媒体的挑战

社交媒体的产生，对传统媒体最大的挑战来自大众信息获取习惯的改变。在印刷媒体与广播电视媒体时代，人们通过订阅报刊、打开收音机或电视机获取资讯。新型社交媒体的诞生，人们主要的信息获取渠道则来自微博、微信、抖音、今日头条等即时信息媒体平台。社交媒体平台提供了一个可以便捷上传与分享信息的渠道，使得媒体平台上充斥着海量信息与数据，让受众从接受信息的身份，变为接受信息与生产内容合二为一的主体。每一个产出内容的用户成为信息传输网中的一个节点，原有的单向传播模式受到颠覆。

用户为什么愿意生产内容？在传统媒体时代，专业化的内容生产者同时也是职业化的媒体从业者，他们有足够的驱动力去提升内容品质，产出更多专业化的资讯与作品。但社交媒体时代，作为用户的内容生产者则并无直接的经济驱动力与职业任务要求去创作、收集、归纳、整理内容信息。然而，在互联网社交媒体时代，内容生产与经济回报之间的逻辑发生了根本性变化。有学者将用户生成内容（UGC）的动机概括为三个方面：成就感、虚拟社区意识和经济回报，其中经济回报对持续性内容生产来说是最强有力的动机。❶在信息大爆炸的眼球经济时代，注意力与流量可以转化为直接的经济回报。内容本身并不通过交易或消费产生经济收益，但关注度所带来的网络流量则可以形成收益，例如拥有广大关注者和用户的微信公众号、微博账号、知乎账号、短视频播主、B 站 UP 主、直播大 V，等等，通过广告、带货等实现流量变现。同时网络虚拟空间为 UGC 主体所带来的成就感与参与感，也是用户生产内容重要的驱动力量。

在用户生产内容的早期，博客风行的时代，"主流媒体"对博主们不屑一顾，认为主流新闻与博客内容之间的关系就如"跳蚤和狗"的关系一样，

---

❶ 与经济回报一道，虚拟社区意识对 UGC 社区的发展起着重要作用，特别是对长期增长尤其重要；成就感是人们为 UGC 社区作贡献的一个主要理由。参见雷蔚真，郑满宁. WEB2.0 语境下虚拟社区意识（SOVC）与用户生产内容（UGC）的关系探讨——对 KU6 网的案例分析 [J]. 现代传播，2010（4）：118－123.

博客永远无法替代"主流媒体"的新闻生产。❶ 然而，互联网发展的历史已经证明，自媒体的力量不容小觑，与传统的纸质媒体、广播电视媒体相比，究竟何者为"主流"，从历史的经验难以判断。"穿着睡衣在起居室的写作"逐渐形成比端坐于办公室写出的稿件具备更大的传播影响力。❷ 尤其进入移动互联网时代之后，传统"主流媒体"日渐式微，受到新兴媒体前所未有的挑战。由于网络信息技术接入的零门槛，各类互联网应用迅速进入人们的日常生活，网络用户规模随之不断扩大，UGC 拓展了专业新闻生产的信息来源，并对媒体报道议程施加影响。❸ 互联网用户怀着参与热情与戏谑反讽心态，不再满足于传统媒体的刻板内容模式，开始偏好于"草根"内容创作。

当然，专业内容生产与用户内容生产并非完全对立关系。离开"体制"的媒体从业人员构成了自媒体从业者的重要部分。同时，专业化的传统媒体也开始寻求通过更为"亲民"的自媒体平台与社交媒体渠道生产、传播相关内容。❹ 传统媒体与新兴媒体之间不再那么壁垒分明，而是走向相互融合。传统媒体独特的版权资源与人才储备优势，与新兴媒体的传播渠道及传播效率优势相结合，互相推动，深入协作，通过媒介融合渠道，实现优秀的人才、优质的内容与优化的传播平台的整合，以形成迸发式的传播威力，推动传播层次的迭代发展。❺

三、大数据时代媒体融合的传播变革

在新技术的冲击之下，传统媒体在与新媒体的竞争中不断面临挑战，也

---

❶ 汤姆·斯丹迪奇. 从莎草纸到互联网：社交媒体2000年 [M]. 林华, 译. 北京：中信出版集团, 2015：333.

❷ 美国哥伦比亚广播公司（CBS）当家主播丹·拉瑟在时事节目《六十分钟时事杂志》中制作并播放短片，独家"披露"布什年轻时在国民警卫军的服役记录以及逃避越战，结果经博主"绿色小足球"等对备忘录的真实性提出质疑，认为文件存在伪造嫌疑，导致丹·拉瑟主动辞职，进而公众对主流媒体政治新闻的信任度下降。

❸ 钟瑛, 李苏, 方晨新. 媒介环境中用户生产内容的价值及实现路径 [J]. 西南民族大学学报（人文社会科学版），2017（1）：163-168.

❹ 由于个人化和非专业化特性，用户生产内容先天缺少准确性和客观性，需要专业媒体的约束，对内容真实性的求证就是约束的一个方面。参见曾祥敏, 朱玉芳. 专业媒体用户生产内容的求证机制研究 [J]. 当代传播, 2015（3）：21-24.

❺ 代江龙. 互联网时代媒体融合发展的未来模式探索 [J]. 重庆邮电大学学报（社会科学版），2018（2）：34-41.

开始寻求突围。这便是媒体融合的产业背景。传统的纸质媒体与广播电视媒体通过与新兴媒体在传播内容、传播渠道上的融合，实现了媒体内容与渠道的升级发展，在版权资源的运营与智能化传播渠道方面，不断形成突破性变革。

（一）媒体融合背景下的传播转型

美国西北大学的里奇·戈登教授将媒体融合归纳为六个层面。[1] 媒体融合是一个全方位的过程，尤其在互联网技术的加持之下，融合的深度与广度都在不断拓展。互联网技术在传媒领域的运用，对媒体行业的格局产生了深远的影响。在媒体融合发展的进程中，免费模式的冲击、版权侵权的风险、海量版权的有效管理，都指向了媒体行业当前所面临的一个核心痛点，如何运营好版权，在满足消费者需求的同时，能够扩大市场规模，提升盈利能力。行业内快速发展的传媒企业，无不在版权运营方面有其独到之处。

在互联网科技的席卷之下，传统与现代的转化节奏显得愈发迅速。面对新的发展形势，我们需要时刻秉持开放的思维与态度，踏准时代的节拍，借助互联网技术的便捷工具，提升传统产业与传统行业的发展层次与发展水平。当前，传统传媒行业在互联网技术的冲击之下，既迎来巨大的挑战，也面临着前所未有的机遇。在传统媒体与新兴媒体的碰撞与融合中，媒体行业必将迎来新的发展局面。[2] 如何做好版权运营，是传统媒体与新兴媒体所共同面对的问题。

传统媒体产业在互联网转型发展的过程中，进行了多路径的尝试，通过开通"两微一端"、版权内容的数字化尝试、互联网采编平台的搭建，以及与新兴互联网媒体企业之间的合作，在媒体融合发展的征途上已经迈出了坚实的步伐。然而，综观媒体领域的融合发展现状，在新兴互联网媒体的强势

---

[1] 包括媒体技术的融合；媒体所有权的合并；媒体战术性结合；媒体结构性融合、新闻采访技术融合；新闻叙事方式融合。GORDON R. The Definitions and Meanings of Convergence, a Chapter in Digital Journalism: Emerging Media and the Changing Horizons of Journalism [M]. Rowman & Littlefield, 2003.

[2] 对于传统媒体企业而言，现有传统媒体在舆论引导工作中已逐渐显出疲态，不能适应新形势下各方面工作需要，长此以往将有舆论阵地丢失之虞。但新媒体目前的传播优势是表象，背后的主因仍然是内容之争。参见梁益畅，蒋玉鼐. 在摸索中寻找突破机会——湖北日报传媒集团媒体融合的实践与思考 [J]. 中国记者，2015 (9)：65.

冲击之下，传统媒体行业整体的竞争优势与传播覆盖能力均未能实现突破，有待进一步的提升。在当前"内容为王""流量为王"的"注意力经济时代"，❶版权运营不仅关乎传媒企业的发展，更关乎其存亡。因此，提升传媒企业的版权运营能力，搭建合理、高效的传播体系，是传媒企业融合发展的"应有之义"，也是传统传媒企业转型发展"迫在眉睫"的待解之题。

首先，需要秉持开放的传播理念。创新的首要是"思维创新"。❷在媒体融合发展进程中，对于传统媒体企业的管理者而言，最为重要的是思维创新，通过开放式的传播体系，激活传统媒体在内容生产与传播方面的实力，促进媒体融合发展过程中发展乏力与竞争优势未能有效发挥等短板，实现跨越式发展。在互联网环境下，传统媒体人容易囿于自身的思维惯性。在媒体融合发展的过程中，需要首先解放"媒体人"的思想，突破传统媒体传播渠道的思维藩篱。其次，媒体在融合发展的过程中，必须注重媒体深度融合发展的大趋势，实现从线性传播到互动传播的转变。

（二）大数据对新媒体传播的影响

传统媒体与新媒体的不断融合，不仅体现在版权内容与传播渠道共享方面，通过大数据、人工智能技术的赋能，让"沉睡"的海量版权资源在新技术的助推下实现不同模式的运营管理，并通过新媒体智能化传播技术让用户与平台之间形成更强的黏性。

1. 新媒体海量版权资源的运营管理

开放、共享的互联网理念已成为共识。中央全面深化改革领导小组第四次会议审议通过了《关于推动传统媒体和新兴媒体融合发展的指导意见》，指出要着力打造具有市场竞争力的新型媒体。媒体融合发展的进程中，在版权运营的体系选择上，内容型媒体与平台型媒体应当选择差异化的版权运营策略，以内容为主导的内容型媒体，通过全版权运营体系，实现版权资源的最优化价值实现；以聚合为主导的平台型媒体，通过微版权运营体系，实

---

❶ 朱理. 互联网领域竞争行为的法律边界：挑战与司法回应 [J]. 竞争政策研究, 2015 (7): 11.
❷ 习近平. 在省部级主要领导干部学习贯彻十八届五中全会精神专题研讨班开班式上的讲话 [N]. 人民日报, 2016－05－10 (002).

现对版权资源的集约化管理与运用，以发展构建起具有市场竞争力的新型媒体。

2. 新媒体智能化传播的平台支持

丰富的新媒体内容资源，带来了用户"信息过剩"的危机。媒体为了吸引用户，实现对用户的精准化传播。❶ 媒体平台通过对用户个人信息、阅读习惯等数据的全面记录，形成对个人数据的收集与追踪，进而通过相关的算法对个人的特征、所处的环境，甚至周围的人群与社会关系等进行测算，进一步在数据演算的基础之上，推测出网络用户最大可能感兴趣的内容。❷ 通过这种更为精准的智能化传播方式，新媒体平台真正实现了从"人找信息"到"信息找人"。

从技术层面来看，智能化传播方式极大地提升了传播效率。对于内容生产者而言，由于内容传播对平台的依赖性增强，其与平台之间形成了更为紧密的共生关系。智能化工具在各媒体平台取得迅速发展，不仅今日头条、抖音、快手等新媒体平台将智能化算法作为内容推荐的重要手段，传统媒体也在寻求智能化工具。2019年8月26日，由新华社和阿里巴巴共同成立的新华智云，推出了其自主研发的25款媒体机器人，以实现智能生产与分发，包括8款助力新闻工作者采集新闻资源的智能机器人，以及17款协助新闻工作者处理新闻资源的智能机器人，希望能用智能化的技术解决媒体人在新闻生产过程中的痛点。❸

新媒体的智能化内容生产与传播手段，已经渗透到了各个应用环节，包括通过媒体机器人实现智能生产与分发的智慧化集成；超越人工体力的智能化写稿；语音识别与智能影像技术实现字幕自动化加工；数据新闻的可视化制作；虚拟主播的 AI 新闻播报；采访中的智能语音技术，语音输入与同声翻译；智能视频剪辑一键式操作；智能化搜索编辑功能；AI 智能新闻线索捕捉

---

❶ 依托个性化推荐系统，即基于计算机技术、统计学知识，将数据、算法、人机交互有机结合，建立用户和资源的个性化关联机制，在信息过载时代，为用户的消费和信息攫取提供决策支持。参见陈昌凤，师文. 个性化新闻推荐算法的技术解读与价值探讨 [J]. 中国编辑，2018（10）：9 – 14.

❷ 陈昌凤，石泽. 技术与价值的理性交往：人工智能时代信息传播——算法推荐中工具理性与价值理性的思考 [J]. 新闻战线，2017（9）：71 – 74.

❸ 新华智云推出25款媒体机器人，解决媒体人痛点 [J]. 传媒，2019，17：7.

系统；智能分发与精准推送；具备自然语言与图像、视频识别功能的智能审核、追踪、过滤系统等。❶ 在用户生成内容的场景下，平台智能化传播手段为海量版权内容与数据提供助力，实现了用户与平台之间的互利，在利益的形成与配置模式上也产生了很多新的变化。

---

❶ 雷霞. 2019年智能媒体发展报告 [M] //唐绪军，黄楚新. 中国新媒体发展报告（2020）. 北京：社会科学文献出版社，2020：248-260.

第二章 产业聚焦：新媒体传播利益格局分析

根据中国信息通信研究院发布的《中国数字经济发展白皮书（2021）》可知，在新冠疫情影响之下，我国2020年数字经济产值规模仍然保持了较快的增长，从2019年度的35.9万亿元增长至2020年度的39.2万亿元。自2005年的2.6万亿元数字经济总产值快速增长至今，数字经济在国民经济发展中的地位日益凸显，占GDP的比重从14.2%提升至38.6%。[1]数字经济的蓬勃发展为新媒体产业的发展带来了高速增长，以互联网为依托，以大数据、人工智能、区块链、5G技术发展为契机，超大型的互联网媒体企业不断涌现，不计其数的互联网内容创业者、服务企业等随之也获得了成长的机遇。在此背景之下，如何实现各参与主体之间利益的合理分配，是新媒体产业发展必须要解决的问题。

第一节 新媒体传播利益格局的实践考察

新媒体平台能够获得如此快速的增长，除了先进技术的加持，还与具有更好激励效果的合理商业模式不无关系。新商业模式的形成，既要符合消费者与网络用户的习惯，也要能够在价值实现的链条上实现闭环，达到合作共赢的效果。只有具备了吸引各类主体参与的利益结构，才能不断提升流量水

---

[1] 中国信息通信研究院. 中国数字经济发展白皮书（2021）[EB/OL].[2021-08-11]. http://www.caict.ac.cn/kxyj/qwfb/bps/202104/t20210423_374626.htm.

平，实现持续性增长。当然，随着行业与产业环境的发展变化，商业模式不断受到挑战，法律的修订与调整也会进一步对各方主体之间的权益与责任作出新的配置。新媒体企业在不断变化的环境中，需要有灵活的应对机制，既要遵循法律规则的底线要求，也要通过与其他主体之间的良好协作实现版权内容与收益的合理流动，在摸索与调适中不断优化。

一、大数据时代新媒体内容运营的商业模式

新技术让媒体的边界不断扩展，资讯、娱乐、消费等场景在短视频、直播兴起的背景之下，皆可成为媒介传播渠道。在移动互联网增量用户红利逐渐衰减的情况下，利用好新的技术手段与商业模式，可以实现差异化的竞争策略，实现快速的增长与扩张，以"抖音""今日头条"等为主要流量入口的字节跳动系公司迅速成长为网络媒体巨头，充分印证了这一模式潜藏的巨大能量。

（一）域内外典型网络平台版权规则比较

20世纪末至21世纪初是互联网高速发展的"黄金时代"，新媒体也搭乘这辆快车逐渐壮大，我们如今熟知的新媒体平台正是在这一时期起步、发展并逐步占据市场主流，影响普罗大众的日常生活。而新媒体平台作为版权利益格局中的关键一环，无论是促进版权保护，还是在版权侵权中"助纣为虐"，都发挥着重要的作用。其平台版权规则不仅反映了平台本身对于版权保护的态度，而且反映了行业整体的判断标准。下面将选取六个较为典型的中美新媒体平台，将其平台版权规则进行对比研究，探索行业自律现状。

1. 网飞（Netflix）与爱奇艺视频

美国奈飞公司（以下简称网飞，Netflix）是一家会员订阅制的流媒体播放平台，以提供电视节目和电影为主要业务。网飞公司在北美地区乃至全球流媒体业务占有重要地位，根据网飞公司的数据，"截至2021年1月19日，公司总用户数达2.03亿，稳坐全球流媒体头把交椅"[1]。

---

[1] 百度百科. Netflix（网飞）词条简介［EB/OL］.［2021-12-17］. https：//baike.baidu.com/item/Netflix/662557?fromtitle=%E7%BD%91%E9%A3%9E&fromid=24214274&fr=aladdin.

爱奇艺视频是一家中国的在线视频网站，以提供电视剧、电影、综艺、动漫等视听作品为主要业务。爱奇艺视频因拥有海量的外购版权作品以及大量的自制版权作品，长期占据我国视频行业的领先地位。

网飞与爱奇艺视频从提供的服务内容分析，都属于内容型新媒体平台，故其平台版权规则存在诸多相同。例如，网飞在其主页的法律声明中明确指出版权归属"我们的服务（指网飞公司）中所提供的电视节目和电影的版权归众多优秀的制作公司（包括 Netflix Studios, LLC.）所有"，同时突出强调侵权反馈机制"如果用户认为自身或他人的版权通过网飞服务受到侵犯，可以通过填写'版权侵权索赔'表告知平台"；❶ 爱奇艺视频则主要是在其用户协议第七章"知识产权"部分对版权归属进行了规定，指出"爱奇艺视频在产品和服务中提供的所有内容其版权均归属于平台所有或经过授权，且不因用户使用而发生移转"❷。对于侵权处理规则，爱奇艺平台主要采用"通知－删除"规则，规定"当用户发现存在侵权行为时，可以通过向平台递交包括权利人主体信息、构成侵权的初步证据材料等完整材料通知删除，平台将在审核后采取删除或断开链接等措施"。

由此可见，目前内容型新媒体平台在版权规则方面主要侧重对平台版权内容归属以及侵权处理条款进行规定，所依据的也主要限于各国《版权法》（或《著作权法》）中对于版权以及"通知－删除"规则的规定。

2. 推特（Twitter）与微博平台

推特（Twitter）是一家美国社交网络及微博客服务的公司，主要为用户提供讨论时下热点的社交媒体服务，其用户可以在推特平台自由表达自己的观点、展示自我生活或是加入活动直播等。

微博平台是中国一家基于用户关系的社交媒体平台，以"随时随地发现新鲜事"作为其产品标语。微博平台用户可以以文字、图片、视频等多媒体形式，实现信息的即时分享、传播互动。

---

❶ Netflix. 网飞公司《法律声明》[EB/OL]. [2021 – 12 – 17]. https：//help.netflix.com/legal/notices.

❷ 爱奇艺. 爱奇艺公司《用户协议》[EB/OL]. [2021 – 12 – 17]. https：//www.iqiyi.com/user/register/protocol.html#section – 07.

推特平台与微博平台主要服务内容都是为用户提供传播渠道与传播空间，而不产生或提供版权内容，应当属于服务型新媒体平台。推特平台主要在其服务条款第三章"服务内容"部分明确了侵权处理规则，包括通过提供"版权报告表"或联系指定版权代理通知侵权情况后删除的程序。同时，推特平台在第三章"服务内容"部分还使用显著字体标识出用户对版权内容的自动许可"授予我们（指推特平台）全球性、非排他性、免版税许可（具有再许可权）以使用、复制、处理、改编、修改、发布、传输，以现在已知或以后开发的任何和所有媒体或分发方法显示和分发此类内容的权利"。

微博平台则主要是在"DMCA 投诉/Report"部分的权利保护声明中向用户提供区分侵权救济措施。如用户主张美国法下的版权侵权，则依据 DMCA 条款通过电子邮件向微博发送投诉；如用户主张中国法下的侵权，则依据《微博社区公约》及《微博投诉操作细则》的相关规定向平台方举报。在《微博服务使用协议》第一章第三条第一款中，微博同样约定"微博运营平台对微博内容享有使用权"。同时，值得注意的是，在《微博服务使用协议》第一章第五款中明确约定"在法律许可的范围内，用户授予微博平台对于侵权行为采取法律措施的权利"，这显然是对网络服务提供者（ISP）"技术中立"原则的突破。从行为本身来看，这一条款是微博平台主动发挥平台管理责任的体现，反映了"事后强制"的版权管理模式，于追究侵权责任有利，但是也易使平台本身陷入纠纷旋涡。

3. 油管（YouTube）与哔哩哔哩（Bilibili）

油管（YouTube）是一个总部位于美国的视频网站，为全球最大、市场份额占有率最高的视频网站，主要为用户提供影片或短片的下载、观看、分享服务，平台除了大量的 UGC（用户生成内容），还有自制版权内容（包括 PGC、OGC）。

哔哩哔哩（Bilibili，以下简称 B 站）是中国一个 Z 世代高度聚集的文化社区和视频平台。早期 B 站以提供 ACG（动画、漫画、游戏）内容创作与分享为主要服务内容，现已经成为围绕用户、创作者和内容为主体包含大量 UGC（用户生成内容）及自有或外购版权内容的综合性视频平台。

自谷歌（Google）并购油管后，油管就开始构建了一套以 DMCA 为基础，围绕合理使用、侵权通知删除、版权"货币化"为核心的具有创造性的版权平台治理规则。油管平台版权治理规则中最突出的一点，即给予用户极大的自由选择权，首先，平台通过外购大量的版权内容形成版权库免费提供给用户创造使用，使得用户可以在合理使用的范围内为平台输出大量优质 UGC 内容，从而从源头避免版权侵权行为的发生。其次，在发生版权侵权行为时，油管平台也为用户（包括版权人）提供了三种救济途径：包括 Webform（传统的通知－删除）、Copyright Match Tool（以 Content ID 为内核的版权匹配工具，用户可以在发现侵权现象后请求删除侵权内容或向侵权人发送通知）、Content ID（一种通过用户上传内容植入电子"指纹"并将其与库内资源进行 24 小时不间断对比的版权管理系统，当发现侵权后为版权人提供封锁、追踪和获利三种选择）。其中，Content ID 系统属于油管独创，❶ 但如果版权拥有者不想这段内容被放到油管上检视，也可以选择封锁这些影片。这种方式提供了一个对版权拥有者、侵权者和谷歌三方都有利的方案，可以提高版权拥有者的获利，而且让油管使用者更自由地运用版权内容，因此越来越多内容发行者摒弃完全封锁的方式，进而采用 Content ID 的获利功能。

B 站则主要是在用户使用协议、哔哩哔哩创作公约以及侵权申诉指引等平台内部规则中依据"通知－删除"规则对于版权内容归属、侵权处理作出规定。其中，在《用户使用协议》第三章"哔哩哔哩上的内容"规定了版权内容的归属，并同时规定用户自动向平台授予 UGC 内容的使用权；在《侵权申诉指引》则规定了用户可以根据法律以及平台规则，在提交相应身份证明、初步侵权证据等必要材料后通知 B 站删除侵权内容。

（二）新媒体的不同版权运营体系

新媒体是一个不断变迁的概念，新的传播技术与传播技术手段，即可相对于传统媒介形态被称为"新媒体"。进入以数据驱动为基础的大数据时代，新媒体指向的是以数字化、智能化等新技术为依托的网络媒体。新媒体研究

---

❶ 其工作原理是版权拥有者只要将一份参考档提供给油管，它就会在每一段影片上传时比对资料库，一旦搜寻到符合的资料，便会依版权拥有者设定的方式处理。版权拥有者可以采用以下处理方式：一是可以追踪这些影片，进而获取观看者的资讯，作为行销分析之用；二是留置这些影片，并在其中插入广告，以增加版权拥有者的收入。

学者彭兰教授认为，在人工智能、物联网、VR/AR等新技术的推动下，媒体将出现智能化趋向，而智媒化的特征主要体现为万物皆媒、人机共生、自我进化。[1] 新媒体的边界进一步弱化，不同的媒体形态以智能化为导向也日益融合。

1. 内容型新媒体

传统的报刊、广播、电视等媒体均为内容型媒体。大数据时代的内容型新媒体，包括顺应互联网环境实现转型与融合的传统媒体"升级版"，以及以购买或制作的视频、音频、数字文本等版权资源吸引用户的网络门户。传统媒体在版权资源方面具有一定的优势，但在版权资源的形态上更偏向于传统的纸质媒体文字内容，需要将"沉睡"的传统内容进行新媒体渠道拓展，将传统纸质或电子内容数字化，以实现传播面的扩张。对于内容型媒体而言，在融合发展的进程中，不应忽略其传统优势，在互联网环境之下，需要有针对性发掘既有的优势版权资源，延长版权资源的利用链条，拓展资源变现的有效渠道。

内容型新媒体在版权资源运营方面有所不足。大数据时代的新媒体以用户为核心、以数据为驱动力，与传统媒体之间存在较大的差别。传统的内容型媒体更注重内容的产出质量，通过传统的传播渠道，以其信息的准确性与内容的权威性为依托，形成有限的传播空间。但内容型新媒体不仅要注重内容的生产，更应当注重内容的运营，需要结合受众的真实需求，拓展延伸内容传播的形式与传播的渠道，充分利用版权运营的渠道与方式。

2. 服务型新媒体

服务型新媒体也称为平台型新媒体，有别于内容型新媒体，主要通过为用户提供传播渠道与传播空间，属于法律所界定的"网络服务提供者"。当然，从广义上来讲，内容型新媒体提供版权资源，作为"无形商品"也可以归入提供服务范畴，而平台型新媒体也有用户所上传提供的版权资源，但从其主要的"产品"来讲，各自主要投入的资源分别为版权内容与空间服务，

---

[1] 彭兰. 智媒化：未来媒体浪潮——新媒体发展趋势报告（2016）[J]. 国际新闻界，2016（11）：6-24.

因此可以此作为区分的依据。

在内容型新媒体之外，伴随着社交媒体发展起来的平台型新媒体，在大数据、人工智能等新技术的助推之下，形成了互联网大数据环境下的更大竞争优势，快速吸引了大量用户，成为庞大规模的创作与传播群体。当然，平台型新媒体也有其自身发展的隐患，尤其是对于海量内容可能产生的版权侵权问题，由于自身管理能力与技术条件的限制，可能会对平台型新媒体发展造成挑战。

服务型新媒体平台，在版权资源的管理与运营方面相较于传统内容型媒体需要投入更多的资源，形成更为强大的管理能力与技术水平。在人工智能、机器学习与算法推荐等新技术加持之下，新媒体平台需要深度挖掘前沿技术的潜力，形成"更简单、更智能的人机沟通，更快速的分析处理"❶。通过强化平台的信息处理与信息管理水平，一方面可以实现对版权资源的充分利用与挖掘，另一方面也可以通过快速有效的识别降低可能产生的版权责任风险。

同时，以区块链技术的"去中心化"以及"不可更改性"为可靠的技术基础❷，新媒体平台在版权内容的保护与版权资源的利用方面可以实现更为高效率、高准确度的发展。借助区块链技术的发展，国外的Monegraph、Colu、Blockai、Singular DTV、PeerTracks、Mediachain等平台已经开始投入区块链技术的研发与运用。❸ 我国服务型新媒体平台也应当紧抓新技术发展的机遇，实现"弯道超车"跨越式发展。

（三）新媒体商业模式变迁

大数据时代的新媒体以智能化与数字化为核心，在版权资源管理与传播能力方面得到了极大的提升，具备良好的发展潜力。但新媒体平台作为经营性主体，要实现可持续发展，必须具备获取利润的商业模式。网络新媒体有别于传统媒体，版权资源并非如报刊书籍等以实体的"产品"出售，也需要

---

❶ 张新雯，陈丹．"全版权"运营与"微版权"运营的比较研究［J］．科技与出版，2016（6）．
❷ 赵刚．区块链：价值互联网的基石［M］．北京：电子工业出版社，2016：15．
❸ ZEILINGER. Digital Art as "Monetised Graphics": Enforcing Intellectual Property on the Blockchain［J］. Philosophy & Technology，2016：1-27.

考虑在缺乏广播电视等渠道壁垒的情况下，泛滥的广告使得用户流失或转向其他平台。因此，互联网新媒体的商业模式经历了漫长的发展"试错"过程，目前仍然处在不断探索的发展进程中。

1. 免费模式与网络用户习惯

互联网媒体的诞生，即以挑战传统媒体权威的"反叛者"身份自居。早期的互联网博客、BBS均是通过"自由、平等、开放、共享"等理念，实现对传统纸媒以及广播电视媒体等"单向传播"模式的颠覆。与此同时，"自由参与"与"免费共享"也成为用户参与互联网的基本理念。互联网早期的野蛮生长，让用户对于版权资源的利用形成了一种"理所应当"的心态，也让网络成为版权侵权的高发地。免费模式会衍生出海量的低质量内容，让重复、粗糙的内容充斥网络空间。网络内容提供者与网络服务提供者如果要提供高质量的内容，必然要提高自身的成本，在免费模式之下，成本无法收回，也就让网站运营方丧失了提升内容质量的动力。同样，对于网络用户而言，由于大量低质量内容的存在，让需要高质量内容的用户提升了搜寻成本，要花费更多的时间才能找到自身需要的内容。对于互联网平台而言，想要通过收费方式提升内容质量，又显得"进退失据"。用户在长期的免费模式下形成惯性，平台一旦开始收费，会迅速面临用户流失的风险，用户有可能转向其他的免费平台。但一味地以低价吸引用户并不是一个很好的选择，提高服务质量以及内容质量才是重点。❶ 因此，是否收费，以及如何收费，在既保证内容质量，又避免失去价格敏感的用户的情况下，对于网络平台是一个较大的挑战。

然而，盗版横生，内容泥沙俱下的环境必然难以为继。在版权保护水平不断提升的大环境下，2006年5月18日，国务院发布了《信息网络传播权保护条例》❷，对于侵犯信息网络传播权的盗版侵权行为予以详细规

---

❶ 王若佳，张璐，王继民. 基于扎根理论的在线问诊用户满意度影响因素研究 [J]. 情报理论与实践，2019（10）：117–123.

❷ 2006年5月18日，中华人民共和国国务院令第468号公布《信息网络传播权保护条例》，2013年1月30日，中华人民共和国国务院令第634号《国务院关于修改〈信息网络传播权保护条例〉的决定》予以修订，于2013年3月1日起实施。

制，2015年11月7日，国务院办公厅发布的《关于加强互联网领域侵权假冒行为治理的意见》❶，对网络盗版行为予以严惩。行政、司法机关对于网络版权的保护也持续加大力度，以2010年开始的"剑网行动"等为代表，各级版权执法部门开展了多轮打击网络侵权盗版系列专项行动，查处了巨量的网络侵权，关闭了大量的盗版网站。以音乐网站和视频网站为代表的网络平台，率先开始改变原有的免费模式，以应对日渐高企的巨额版权成本费用。

2. 内容付费与广告植入模式发展

在早期免费模式下，互联网平台借鉴广播电视"节目+广告"模式，通过将版权内容与广告结合起来，实现"羊毛出在猪身上"，用户免费浏览版权资源，同时绑定观看广告，网络平台通过向广告商收取广告费实现成本回收与收益，这就是典型的网络平台"广告+免费内容"商业模式。网络平台的正版化进程，也伴随着用户付费意愿的提升。用户的差异性决定了，采取单一的"广告+免费内容"无法适应所有用户的需求。对内容质量有较高要求并对价格不太敏感的用户，会需要差异化的服务模式，对信息质量的满意促使用户转向基于支付的平台。❷ 内容付费开始逐步成为网络平台营收的重要路径❸，用户逐步形成对版权内容消费的付费习惯。

然而，付费免广告的模式在实践中碰到了多重挑战。首先，网络上开始出现屏蔽广告软件，在加载插件后，网络用户可以无须付费即可跳过视频广告直接观看视频，由此引发争端。例如，原告合一信息技术（北京）有限公司（以下简称"合一公司"）诉被告北京金山网络科技有限公司等（以下简称"金山公司"）猎豹浏览器屏蔽视频广告不正当竞争纠纷一案，

---

❶ 2015年11月7日，国务院办公厅发布《国务院办公厅关于加强互联网领域侵权假冒行为治理的意见》（国办发〔2015〕77号），成文日期：2015年10月26日。

❷ SPRAGGON M, BODOLICA V. Knowledge Creation Processes in Small Innovative Hi‐Tech Firms [J]. Management Research News, 2008, 31 (11): 879-894.

❸ 据腾讯音乐娱乐集团公开发布的统计数据显示，自2016—2019年，腾讯音乐平台的在线音乐用户中，付费用户的规模依次为1350万、1940万、2700万、3990万，付费用户数量呈明显上升增长态势。参见何文芊，聂卉，裴雷. 在线音乐用户付费意愿影响因素的探索性分析 [J]. 现代情报, 2021 (6): 118-128.

法院即认定了合一公司通过视频加广告方式的经营模式应当受到法律保护。❶

其次，有网络科技公司通过出租视频网站会员的方式进行盈利。在深圳市腾讯计算机系统有限公司（以下简称"腾讯公司"）与江苏猎宝网络科技股份有限公司（以下简称"猎宝公司"）、北京卓易讯畅科技有限公司不正当竞争纠纷案中❷，原告腾讯公司是腾讯视频、腾讯体育相关服务的运营者，被告猎宝公司在其开发运营的涉案App、涉案网站中设立专区向用户收费提供腾讯视频会员、腾讯体育会员及高级会员三类腾讯公司会员账号租赁服务。腾讯公司认为其网站用户协议及会员服务协议中均明确约定会员制度实行一人一号、禁止转租，猎宝公司的前述行为严重破坏腾讯公司的会员管理制度、商业利益及商业模式，给腾讯公司造成了巨大损失，构成不正当竞争。法院经审理认为，猎宝公司实施的被诉行为不具有正当性，损害腾讯公司合法权益，构成不正当竞争。从长远看，该类行为也将逐步降低市场活力，破坏竞争秩序和机制，阻碍网络视频市场的正常、有序发展，并最终造成消费者福利减损。

尽管付费用户的数量在近年来迅速增长，但音频和视频版权资源的高成本投入，让以引入版权资源为主要内容来源的音视频网站仍然很难盈利，陷入连年亏损的状态。❸ 优质版权资源的市场价值被不断发掘，价格也水涨船高，广告加付费会员的收入很难覆盖高昂的版权成本投入。反倒是具有内容输出能力的网络媒体平台和知识付费型自媒体，如"芒果TV""凯叔讲故事""逻辑思维"等，具备更强的盈利能力。抖音、快手、B站等短视频网站吸引了大量用户驻足，进一步挤压了传统视频网站的盈利

---

❶ 金山公司开发的猎豹浏览器具备过滤视频广告的功能，合一公司认为金山公司提供该款软件屏蔽其广告的行为构成不正当竞争。法院认可了合一公司的视频网站经营模式，认为合一公司通过免费视频节目加广告获取收益的行为为当前视频行业所普遍采取的经营模式，属于正当商业模式，金山公司存在破坏合一公司正当经营模式的主观过错，构成不正当竞争。参见代江龙，何震. 互联网商业模式竞争法保护的实践与反思［J］. 湖北社会科学，2018（4）：150–159.

❷ （2019）京0108民初53072号。

❸ 根据公开的财报显示，几大主要视频网站连续几年均为亏损状态，以爱奇艺为例，2019财年，爱奇艺净亏损103亿元，受益于自制剧集的火爆播出，2020财年，爱奇艺净亏损仍然达到70亿元。

空间。❶ 视频网站"爱奇艺""腾讯视频"等也开始自制内容,以降低版权投入成本。

3. 以用户需求为导向的智能化推荐

大数据技术所带来的海量数据处理分析能力,让网络新媒体插上了智能化的"翅膀",让信息从被动接受用户搜索,到平台主动向用户推荐感兴趣的内容,实现了信息与内容资源的高效率流动与配置,在提高传播效率的同时,降低传播成本,得以迅速吸引用户,拓展传播范围,对传统媒体以及非智能化的网络媒体形成"降维打击"。人工智能与大数据技术的加入,让媒体内容从生产、分发到管理,以智能化辅助与用户需求导向为核心。❷ 智能化媒体开始逐步占据传播舞台的中心。

智能化媒体的迅速成长,得益于数据处理能力与智能算法的改进,以此实现了内容生产与分发的个性化推荐,进而迅速获取到大量用户。以"字节跳动公司"为例,其创办于2012年,彼时百度、阿里、腾讯("BAT")已经形成三足鼎立的局面,新闻资讯类App竞争激烈,"腾讯、网易、搜狐、新浪"都在新闻客户端密集发力。但字节跳动公司推出的"今日头条"App,定位于个性化的信息推送,以"你关心的,才是头条"为口号("Slogan"),通过对用户浏览数据与行为习惯的分析,实时处理、实时更新,实现信息推送的个性化与精准化,增强用户黏性,并让用户乐于分享。在不到三年的时间内,"今日头条"累计用户超过2.2亿人,日活用户超过2000万人。字节跳动公司旗下的"抖音"App也是类似的发展路径,通过智能化推荐系统迅速获取用户,贴近用户的"碎片化"与"社交化"使用偏好,增加用户使用时长与忠诚度。这种以用户需求为导向的智能化推荐,能够让平台迅速成长壮大,在获取到海量的用户之后,再通过多种方式实现流量变现。

---

❶ 何慧梅,甄翰文. 视频网站付费盈利困境及发展策略探析——以爱奇艺为例[J]. 视听,2021(4):110-111.

❷ 随着计算机视觉、自然语言处理、跨媒体分析推理、机器学习等技术的发展,视频媒体将从感知智能逐步迈向认知智能阶段,逐步实现敏锐感知、深刻理解、精准推理各层面的智能升级。徐琦,韩冰. 视频媒体智能化:关键技术、全链应用与突破方向[J]. 电视研究,2021(3):39-42.

4. 多渠道的商业变现模式

互联网时代又被称为"眼球经济"时代、"注意力经济"时代。微博、微信、抖音等能够迅速创造"话题"与"热搜","流行词汇"与"流行商品"层出不穷,"网红经济"与"直播带货"方兴未艾。宽广的自媒体空间,广泛参与的移动互联网,以及叠加推送的智能化传播,让信息的流动不再有壁垒。传播速度的提升,让内容创作者热衷于"蹭热度",并进一步助推了热点人物、热点事件与热点资讯更快获得更广的关注。通过持续的高质量或热点内容输出,在微信公众号、头条号、知乎、微博、抖音、快手、淘宝直播等平台,诞生了大量有影响力的"网红",包括个性化品牌"IP""关键意见领袖(KOL)""关键意见消费者(KOC)"等。获取大量关注者"粉丝"后,平台与内容创作者可以通过多种渠道实现商业变现,以达到盈利目的。

第一种商业变现的模式是广告变现。网络平台为吸引内容创作者入驻,会发布广告收入分成比例,当然也有部分平台直接进行阅读量和播放量的流量奖励。通过具有号召力的内容创作者发布广告,相较于普通的广告投放,能够达到更好的传播效果。一方面,有影响力的内容创作者拥有大量的粉丝,这些关注者基于对创作者本身的认同而持续关注,对于其输出的推广内容,会更为信任,也更容易转化为消费和购买,这正是"粉丝"经济的基础。基于信任关系建构起来的社群因为有持续互动、共同的行为规范和价值观,得以源源不断地产生价值输出。❶另一方面,通过"网红"或"网络大V"等内容创作者投放广告,可以实现更精准的营销,很多的内容创作者都有专注的专业领域或者生活场景,加上智能化系统对用户习惯的精准识别,在投放广告的过程中,可以结合内容创作者、用户的消费习惯与喜好进行调整和精准投放,以实现最佳的推广效果。

第二种商业变现的模式是内容加电商变现。随着直播电商的兴起,传统

---

❶ 程明,周亚齐.从流量变现到关系变现:社群经济及其商业模式研究[J].当代传播,2018(2):68-73.

通过广告推广获取客户流量的方式，逐渐被崛起的直播带货模式所取代。内容创作者不仅仅能为广告主提供商业推广获取收益，还能借助与消费者的连接，通过影响力实现商品直接销售。微信公众号、抖音、微博、头条号等平台上的垂直领域"IP"，如美食、健身、育儿等"博主"或"UP主"，因为拥有大量粉丝，以直播带货或者直接推广的方式，对自营或是代销的商品及服务进行推广，都取得了不错的效果。在成熟的经营模式下，以网红"IP"带动电商销售的模式可以实现直接的商业变现。

第三种商业变现模式是内容付费及打赏。对高质量内容存在需求的用户，愿意为内容付出成本，通过付费阅读、付费订阅、付费会员或者打赏创作者的方式，直接为内容付费。这种通过内容付费直接进行商业变现的模式，随着用户对高品质内容的认可，以及付费意愿的提升，当前在各大平台日渐增多。

二、新媒体平台内容维权典型案例评析

新媒体平台要获取更多的用户，必然存在相互之间对内容创作者和版权内容的竞争。大数据时代新媒体平台之间的竞争，与传统的媒体竞争存在显著的差异，主要体现在，新媒体平台的版权资源以用户生成内容（UGC）为主，海量的版权资源既存在大量侵犯他人著作权的隐患，也存在被他人侵权的风险。同时，版权内容都由广大用户生成，一方面可以降低内容成本，另一方面平台对于用户贡献内容拥有何种控制力，如何避免被搬运，也是有别于传统著作权侵权与反不正当竞争的新问题。大数据时代的智能化媒体以海量版权资源为基础，对内容的争夺，形成了用户与平台、平台与平台之间新的利益纷争格局。

（一）新媒体平台内容维权典型案例

新媒体平台版权内容受到侵害呈现出多种形态，而且随着短视频的兴起，侵权的多发、频发更加凸显。根据"12426版权监测中心"发布的数据，2019年1月至2021年5月，受权利人及监管部门委托，对网络侵权进行监测

调查，并发布了经过监测所形成的《2021 中国短视频版权保护白皮书》。❶ 经监测发现，新媒体平台版权侵权数量可谓"触目惊心"，侵权频发也让创作者以及新媒体平台"疲于应付"。

1. 版权内容"搬运"的法律规制

案例一：北京微播视界科技有限公司诉北京创锐文化传媒有限公司不正当竞争纠纷案❷

北京微播视界科技有限公司（以下简称"微播公司"）为"抖音App"的开发者和运营者，于 2016 年 9 月上线。本案中，微播公司主张北京创锐文化传媒有限公司（以下简称"创锐公司"）采用技术手段或人工方式抓取来源于抖音 App 中的视频文件及评论内容，并在被告的"刷宝 App"上向公众提供，造成微播公司用户流量的流失及广告收益的减少，削减了微播公司的竞争优势和交易机会，违反了《反不正当竞争法》第 2 条的规定，构成不正当竞争。

法院认为，微播公司作为抖音 App 的开发者和运营者，投入相应的人力、财力成本，通过正当合法的经营一方面吸引用户至抖音 App 平台发布短视频，积累用户和短视频内容，另一方面通过经营短视频资源吸引用户观看、评论、分享，带来相应流量。此外，微播公司与用户之间订有协议，其在正常的经营活动中使用抖音 App 上的短视频内容亦具有合法的授权依据。故抖音 App 平台所展示的短视频内容、用户评论等资源均是微播公司通过正当合法的商业经营所获得，并由此带来经营收益、市场利益及竞争优势，上述合法权益应受《反不正当竞争法》的保护。至于微播公司是否获得相应的行政许可，并不影响其正当经营利益及合

---

❶ 12426 版权监测中心对 1300 万件原创短视频及影视综艺等作品的二次创作短视频进行监测，累计监测到 300 万个侵权账号，成功通知删除 1478.60 万条二创侵权及 416.31 万条原创侵权短视频，涉及点击量 5.01 万亿次。相关数据参见，12426 版权监测中心：《2021 中国短视频版权保护白皮书》，发布于 2021 年 5 月 17 日，由中宣部版权管理局、电影局指导，中国电影著作权协会主办的"短视频版权集体管理研讨会"。

❷ 北京市海淀区人民法院（2019）京 0108 民初 35902 号，北京知识产权法院（2021）京 73 民终 1011 号。

法权益依法受到保护。

法院进一步认定，创锐公司运营的刷宝 App 提供短视频服务，与抖音 App 构成直接竞争关系，双方之间属于同业竞争者。经确认，刷宝 App 上有 50392 个短视频与抖音 App 的短视频相同，证据显示有 127 处评论内容相同，且短视频中含有抖音专有的 VID 码。创锐公司虽表示涉案短视频系用户上传，部分短视频有合法来源，但其提交的后台信息、用户信息等表格均系自行制作，且用户信息中有大量用户的注册时间、最后登录时间早于刷宝 App 安卓版的上线时间，创锐公司对此未作合理解释，无法提供详细的涉案短视频及评论由用户上传的证据。另外，微播公司设置"123.59.215.50 搬运自抖音" VID 码的视频出现于刷宝 App 上，创锐公司对此无法进行合理解释，在播放过程中显示"抖音""视频不见啦"字样的 4 个视频出现在刷宝 App 上，创锐公司虽表示上述视频为用户上传，但一方面，其未提交证据证明上述视频为用户上传，另一方面，其亦未提交证据证明普通用户能够在抖音 App 中以下载的方式获取上述视频文件。现有证据显示刷宝 App 上出现多处评论内容、评论顺序甚至标点符号与抖音 App 对应评论完全相同，难以解释为巧合，且出现表情图未能以正常的图像效果显示，却展现为表情符号的现象，则进一步证明相关评论内容系来源于抖音 App 的用户评论。

法院据此最终认定，现有证据能够证明创锐公司系采用技术手段或人工方式获取来源于抖音 App 中的视频文件、评论内容，并通过其运营的"刷宝 App"提供给公众，创锐公司的相关行为属于利用人工等手段获取微播公司相关内容及评论，不正当利用微播公司的经营资源，创锐公司在没有投入相应成本的情况下，利用微播公司的运营资源获取到不正当竞争优势，违反了法律规定的诚实信用原则与商业道德，应被认定为不正当竞争行为。法院最终判定创锐公司停止侵权并赔偿微播公司人民币 500 万元。

案例二：北京快手科技有限公司诉上海互盾信息科技有限公司不正当竞争纠纷案❶

因认为上海互盾信息科技有限公司（以下简称"互盾公司"）开发并运营的"视频去水印大师"App（以下简称"涉案 App"）中提供的去除快手平台短视频水印的服务构成不正当竞争，北京快手科技有限公司（以下简称"快手公司"）将互盾公司诉至法院，要求互盾公司公开刊登声明，为快手公司消除影响，并赔偿快手公司10万元经济损失及1万元合理开支。北京市海淀法院经审理，一审判决互盾公司就其不正当竞争行为赔偿快手公司经济损失10万元及合理开支1万元。这也是全国首例去除短视频水印不正当竞争纠纷案。

原告快手公司认为，其"快手 App"具有较高知名度，拥有大量用户上传的短视频等分享内容，是全国性的视频社交平台，所有视频内容均有平台的快手图标标识并打上了用户的快手号水印。被告互盾公司开发运营的小程序获取了快手平台的短视频并去掉了标识快手平台的水印，损害了快手公司的竞争力，应当将上述行为认定为不正当竞争。

被告互盾公司认为，被告公司的涉案 App 存在的去水印功能并没有针对任何平台，去掉水印的行为系平台用户自身的行为，用户自身去除水印的实施行为与被告无关，也不会侵害原告快手公司的经济利益，因此不应当认定为不正当竞争行为。

法院最终结合双方的主张与抗辩，以及在案证据，作出认定。快手公司在平台短视频上打上自身的标识水印，有助于平台的发展，可以有效吸引用户，提高平台的流量，提升平台的影响力。快手公司的署名行为能够有效表明快手平台及创作者身份，对于未经许可改变标注水印的行为侵害了快手公司的自主经营权益。被告公司及其上传者通过去除水印的方式，不当割裂了快手等平台以及相关创作者与内容之间的有效联系，会形成不当的影响。同时，结合在案证据也未能显示被告公司的去除视频水印服务具有正当使用目的，或者具有实质性非侵权用途。被告

---

❶ 北京互联网法院（2020）京 108 民初 9990 号。

公司的小程序以去除水印的方式鼓励用户进行具有侵权性质的"短视频搬运行为",既侵害了原告公司的经营性合法权益,同时也会对社会公共利益造成损害,形成不好的社会导向,形成不尊重版权的不良风气,违反了《反不正当竞争法》第12条第2款第4项的规定,应当承担相应的法律责任。

2. 用户"二次创作"的合理使用边界

案例三:北京微播视界科技有限公司与百度在线网络技术(北京)有限公司、百度网讯科技有限公司著作权权属、侵权纠纷案[1]

原告北京微播视界科技有限公司(以下简称"微播视界公司")起诉认为,原告运营的抖音网络平台上发布了"我想对你说"短视频,属于我国著作权法上应当受到"类电作品"保护的类型,但被告百度在线网络技术(北京)有限公司(以下简称"百度在线公司")及百度网讯科技有限公司(以下简称"百度网讯公司")未经微播视界公司授权,擅自在被告经营的伙拍小视频平台上进行上传并提供给用户,侵害了原告微播视界公司的信息网络传播权。

同时,被控侵权短视频上未显示抖音和用户ID的水印,二被告存在破坏原告相关技术措施的故意。被告百度在线公司、百度网讯公司答辩认为:原告所主张的作品"我想对你说"短视频无独创性,不符合著作权法上关于作品独创性的要求,不能获得著作权保护,被告所运营的伙拍小视频平台仅为提供网络信息存储服务的平台,承担了相应法律规定的"通知-删除"义务,且内容系用户自行上传,与被告公司无关,被告公司不应当承担侵权责任。

法院经审理认为,判定"我想对你说"短视频是否符合类电作品的形式要件要求,关键在于是否具备著作权法的独创性要求。法院经过比对认为,涉案短视频与网络上现存的图片、视频等素材并不完全相同,从视频的创作上来讲系视频作者独立创作完成。相同主题的素材并不能否定本案作者的独创性。同时,涉案视频的长短与是否具备著作权法意

---

[1] 北京互联网法院(2018)京0491民初1号。

义上的独创性之间并无必然的关系，且短视频创作的难度比较高，所制作的内容与所呈现的效果具有创作者个人的个性特征，能够给观众带来较为愉悦的享受。上述认定皆能从不同的侧面反映出短视频所具有的独创性，在此基础之上，本案审理法院北京互联网法院，认定"我想对你说"短视频具有著作权法意义上的独创性，进而认定被告侵犯了原告著作权，判令停止侵权并赔偿损失。

案例四：原告优酷信息技术（北京）有限公司诉被告深圳市蜀科技有限公司侵害作品信息网络传播权纠纷案❶

优酷信息技术（北京）有限公司作为原告，起诉被告深圳市蜀科技有限公司，认为被告"通过截图、剪辑，将涉案电影剧集中的三百多帧图片连续播放"，并通过网络在线方式，使公众可以在其个人选定时间和地点获得涉案图片集。观众花费 4~5 分钟观看该图片集，就可完整了解时长 40~50 分钟的原作品，侵犯原告信息网络传播权，要求被告赔偿相关损失。被告认为，解说类视频的作者在观看影视剧后，进行文字评论时需要利用相应的图片说明，并且涉案的 300 多张图片，在整个播放过程中仅占据了几秒钟的时间，从涉案视频的角度来讲，应当属于合理使用。

法院经审理后认为，被告的涉案行为不能归入合理使用的范畴。著作权法上的合理使用，不仅仅关注所引用的素材的数量，还重点关注对于介绍评论的需求是否合理。本案中的利用行为，将整个聚集的内容皆涵盖进去，对于被利用对象来讲很难归入合理使用行为。"图解电影"虽绝对引用原作品比例仅占 0.5%，但该部分内容占据图解图片集的绝大部分内容，因此超过了合理引用的比例，形成了超出原作品价值的损害，应当纳入侵权范畴。同时法院认为被告行为已经损害著作权人的合法利益，从市场竞争的角度而言，损害了原告作为著作权人的合法权益，构成侵权。

---

❶ 北京知识产权法院（2020）京 73 民终 187 号。

3. 用户与平台的侵权责任

案例五：原告北京爱奇艺科技有限公司诉被告北京字节跳动科技有限公司侵害作品信息网络传播权纠纷案❶

原告北京爱奇艺科技有限公司起诉认为被告北京字节跳动科技有限公司侵害了其享有著作权的电视剧《老九门》的信息网络传播权，请求停止侵权并赔偿损失100万元。被告是网站www.toutiao.com及"今日头条"软件的所有者和运营者，通过其运营的"今日头条"安卓平板电脑客户端（原告表示以安卓端为代表起诉，其他端口不主张，但是被告的其他端口也同样播放了涉案剧）多次播出涉案剧集，且在收到原告多次通知后，仍未停止侵权，放任侵权行为的持续和损失的扩大，侵害了原告的合法权益。涉案剧是热播影视作品，被告未经授权擅自播出的行为，侵害了原告的信息网络传播权。

被告北京字节跳动科技有限公司辩称："今日头条"系新闻平台，只提供存储服务。涉案剧由用户自行上传至其头条账户，被告未进行加工，不应承担侵权责任。头条号的运营设置了事前提示和投诉通道，在用户协议中进行明确警示，不得有侵犯第三方合法权益的行为，用户上传的内容如发生侵权，应自行承担全部法律责任。被告作为信息存储空间的提供者，受通知－删除规则保护，在2016年12月1日收到原告投诉邮件，当日删除了涉案视频，并对两个发布者进行了封禁、扣分和禁言处罚。被告未发布内容，未实施侵权行为，尽到合理注意义务和管理义务，不同意原告的全部诉讼请求。

法院综合原被告双方的起诉与答辩意见，结合在案证据进行审理认为，被告所运营的平台虽主要提供网络空间信息存储服务，但也应当尽到网络服务提供者法定的义务与责任，包括出现侵权行为后的"通知—必要措施"责任。本案的涉案剧集在此之前已经有国家版权局发布的侵权"预警通知"，被告网络平台理应承担更高的注意义务。本案涉案侵

---

❶ 北京市海淀区人民法院（2017）京0108民初24103号，北京知识产权法院（2019）京73民终1012号。

权内容在网络上通过关键词即容易发现,并且涉案内容以"福利""抢先看"等标签进行了标示,被告平台应当在合理范围内对其予以关注并予以发现,存在一定的主观过错。综合可知,被告未能尽到合理注意义务,根据法律规定,构成帮助侵权,应承担相应法律责任。

案例六:原告仇某平与被告北京广而告之网讯传媒有限公司侵害作品信息网络传播权纠纷案❶

原告仇某平系涉案图集中摄影作品的著作权人。该作品由原告以笔名"随心随拍随写"发表在"今日头条"网站上。被告北京广而告之网讯传媒有限公司未经原告许可,在其主办的网站上向公众提供原告涉案图集中的摄影作品。根据《著作权法》第9条、第10条第1款第2项、第12项、第48条第1款第1项、第49条及最高人民法院相关规定❷,被告的行为侵害了原告对其涉案图集中摄影作品享有的信息网络传播权。

被告北京广而告之网讯传媒有限公司答辩称,原告并不能证明其为著作权人;另外被告仅仅是一个网络服务提供者,是一个网络平台,涉案的图片系由网站注册用户发表,被告在接到原告起诉通知以后已立即删除了该图片,并在多次查找注册用户联系未果后,向注册用户gmail邮箱发了通知函,就其发布图片涉嫌侵权事宜及下架事宜进行了通知,并提示其立即删除修改其他可能侵权的图片或者文章,该邮件也同时抄送给了被告律师。依据被告所提供的证据,被告网站平台的文章,如果是热点客户,在后台数据端是特别定义的,其值为 -1。证据显示该注册用户是一个热点用户,在封号之前可以随时上传文章图片,被告无法预知会否有侵权图片上传,只能在接到通知后立即删除,并进行警示。通过公证信息可以看出该用户于2018年12月21日申请注册,涉嫌侵权图片的发布人有明显的指向,只是因为被告在发展初期对网站管理不够详尽规范,未要求注册用户提供更多个人信息,因而无法进一步明确其个

---

❶ 广东省深圳市罗湖区人民法院(2019)粤0303民初35865号。
❷ 参见《最高人民法院关于审理著作权民事纠纷案件适用法律若干问题的解释》和《最高人民法院关于审理侵害信息网络传播权民事纠纷案件适用法律若干问题的规定》。

第二章　产业聚焦：新媒体传播利益格局分析

人真实身份，因此，被告认为其不存在侵权问题，符合互联网的避风港原则，不应承担侵权责任。被告认为原告不能证明其是合法权利人，诉请赔偿过高，被告并非侵权行为人，不应承担侵权责任。

法院经审理，对于被告是否存在侵权作出如下认定。被告经营的网站上传了与原告享有著作权的摄影作品相同的图片，使公众可以在其个人选定的时间和地点获得作品，该行为侵犯了原告对涉案摄影作品享有的信息网络传播权。被告辩称其仅是提供信息存储空间服务，不存在任何过错，不应承担法律责任。对此法院认为，涉案云网站显示被告对于发表在其平台上的文章可以进行聚合筛选等先行行为，故其应承担更严格的注意义务。被告所提交的公证书仅证明了存在第三方上传的可能，并未能举证证明其对相关文章进行聚合筛选等先行行为时采取了合理、必要的措施，尽到合理的注意义务，且原告亦未授权或许可被告使用涉案作品，故被告应当承担侵权责任。

（二）新媒体平台内容维权案例分析

大数据时代新媒体平台的智能化传播极大提升了传播效率，但随之而来的是新媒体内容侵权高发、频发，呈现行业乱象。与新媒体平台相关的版权纠纷，既包括平台内容侵犯他人版权，也包括被其他平台或用户侵犯版权，还包括平台内用户之间存在版权内容侵权。而大数据与人工智能相关技术的出现，让平台之间对版权数据资源的争夺更趋激烈。但新媒体平台对于平台上大量存在的"用户生成内容（UGC）"并不享有版权，只能诉诸反不正当竞争法的规制。

1. 平台与用户关系再审视

传统媒体平台以及内容型新媒体平台，平台与用户之间的关系呈现为传播者与受众或者服务提供者与消费者之间的关系。[1]但服务型新媒体，以用户生成内容（UGC）为主体的媒体平台，与用户之间则存在更为复杂的利益关联。

---

[1] 传统的内容产业从内容生产商发起内容需求再到内容传播，最终到达目标消费者实现商业变现，是一个线性传播过程。段淳林，吕笑．"大数据+"与IP内容运营及价值分享［J］．现代传播，2017（4）：114-118．

首先，平台与用户之间不再是单纯的传播者与受众之间的关系，版权内容资源并非或者并非主要由新媒体平台提供，而是由大量的用户创作者产出。新媒体平台的规模与影响力，取决于是否有足够的优质内容产出，以吸引更多的用户参与，最终形成产出与消费的良性循环。具有优质内容输出能力的主体，对新媒体平台而言不仅仅是用户，更是平台发展的重要助推力。其次，新媒体平台不仅仅为创作者和用户提供网络空间与传播的渠道，还通过智能化的数据处理分析与推荐系统，实现差异化的高效传播。新媒体平台的人工智能系统智能化推荐，是平台得以实现精准化传播与精准化营销的重要底层技术基础。智能化推荐让好的内容更容易被发现，同时针对不同的用户类型，通过后台的精准画像与个性化分析，作出分析预判，让合适的内容流向感兴趣的主体。

大数据时代的新媒体平台与用户之间实际上是一种共生关系。新媒体平台的利益分享模式，以及多渠道的商业变现可能，让内容创作者不再是简单的用户创作者"UGC"，而是与专业创作者"PGC"出现融合，转向新型的"PUGC"。❶ 同时，内容创作者的发展离不开媒体平台的助力，优质的内容也需要有高效的传播渠道。新媒体平台的扩张与内容创作者的发展互为推动，利益深度关联。这种模式的变革，看似为产业主体与市场化商业模式的变迁，实际上深刻影响着版权法的发展，也对著作权审判的司法实践不断造成冲击。

2. 新媒体平台权责再平衡

在20世纪末至21世纪初的互联网发展阶段，网络服务提供者的"避风港规则"（"通知－删除"规则），为互联网平台发展壮大提供了重要契机。然而，随着传播技术、传播格局与传播渠道的重要变化，"避风港规则"受到越来越多的挑战与批判。在数据资源与用户争夺白热化的阶段，尤其是随着短视频平台与网络直播的兴起，利益冲突所导致的对互联网媒体平台的批判日趋激烈。新媒体平台尤其是短视频平台，在既有的版权规则之下，如何

---

❶ 对于内容创作者而言，内容创作者做内容不是为了服务于媒体平台的流量，而是服务于自身的发展，服务于商业模式的可开发，应该深耕内容，拓展持续生产内容的能力，同时对内容的生产状态有一个全局性的认知。周艳，吴凤颖. 互联网下半场内容创作的乱象与破局［J］. 新闻与写作，2019（4）：43－50.

合理认定版权侵权责任,关系到版权保护和惩戒侵权的适法性与合理性。❶在新的技术环境下,新媒体平台很难谓之具有中立地位,在版权内容保护的权责设定上,无疑需要更新的判定立场与规则。

在网络服务平台的注意义务问题上,变革在所难免,但在如何变革的问题上,无论从产业主体当前利益,还是从行业长远发展的角度考量,都存在较为矛盾的价值立场。美国著名的版权法学者尼姆（Nimmer）教授指出,"美国《千禧年版权法案（DMCA）》在网络服务提供者的审查义务立场上,从立法史的角度考察,显得有些精神分裂（schizophrenic）,既认为网络服务提供者对用户内容审查不具备主动义务,同时又提出了网络服务提供者可能存在的潜在监控义务"。❷网络服务平台应当如何采取技术措施对潜在的侵权行为进行监控,实际上在版权法的发展历程中,处于进退两难之境。当然,商业模式与技术属性的变化,应当对网络服务提供者提出更高的要求。在现有的版权侵权规则体系之下,网络服务提供者应当在商业模式设计之时,就关注到与现行规则之间的协调性问题,尽到相应的注意义务,最终实现版权人、新媒体平台、社会公众之间的利益平衡。❸新媒体平台在享受内容资源与技术发展红利的同时,理应从产业发展与社会公益的角度,承担更多的义务,以与之所享受的利益相匹配,实现权责再平衡。

第二节 新媒体内容生产与传播主体利益格局

新媒体的内容生产与传播,在大数据时代新的技术手段加持下,日益丰富多元,相关参与主体的利益诉求与利益立场也纷繁复杂。从版权资源的创造与利用角度分析,要形成激励创作与传播的版权体系,必须从创作者与传播者的利益立场、行为动因着手,厘清各参与主体的利益格局。

---

❶ 刘雅婷. 短视频平台版权纠纷间接侵权责任的认定 [J]. 电子知识产权, 2020 (9): 42-53.
❷ Melville B. Nimmer, David Nimmer. Nimmer on Copyright (2009) . §12B.02 [B] [3] [b].
❸ 梁志文. 变革中的版权制度研究 [M]. 北京: 法律出版社, 2018: 313.

一、新媒体内容生产与传播的参与主体

新媒体的内容生产与传播，有别于传统媒体的单向传递模式，以社交性与互动性为基本特征，参与的主体更为多元，也更为复杂。在内容生产方面，新媒体既囊括了传统的职业化媒体从业者，也涵盖了分布式创作的大量个体，以及协助分散化个体从事创作辅助工作的专业机构。同时，智能化创作主体也成为初级内容创作者。而在新媒体的传播方面，网络服务平台、内容运营主体与作为用户的社会公众个体共同构成了社会化传播网络、关系网络与服务网络的"节点"❶。

（一）新媒体内容生产主体

什么是新媒体？喻国明教授认为，新媒体意味着技术的进步、传播语境的改变、传统话语权的解构和内容生产方式的转变。❷ 其中，内容生产方式的转变是新媒体传播变革的初始端，影响着内容传播与消费的形态变化。尤其在新媒体快速发展与传统媒体迅速转向的媒体融合背景下，传统与新兴的内容生产者不断在尝试突破，以实现更具吸引力的内容输出。

1. 传统职业化内容生产主体

新媒体的发展，毫无疑问对传统媒体形成了巨大的冲击。新兴媒体的发展让广告市场发生剧变，让媒体尤其是报纸的发展变得举步维艰，部分报纸关停，主要报纸对其编辑部进行裁员，其中一些报纸裁员比重达到50%甚至更多，至于原因，毋庸置疑，是互联网出现了直接面向消费者的广告投放。❸ 当然，传统媒体市场的下滑，以及传统媒体对编辑、记者等创作者需求的减少，仅仅减少了媒体人在传统媒体空间内的数量，大量的传统媒体内容创作者仍然维持着自己的职业，只是转向了另外的"阵地"。

传统职业化的内容生产主体，指的是在报纸、广播、电视等传统媒体平

---

❶ 彭兰. 新媒体用户研究：节点化、媒介化、赛博格化的人［M］. 北京：中国人民大学出版社，2020：15.
❷ 喻国明. 解读新媒体的几个关键词［J］. 广告大观（媒介版），2006（5）：12-15.
❸ 迈克尔·舒德森. 新闻社会学［M］. 2版. 徐桂权，译. 北京：中国人民大学出版社，2020：88.

台从事内容生产及相关事务的人员,包括传媒行业里的策划、设计、制作、推广等职位的人员,即记者、主持人、编剧、编导、导播等。在20世纪,传统媒体是既有较高收入、社会评价较高,又有事业单位编制的"香饽饽",大量的优秀人才被吸引到报刊、出版社、广播电视等媒体。但随着传统媒体市场的萎缩,传统媒体的发展开始逐步走下坡路,很多的媒体从业人员也或主动或被动地离开了传统媒体平台,这也被称为媒体人的"出走潮"❶。原有的大众传播主导格局演变为数字媒体、新媒体、社交媒体、自媒体等群雄逐鹿的众媒时代,再适逢"双创"的良好政策环境和资本市场环境,许多传统媒体的专业人士开始闯入创业风口。❷ 传统媒体的职业化群体开始活跃于新媒体领域,并因具备较强的实力与较高的素质,取得了不错的成绩。

从职业发展来讲,传统媒体从业者从事与新媒体相关的工作主要集中于两种形式,一种是在转型的传统媒体从事新媒体相关业务,另一种是离开原有的媒体平台进入新媒体平台或进行内容创业。对于前一种,传统媒体通过开通微博、微信、短视频官方账号等拓展传播渠道,相应的媒体从业者也借助传统媒体的发展走向新媒体端,从事新媒体内容创作与传播相关的工作。对于后一种,主要是离开"体制"进入新媒体发展赛道的"创业者",通过开发平台,创立自媒体,专注于新媒体内容创作等方式,将既有的业务能力转化为新媒体内容创作的"生产力"。

2. 分散化创作个体与专业辅助机构

社会公众成为创作者是互联网发展到一定阶段的产物。用户生成内容,也就是网络草根文化的升华形式之一。从十几年前的网络文学到近年来的微电影、短视频,都属于这种创作形式。❸ 而博客、维基百科、社交网站、

---

❶ 传媒人出走划分成三个时期:1.0 时期,最早到世纪之初,向互联网媒体迁徙,新浪、搜狐及腾讯等门户网站先后成立,部分媒体人加入其中;2.0 时期,随着在媒体和大客户之间的公关、广告公司兴起,拥有人脉资源的媒体人开始加入或创办广告公司、公关公司;3.0 时期,媒体人转行的方向开始从传播及公关行业扩展到市场、投融资服务及电商等多个领域,这一时期媒体人大都以个人品牌为主,抓住了内容创业者的春天,如吴晓波、罗振宇、咪蒙、六神磊磊等。吴幼祥. 媒体人辞职创业这件事 [J]. 新闻战线, 2018 (6): 103.

❷ 牛禄青. 媒体人创业的商业逻辑 [J]. 新经济导刊, 2018 (Z1): 60 - 64.

❸ 刘铭哲. UGC 撒网 PGC 做大——视频直播平台内容创作圈解读 [J]. 数码影像时代, 2016 (6): 26 - 29.

视频分享网站等这些主要依靠广大用户生成内容的新媒体平台，则依靠其广泛的影响力，让普通内容创作者得以与全球用户相连接，进而实现了前所未有的传播广度。❶ 分散化的创作个体参与创作，产出了海量异彩纷呈的丰富内容，是新媒体在开放网络时代得以迅速发展的重要原因之一。具有社交属性的新媒体平台，让用户与内容创作者之间的边界变得模糊，通过降低创作门槛，让社会公众能够在用户与创作者之间自由转换，从而为普通创作者提供了可供展示的舞台。如果说文字作品时代，创作还属于具有一定文化层次群体的"阳春白雪"，那么进入短视频兴起的时代，手握智能手机等"移动终端"的普通用户，真正实现了人人皆可创作的无边界场景。多数普通用户使用视频，甚至不是为了创作，而只是为了记录。❷ 开放式的新媒体平台不仅增加了内容创作的丰富度，更让广大用户获得了参与感。

分散化的创作个体与传统的职业化创作群体之间并非泾渭分明的关系。在新媒体广大的普通内容创作者中，存在各种类型的"生存者"。以中国用户数量最为庞大的微信平台为例，截至2020年初，微信公众号创作者人数已经超过2000万。❸ 截至2021年初，每天有10.9亿用户打开微信，3.3亿用户进行了视频通话；7.8亿用户进入朋友圈，1.2亿用户发表朋友圈，其中照片6.7亿张，短视频1亿条；有3.6亿用户读公众号文章，4亿用户使用小程序。❹ 微信公众号主要包括机构官方账号与个人非官方账号。机构官方账号由各机构内专职或兼职从事内容创作与信息发布的人员进行管理。而个人非官方账号的创作者则来源不一，既包括专门从事内容创作的职业化群体，也包括为拓展影响力、推广业务的半职业化群体，还包括大量纯粹出于兴趣爱好或是在某一领域拥有特长的普通公众。在以文字作品为主的微信公众号之外，微信于2020年推出了视频号，通过进一步降低创

---

❶ SAWYER M S. Filters, Fair Use & Feedback: User-Generated Content Principles and the DMCA [J]. Berkeley Tech. L. J., 2009, 363 (24): 365.
❷ 彭兰. 新媒体用户研究：节点化、媒介化、赛博格化的人 [M]. 北京：中国人民大学出版社，2020：284.
❸ 相关数据参见今日头条，新榜：《2020内容创作发展趋势报告》。
❹ 参见2021年1月19日，张小龙《2021微信公开课PRO》演讲公布的数据。

作者门槛,❶迎来了更为广泛的分散化创作者个体。

分散化的创作者个体能够通过"野蛮生长"产出大量的内容。然而,开放的平台也意味着更为激烈的内容竞争环境,从商业模式的角度来讲,如果缺乏良好的内容变现渠道,那么专注于内容生产的个体将无法在社交媒体的洪流中生存下来。在此背景之下,以"多频道网络"(Multi – Channel Network,MCN)机构为代表,协助分散化个体进行内容生产与管理的专业化辅助机构应运而生。发端于美国的MCN机构相当于内容生产者和视频媒体平台YouTube之间的中介,主要模式为,通过将众多力量薄弱的内容创作者聚合起来建立频道,帮助他们解决推广和变现的问题,最后再以一定的比例与创作者分成。该模式在中国互联网发展的本土化过程中,逐步形成了商业变现的稳定模式。❷在庞大的内容生产者以及巨大的流量变现利益引导下,各种围绕内容产出的培训、服务、运营等机构应运而生,并借由直播电商的兴起,通过"内容生产+电商"的方式实现高效率的销售转化。❸通过分散化内容创作者与专业化辅助机构的协同合作,逐步形成了依托于新媒体平台,从内容生产到传播再到价值实现的全流程。

3. 智能化创作拟制主体

随着计算机技术的不断发展,作为辅助人类从事有关工作的工具,计算机发挥着越来越重要的作用。人类通过自身的智慧不断演进计算机的硬件与软件技术,但计算机始终被置于人类的控制之下,运算和信息处理速度的提升只能为人类贡献更高的工作效率,而不能成为对人类的替代。然而,随着计算机技术对人类思考、分析、判断、处理模拟能力的不断提升,以神经网络计算为代表的新兴人工智能技术却开始逐渐模糊与人类智能之

---

❶ 根据腾讯公司的设想,微信公众号主要发布长文,但有能力撰写较长文字作品的个体数量有限,视频号尤其是以短视频为主,其创作门槛更低,参与度则要高出很多,因此视频号成为微信重点投入发展的对象。参见2021年1月19日,张小龙《2021微信公开课PRO》演讲内容。

❷ 一般通过将PGC/UGC/PUGC内容联合起来,在制作、交互推广、合作管理、资本等方面的有力支持下,保障内容的持续输出,以最终实现商业的稳定变现。参见克劳锐.2019中国MCN行业发展研究白皮书(节选)[J].中国广告,2019(5):83-88.

❸ 郭全中.MCN机构发展动因、现状、趋势与变现关键研究[J].新闻与写作,2020(3):75-81.

间的界限。❶ 人工智能的快速发展已经开始逐渐具备人类的独创性能力，传统由人所创作的作品类型，如文字作品、美术作品、音乐作品等人工智能创作物已经很难与人类所创作的作品相区别。❷ 在产业层面，人工智能已经广泛应用于作品的创作。2023 年初火热"出圈"的智能问答机器人 Chat GPT，即是其中的典型代表。

在流程化批量新闻创作领域，人工智能机器人的应用取得了良好的成效，大幅度降低了媒体机构的创作成本，提升了创作效率。当然，机器人新闻目前仍然局限于较为简单的创作领域，通常人工智能机器人在创作过程中由于算法的局限性，从大量的新闻素材中进行学习模仿，按照一定的模式和模板生成新闻报道，但人类的感性思维与批判性立场，人工智能则不能完全模仿。❸ 但随着人工智能的发展，专属于人类的信息收集、分析、判断、语言组织等各方面能力会不断受到挑战，人工智能创作的作品质量也会不断提高。

当然，在现行法的框架下，通过对法律制度的解释，很难将人工智能纳入权利主体的范畴。人工智能究竟能否在法律上成为拟制的主体，也有学者从法人制度产生的角度展开分析，认为人工智能可以类比于法人的法律地位，人类在法律体系上早已不再局限于自然人，体力与脑力的结合已经逐步转变为人类劳动与资本的结合❹。正如随着经济发展需求，从自然人到法人成为一种"伟大的创造"，智能化的创作是否能跨越传统主体的边界，将人工智能拟制为法定的创作者，需要我们进一步地思考分析，也需要法学、传播学、哲学、人类学，以及社会学等学科的共同探讨。

（二）新媒体传播参与主体

新媒体的"新"不仅止于内容创作与传统媒体的差别，在内容传播方

---

❶ 通过模仿人类的生物神经系统的人工智能的方法"人工神经网络方法"，已经能够较好地运用在音乐的创作过程中，即它可以通过模拟人类的感知对样本音乐的和声性质进行感知，从而创作出具有感情色彩的音乐作品。王小夏，付强．人工智能生成物著作权问题探析 [J]．中国出版，2017，17：33 - 36．

❷ 曹源．人工智能生成物获得版权保护的合理性 [J]．科技与法律，2016（3）：488 - 508．

❸ 叶韦明．机器人新闻：变革历程与社会影响 [J]．中国出版，2016（10）：16 - 20．

❹ 易继明．人工智能生成物是作品吗？[J]．法律科学（西北政法大学学报），2017（5）：137 - 147．

面，也呈现出了诸多差异。最为直观的表现就是，新媒体传播的去中心化模式，不再局限于某一种形式、某一个渠道或某一个主体。传播"话题"的引爆，需要更多地吸引到注意力，形成传播受众的"二次传播"，甚至是"多次再传播"。新媒体传播模式下，传播者与受众之间不再有明确的界限，网络平台、内容运营方、普通网络用户均能成为传播活动中的"节点"或"助推器"，通过相互的支持与配合。

1. 新媒体网络服务平台

新媒体传播因其社交属性而具有了"去中心化"的特征，但这种"去中心化"仍然依托于一定的传播结构，只是从传统的报刊、广播电视等单一渠道转变为更具"自发性"的社交环境。对于网络社会来说，网络服务商和各类组织建立的公共服务平台，扮演的作用是网络的"枢纽"，这些枢纽不仅决定了互动的具体手段与形式，也决定了人们的关系模式。[1] 网络服务平台在不断"进化"的过程中，也在变革着自身的功能与角色，从最早期仅提供网络内容与活动空间的"论坛""社区"，发展为兼具内容孵化、审核监管、智能推荐、流量变现等功能的综合性平台。网络社会的"枢纽"是交换中心、通信中心，扮演了协调的角色，使整合进入网络的一切元素顺利地互动。[2] 网络平台既为创作者提供传播的平台，还要担负起协调、整合的角色，能够吸引用户、满足用户，同时还要能联结起内容创作者与用户之间的价值实现。

按照使用功能的差异，新媒体网络平台可以划分为以下类别：社交类、新闻类、搜索类、视频类、短视频类、音乐类、消费类七类。[3] 当然，这一分类标准是从主要的使用功能来进行的分类，新媒体的发展逐步呈现出跨越类别的发展趋势。例如社交类的微信平台，也推出了短视频服务"视频号"，

---

[1] 彭兰. 新媒体用户研究：节点化、媒介化、赛博格化的人[M]. 北京：中国人民大学出版社，2020：15.

[2] 曼纽尔·卡斯特. 网络社会的崛起[M]. 北京：夏铸九，王志宏，等译. 北京：社会科学文献出版社，2009：384.

[3] 喻国明. 中国居民的媒介使用图谱——全民媒介使用与媒介观调查报告[M]. 北京：人民日报出版社，2020：5.

消费类的"拼多多"等购物平台,也推出了社交功能与短视频直播功能。另外,像游戏、阅读、音频、知识分享、运动健康、课外辅导等类型的媒体平台,也开始具备社交、消费、娱乐等多重功能。新媒体平台通过"弹幕""评论""推荐"等功能让用户实现更多的参与。用户的参与方式也不再局限于某一类型,例如,"小红书App"社区内,用户可以通过文字、图片、视频笔记的分享实现交流、推广等功能。为满足用户需求的变迁,伴随着短视频平台和直播电商的迅速崛起,新媒体网络平台共同朝着"社交化""视频化"方向发展。随着5G、云计算得到广泛应用,信息传播效率不断提升,资讯传播场景与边界日益拓展,新媒体平台在功能与内容形态上,将会出现更为趋同与融合的态势。以新媒体用户为中心,媒体平台主要从信息获取与娱乐需求出发,可归入以下几类:社交类、资讯知识类、购物类、生活服务类、视频类、音频类和游戏类。

不论何种类型的新媒体平台,进入大数据时代,都需要技术为平台赋能,通过立足于大数据的算法,实现精准传播推送,提升传播的效率。随着云计算的发展,数据处理能力急剧提升,智能算法也不断改进。网络平台通过对用户行为的记录与判断,能够实现对用户的精准"画像",进而实现对用户偏好的"预判",为用户定制个性化的"信息流",将人与观念联系起来,并将人们与他们认为最有意义的内容相匹配。❶ 尽管这种智能化推送受到质疑,被认为易于形成信息"茧房"并产生"内容下降的螺旋"❷,但不可否认,精准传播所带来的传播效率极大提升,让平台得以在较短时间内获取巨大的流量。通过对用户感兴趣内容的分析,进而为用户提供更多能对其产生吸引力的内容,降低用户获取所需信息的搜寻成本,以提升内容传播的有效性。新媒体网络平台通过技术的加持,为创作者提供了优质内容传播的"快车道"。

---

❶ 凯斯·桑斯坦. 标签:社交媒体时代的众声喧哗[M]. 陈颀,孙竞超,译. 北京:中国民主法制出版社,2021:24.

❷ 宋建武. 智能推送为何易陷入"内容下降的螺旋"——智能推送技术的认识误区[J]. 人民论坛,2018(17):117-119.

2. 新媒体内容运营主体

有吸引力的内容需要强大的传播支持,从内容生产端而言,有影响力"IP"的形成,需要脱离单一平台的局限,形成跨平台、跨媒介的传播矩阵。以"MCN 机构"为代表的新媒体内容运营主体应运而生,并在近年取得了飞速发展。新媒体内容运营方依托于具有独特性挖掘潜力的内容生产者,通过专业化的支持手段,从内容产出到内容传播、资本投入,最终实现内容变现,形成完整的价值链条与运营闭环。

大量内容运营主体的出现,主要在于解决内容生产方广泛的传播需求与不同新媒体平台之间的差异鸿沟。不同的网络平台有其自身的特点与优势,也需要找准适合平台受众的传播方式。社交媒体平台以人与人之间的关系为联结纽带,易于形成"意见领袖"(KOL),能够获取具备较高"忠诚度"的粉丝群体。资讯知识类平台则传播速度较快,通常能够在较短的时间内聚拢形成具有较高"热度"的话题。购物类平台易于变现,流量即红利,能够形成可见的利益回报,也是各类平台最大的最终"变现"出口。生活服务类平台划分为较多的细分领域,通过将线下的服务转移到线上,为优质服务提供极快的价值实现通道。视频类的网络服务平台,尤其是短视频平台,当前成为最具吸引力的传播渠道,受众群体庞大,传播门槛低,易于形成群体影响力。音频类网络平台则因其便利性,渗入了现代人的移动空间与运动场景,但所形成的吸引力较为有限。游戏类网络平台则以其年轻化、有活力的用户群体而具备较高的长期价值,有利于培养未来消费群体,流量变现的渠道也较为畅通。内容生产者由于个人力量单薄,希望通过一个专业化的组织使其更好地进行商业变现和内容产出。[1] 新媒体内容运营主体以其专业化力量与跨媒体渠道的传播能力,为内容生产者提供高效的推广路径,让内容生产者可以专注于内容生产,进而实现价值变现。

专业的内容运营主体并不仅仅是将内容生产者与平台之间联结起来,其运转与驱动模式实际上具备更广的框架。内容运营主体以有价值的内容为核

---

[1] 胡沈明,马婉莹. 短视频 MCN 运作模式与存在问题探究[J]. 现代视听,2018(7):12-17.

心，采用不同的模式进行运作。一种模式，对于具有"IP"效应的网红创作者，内容运营方围绕个人身份确定风格、筛选主题、指导内容制作，进而选择平台渠道组合进行传播，最后打造高价值的品牌与稳定的变现渠道，典型如 PaPi 酱、李子柒、何仙姑夫等。另一种模式，内容运营方可以选择某一垂直消费、娱乐领域，例如美食、健身、美妆等，聚焦于单一赛道，针对特定用户群体，培育或选择具有内容输出能力或影响力的创作者，形成持续的内容产出渠道，通过不同的媒介渠道共同推进，进而实现面向特定群体的影响力与变现能力，典型如畅游新媒、快美妆等。新媒体内容运营主体通过培育优质内容，借助平台渠道，形成传播矩阵，获取特定用户群体，最终打通新媒体传播的价值实现路径。

3. 作为传播者的社会公众

网络社交媒体改变了传播的方式，让传播不仅仅是一种信息的传递与接收，更是一种共同的参与。2002 年 8 月 19 日，方兴东、王俊秀、孙坚华等人开通博客中国（www.blogchina.com），中国社交网络进入传播新阶段。[1] 进入移动互联网时代，微博、微信的进一步发展，让信息传播变得更简便易行，也让手握智能手机的广大互联网用户，具备了随时随地参与信息传播的能力。

社会公众参与传播古已有之，并非互联网时代才出现。为了及时获取最新的资讯，在技术尚不发达的历史阶段，人们通过口头转达、书面传递获得信息。互联网技术，尤其是移动互联网技术的发展，让身处不同地区的人们得以实现即时的互动与交流，推动了社会公众作为传播者的价值实现，也丰富了公众的传播参与方式。

在具有社交属性的新媒体上，社会公众参与传播表现为多种形态，主要方式包括以下三种。其一，用户转发。具有强社交属性的互联网媒体平台，信息传播通过转发方式实现"二次传播"，用户对其感兴趣或认为值得分享的内容，会通过在其社交网络的转发实现更广范围的传播。转发能够让信息

---

[1] 网民不仅接收、讨论信息，而且开始大规模生产、传播信息，个人逐渐脱离长期以来大众传播环境下的单向"受众"角色，第一次实现了有可能由自己主导的大众范围传播，"受众"开始走向"用户"。参见谭天，张子俊. 我国社交媒体的现状、发展与趋势 [J]. 编辑之友，2017（1）: 20—25.

阅读量、观看量与点击量获得几何级数的增长，成为社会公众共同关注的"凝聚性商品"❶，并且让信息内容迅速"发酵"成为热点话题，进一步助推信息的传播。

其二，用户评论。新媒体平台的用户评论不仅为一种传播，还构成了传播的内容本身。用户评论参与传播主要分为两大类，一类是评论本身即构成传播内容的主要组成部分，如豆瓣、知乎、大众点评等，通过分享与评论创作内容并参与传播，另一类是对于平台内容进行评论以吸引更多的用户参与，如网易云音乐、哔哩哔哩网站等。用户的评论本身会成为作品的组成部分，或者形成作品传播的吸引力。发端于日本的弹幕评论模式，通过在视频播放过程中展示用户评论内容，实现观众之间与内容情节相结合的互动，提升了视频传播的影响力。弹幕视频网站的这种界面设置和空间结构的安排，深刻影响了弹幕用户的表达倾向和行为模式，使他们在潜意识中认识到自己虽然只是一名观众，但已经站在了舞台上，被其他所有观众观看着。❷ 用户通过评论的方式参与到作品的传播活动中，一方面增加了用户的参与感，另一方面也提升了内容的吸引力。

其三，用户点赞。新媒体的智能化推荐算法，以点赞的数量作为扩大传播推送范围的基础。因此，用户通过对其喜欢内容的点赞行为，实际上在平台内形成一种推荐效果，会让平台将内容推送给更多的主体，扩大传播范围。

二、新媒体内容生产与传播主体的利益分析

内容与受众永远是媒体的生命线。新媒体相较于传统媒体，内容来源更为丰富，内容生产主体也更为多元。从内容产出端的角度来讲，新媒体平台提供给用户的内容主要来自两种类别：一是通过支付费用购买或生产版权内容，例如提供音乐、影视作品、电子书、专栏文章等的音乐、长视频、门户网站等；二是由专业化或非专业化的主体自愿免费贡献内容，例如抖音、微

---

❶ SUNSTEIN C R.Edna Ullmann‑Margalit, Solidarity Goods [J]. Journal of Political Philosophy, 2001 (9): 129–49.

❷ 高寒凝. 弹幕，不仅是评论 [N]. 中国艺术报，2016‑12‑23 (S03).

信、微博、今日头条等媒体平台。不同的创作主体会存在不同的利益立场与诉求，从理性经济人的角度而言，各主体对利益最大化的追求最终形成了文化产品与文化传播的繁荣。因此，对新媒体内容生产主体利益的分析，不仅有助于形成不同市场参与主体之间的合理利益格局，也有利于作为利益分配规则的版权制度完善。

（一）职业化创作者利益分析

职业化创作者与非职业化创作者并非两个泾渭分明的概念，两者之间存在一定的交叉，尤其在传统媒体与新媒体转型融合的新发展阶段，传统的职业化创作者不断面临收缩，大量的创作者居于职业化与非职业化的模糊地带。尽管职业化创作者并无清晰的群体边界，但其仍然存在一定的显著性特征。首先，职业化创作者多以组织的形式出现，通过多人协作的方式生产出高质量的作品。其次，职业化创作者对内容的选择与投放，均体现出一定的选择性。

1. 经济收益及其构成

职业化创作者以其创作的版权内容获取收益，经济收益是该类创作者考量的主要因素。传统媒体以版权产品终端销售以及媒体广告获取经济收益，但进入新媒体时代，创作者的经济收益来源更为丰富，收益渠道也更为多元。

从职业化创作主体的性质来看，主要包括市场化的经营主体与非市场化机构。以唱片公司、电影制片公司、影视投资机构、网络门户网站为代表的市场化经营主体，通过投入大量的人力、物力、资金，产出供给到各大平台的版权内容。同时，各大互联网平台，为了降低版权购买成本，具备独特性差异化竞争优势，也纷纷"下场"自制内容，例如腾讯、爱奇艺、优酷等自制的综艺节目、网剧、电影、短剧等。这一类市场化的经营主体，通过将内容以付费方式销售给终端用户，或是通过吸引流量投放广告获取收益，以内容直接变现的方式维持运营。同时，在内容输出端，另一类非常重要的非市场化机构也承担了大量内容产出的任务。这一类机构主体，以传统报刊、广播、电视媒体为代表，通过转型投入互联网运营，以自设的网站、客户端，或者在微信、微博、抖音等新兴平台开通"官方账号"，推送权威的新闻资讯、评论文章、影音视频等内容，吸引大量互联网用户。这一类非市场化机构不以营利为主要目的，兼具公益属性。

内容创作者的收益结构在新媒体迅速发展的大背景下，发生了较快的迭代。传统的内容创作者仅从作品的转让、许可中获取收益，进入"IP化""泛娱乐化"阶段，作品内容的收益渠道发生了根本性的改变。盛大文学通过打造核心优质IP进行多作品类型长链条的延伸，将网络文学的版权延展至泛娱乐领域，进而收购了以收取付费用户"VIP阅读费"为模式的起点中文网等传统网站。然而，随着盛大文学的发展，由于收益分配的不合理，文学作品的分销及衍生品权益等划归集团，文学网站只负责生产UGC内容、销售电子书，从而导致核心团队离开，盛大文学逐步走向衰落。❶ 优质内容需要有高水平的运营，以内容收费为核心的单一变现模式，正在逐步成为新媒体平台的发展瓶颈。在市场化的运营模式中，收益是生存的核心，能否实现收益的扩展与延伸，一方面取决于内容的质量与吸引力，另一方面也受制于内容运营的渠道与传播链条的衍生。

2. 权威信息发布及其作用

自媒体的崛起，让传统媒体的权威被不断消解，社会公众的信息来源更为丰富多元，受到误导与不利影响的概率也逐步上升。"准确、权威的信息不及时传播，虚假、歪曲的信息就会搞乱人心；积极、正确的思想舆论不发展壮大，消极、错误的言论观点就会肆虐泛滥。"❷ 以报刊、广播、电视等为代表的转型新媒体机构，通过在新媒体平台发布更具可信度的权威信息，让社会公众在"泥沙俱下"的互联网环境下，能够实现有效的信息甄别。

作为职业化创作者的机构媒体，通过自身的新媒体平台以及社会公众广泛参与的微信、微博、抖音、头条号、快手等社交媒体平台，可以实现对虚假信息的及时阻击。截至2020年，入驻抖音和快手的机构媒体账号已超过2万家。然而，抖音和快手上的个人用户更多，沉淀了大量UGC素材，在快

---

❶ 李明霞，赵晴. 网络文学泛娱乐化运营模式下IP版权价值计算与收益分配问题探析［J］. 戏剧之家，2020（12）：184-186.

❷ 习近平. 加快推动媒体融合发展 构建全媒体传播格局［J］. 求是，2019（6）.

手上,每天新增超过1500万UGC视频,这些UGC视频极易形成并传播虚假信息。在新冠疫情期间,各种谣言在网上大量散布,新华社官方账号以短视频形式持续播发重要新闻信息,及时击碎各种谣言。❶

在技术与资本的双重加持下,以移动互联网为主要传播渠道的新媒体平台吸引了绝大部分的流量。根据2020年7月北京师范大学新闻与传播学院调研团队调查统计的数据,就使用频率而言,社会公众接触率与接触时长超过平均水平的依次为:微信、QQ、支付宝、抖音、淘宝、手机百度、爱奇艺、腾讯视频、今日头条、微博、快手、QQ音乐、腾讯新闻、美团。❷ 企业媒体作为内容生产者,为扩大其影响力,纷纷在微信、微博、抖音等平台开通官方账号,形成企业自媒体矩阵的重要构成。新媒体平台传播渠道对于品牌传播而言,具有重要的价值,有学者认为,新传播渠道的价值主要表现为四个方面:一是建构自媒体矩阵,全方位地传播品牌声量。二是打造权威内容平台,提升企业专业影响力。三是直接链接电商平台,实现销售转化率增长。四是负面舆情的重要发声渠道,掌握舆论主动权。❸ 而机构媒体自身盈利动机并不迫切,更多是需要以传播范围的扩展,扩大自身影响力,掌握权威信息发布与舆论的主导权。

当然,机构媒体因其职业化内容创作团队的支持,在自媒体平台能够快速形成影响力。以武汉消防抖音账号为例,自2018年10月武汉消防开通抖音账号后,获得了快速的关注和用户增长。❹ 可以发现,在新媒体平台上,尽管内容丰富多彩,但职业化机构媒体能够迅速大放异彩,获得较高的关注流量。机构媒体在新媒体平台上的吸引力优势,一方面源于其所具有的专业化优势、高质量内容,另一方面也在于社会公众对于该类机构媒体的权威性

---

❶ 李逾男. 品质 网感 颜值 有趣——新华社官方社交短视频账号的追求 [J]. 中国记者, 2020 (6): 18 – 20.

❷ 喻国明. 中国居民的媒介使用图谱——全民媒介使用与媒介观调查报告 [M]. 北京: 人民日报出版社, 2020: 12.

❸ 廖秉宜. 两微一抖企业官方账号的运营思考 [J]. 中国广告, 2019 (5): 55 – 57.

❹ 截至2020年5月11日,武汉消防抖音账号共发布短视频204条,粉丝达到61.2万人,荣获"2019年度全国优秀消防新媒体账号"称号。在204条短视频当中,播放量过亿的有1条、超过千万的有6条、超过百万的有26条。参见叶文波, 周琚琛. 政务抖音号如何打造爆款短视频——以武汉消防官方抖音账号为例 [J]. 新闻前哨, 2020 (8): 15 – 16.

第二章　产业聚焦：新媒体传播利益格局分析

认同，尤其在信息井喷的自媒体环境中，职业化的机构媒体内容具有天然的吸引力。

（二）用户创作者动因分析

在职业化机构媒体之外，还存在广大的用户群体创作者。❶ 正是网络平台上这种开放式的创作环境，形成了当今的"内容海洋"。自社交媒体诞生之初，即意在倡导用户内容的产生、协作与分享，社交媒体平台给予了用户极大的参与空间，为具有高度交互性的平台。❷ 在新媒体环境中，公众不再只是单纯地参与媒介消费，而是主动地成为媒介内容的共同创造者。按照著名心理学家马斯洛的需求层次理论（Hierarchical Theory of Needs）❸，个体的需求包括了生理的需求（physiological need）、安全需求（safety need）、归属和爱的需求（belongingness and love need）、尊重的需求（esteem need）、认知需求（cognitive needs）、审美需求（aesthetic needs）❹、自我实现的需求（self‐actualization need），以及超越需求（transcendence needs）❺。新媒体用户的创作行为，从个体需求的角度而言，相对应存在"社会交往的需求""价值实现的需求""个体兴趣"等对用户创作的正向影响。

1. 社会交往的动机

以微信、微博为代表的新型社交媒体平台，为公众提供了社会交往的广

---

❶ 在传播时代，任何人都可以成为新闻或信息发布的作者、编辑、艺术家、教育家、音乐家等，都可以是 UGC 的创造者。参见洪浚浩. 从信息时代进入传播时代，我们准备好了吗？[J]. 人民论坛·学术前沿，2021（9）：96‐111.

❷ 王悦彤. 洞悉社交媒体，剖析使用行为——评牛静新作《社交媒体使用行为研究：互动、表达与表露》[J]. 青年记者，2019，30：89‐90.

❸ 马斯洛早期的需求层次五阶段理论较为知名，后期经过深化，发展为八阶段理论：生理的需求（Physiological need）：食物、水、空气、睡眠、性等需求；安全需求（Safety need）：稳定、安全、受到保护、有秩序、能免除恐惧和焦虑等需求；归属和爱的需求（Belongingness and love need）：与其他人建立感情联系的需求；尊重的需求（Esteem need）：尊严、成就、独立，以及地位、名望等；认知需求（Cognitive needs）：知识和理解、好奇心、探索、意义和可预测性等；审美需求（Aesthetic needs）：欣赏和寻找美，平衡，形式等；自我实现的需求（Self‐actualization need）：追求实现自己的能力或者潜能，并使之完善化；超越需求（Transcendence needs）：超越个人自我的价值观。参见彭聃龄. 普通心理学 [M]. 北京：北京师范大学出版集团，2003：329‐330.

❹ MASLOW A H. Motivation and personality [M]. New York：Harper & Row.，1970.

❺ MASLOW A H. Religions，values，and peak experiences [M]. New York：Penguin，1970.

阔空间。根据2020年的调查统计数据，社会公众使用社交媒体的动机，在功能认知层面，"信息功能"、"社交功能"和"娱乐功能"是排名前三位的关键词，分别有78.9%、75.8%和67.1%的人将这三项功能放到了功能排序的前三位。❶ 在获取信息之外，大多数人将"社交功能"作为使用新媒体的主要目的，而新媒体也在传统媒体信息传播基础之上，发展出了最为公众所需的社会交往功能。❷ 以实证分析的数据表明，社会交往的动机无疑是新媒体用户创作的重要内驱力。

当然，从传播媒介历史发展的脉络来看，社交动机与社交功能在互联网媒体时代爆发出来是有史可循的。从古罗马广场到古希腊神殿，从政治交流到宗教传播，口头、书面等语言文字及信息的自由表达，都属于一种早期的社交媒体雏形。人们热衷于在街头、在咖啡馆、在教堂，相互谈论、相互传递信息，或是相互分享诗集。17世纪，快速兴起于欧洲的咖啡馆，成为公众休闲小聚和交流信息的集散地，人们在咖啡馆不仅喝咖啡聊天，还讨论最新出版的小册子、新闻信札、新出的戏剧和诗作。这种信息交流的方式正类似于互联网时代的论坛、微博、朋友圈，个体既是传播的源头，也是传播的扩散者。然而，随着印刷术的发展，以及广播电视技术的突飞猛进，信息传播的技术场景与时空场域发生了深刻的变革，被称为走向了"社交媒体的反面"❸。印刷技术的发展，让新闻内容与作品得以规模化复制传播，但同时也疏离了创作者与受众之间的关系，逐渐形成了具备垄断传播渠道与传播技术的庞大出版者群体。媒体的信息传播与娱乐化功能占据着主导地位，强大的

---

❶ 喻国明. 中国居民的媒介使用图谱——全民媒介使用与媒介观调查报告 [M]. 北京：人民日报出版社，2020：67.

❷ 无独有偶，在社交动机方面，Ralph Stoeckl等通过对视频UGC参与者和博客用户对比研究发现，视频UGC的参与动机主要是"社交"和"娱乐"，而博客等文本类应用的参与动机主要是"获取信息"和"传播信息"，不论是视频类UGC还是文本类UGC，用户的参与动机都包括"社会联系"这一因素。参见 RALPH S, PATRICK R, THOMAS H. Motivations to Produce User Generated Content: Differences between Webloggers and Videobloggers [C]. BLED: 20th Bled eConferencee Mergence: Merging and Emerging Technologies, Processes, and Institutions, 2007.

❸ 汤姆·斯丹迪奇. 从莎草纸到互联网：社交媒体2000年 [M]. 林华，译. 北京：中信出版集团，2015：279.

机构传播者承担了信息筛选与内容传播的权利与责任,社交功能则在媒体功用上退居其后。所谓的纸质印刷、广播电视等"大众媒体",仅仅是面向大众的媒体,创作者与受众并不存在密切的联系,而是在传播者的主动传播与社会公众的被动接受之间,实现信息的传递。

进入互联网时代,人们在虚拟空间的社交欲望被无限激发出来,尤其是移动互联网的发展与普及,让人们通过网络渠道的互动实现了全时域、全场景覆盖。社交渠道的畅通,让社会公众更有欲望去分享,从文字到音频再到视频,创作的门槛不断降低,表达的面向不断拓宽,从熟人到陌生人,立足于互联网的社交网络无远弗届。互联网新媒体平台的开放特性以及表达的便捷性,让人们仿佛又回到了古罗马的市政广场和欧洲王权鼎盛时期的咖啡馆,信息流通与社交活动融为一体。用户创作者的社交动机再次催生了互联网内容创作的繁荣。

2. 价值实现的动力

用户创作者除了社会交往的本能诉求,在创作动因中,社会的认可与收益的回馈也起到了非常重要的作用。按照马斯洛的需求层次理论,自我实现的需求是一种具有较高位阶层次的需求。自我实现需求推动个体实现自身的能力与潜能,对外而言,通过能力的展现,希望能够获取他人的尊重与认可,对内而言,能力的实现则能够达成精神与物质的回报。根据互联网平台用户的访谈分析,用户的创作动因包含了"自我效能"的实现。[1]而"自我展示"与"自我效能"对于用户的视频创作与分享行为也有着明显的正向影响。[2]视频创作的便捷性也让创作者的展示意愿更为强烈,以智能手机为创作工具的广大"拍客",以记录生活的方式,立足于对愉悦的追求、理想的实践、经济的回报等动机,这一模式促成了大量视频内容的拍摄和分享。[3]用户创作者通过创作行为的外在表达,以较为自然的创作方

---

[1] 赵宇翔. web2.0 环境下影响用户生成内容动因的实证研究——以土豆网为例 [J]. 情报学报,2010 (3): 449 – 459.

[2] 曹扬敏. 视频分享网络中用户生成内容的动因研究 [D]. 武汉:华中师范大学,2012.

[3] 岳改玲,黄灵燕. 拍客进行内容创作和分享的动机研究——以优酷网为例 [J]. 今传媒,2014 (7): 11 – 13.

式，既通过自我展示实现了个人价值与社会认同，也得以实现个人的经济回报。

在网络环境中，各参与主体之间的差异性极为明显，社会身份的差异化、社会认知的多元化、利益导向的差别化，人们参与到互联网环境的创作中，实际上也是对自身存在感与尊严的一种维护。[1] 自尊源自社会评价，是社会及他人对自我的认可。对于人为什么要维持或增强自尊，著名心理学教授马克·R. 利里认为，我们的自尊感犹如汽车上的油量表，人际关系的发展对我们的生存发展具有导向意义，当我们遭遇到威胁性的社会拒绝时，自尊指示表会警告我们，以促使我们更加敏锐地觉察到他人对我们的期望。[2] 在虚拟空间内寻找"存在"感的普通个体，即为通过自我"展现"实现他人认可的典型实例。抖音、快手、知乎上的"大神"很多可能只是实际生活中的平平无奇者，新媒体平台上的创作行为，将他们展示出来，获取来自网络平台他者的认可与"赞叹"。

当然，除了精神上的价值实现，用户创作者还能实现经济上的收益与回报。一方面，部分用户创作者尽管是"业余"创作，但其创作内容往往与自己的专业领域及专业工作相关，通过新媒体平台上的创作与分享，可以实现对自身品牌的推广，进而获取职业发展的潜在收益。另一方面，部分新媒体平台存在对 UGC 创作者的激励手段，包括有偿问答、播放分成、广告合作等方式。以短视频平台"快手 App"为例，平台对于普通创作者，给出了两种收益渠道，其一是开通创作者激励计划协议，开通之后，系统会在用户原创作品的左下角自动分配便利贴广告，包括游戏类、电商平台类、应用下载类、本地商家类等，根据播放量来计算收益；其二是广告接单模式，针对在平台上有推广需求的客户，按照一定的价格向创作者支付广告费，创作者将包含有推广信息的原创内容在平台进行推广。

在价值实现的路径中，尽管作为个人的内容创作者可以具备较为灵活的

---

[1] 郭婧. 网络文艺创作中蕴含的人文精神动机研究[J]. 大众文艺，2018（23）：26-27.

[2] LEARY M R. The Self We Know and the Self We Show: Self-esteem, Self-presentation, and the Maintenance of Interpersonal Relationships [M] //M. Brewer & M. Hewstone (Eds.), Emotion and Motivation. Malden, MA: Usishers, 2004.

内容生产优势,但互联网传播的价值变现存在从内容策划到广告及平台对接的多个复杂流程,专业化机构能够以其体系化与专业化优势解决个体创作者所无法解决的问题,通过机构运营方集中优势资源为个体创作者提供专业系统的对接服务。[1] 专业辅助机构的参与,也让普通的用户创作者具备了与职业化创作者同台竞技的资本,在价值变现与利益实现上更为顺畅。

(三) 智能化创作的利益归属

随着计算机与网络技术的发展,尤其是计算能力与算法演进的跨越式提升,人工智能技术突飞猛进,机器开始胜任大量通常由人类才能完成的复杂工作。在人类所独享的创造性活动层面,人工智能也开始涉足并不断拓展,通过将计算科学、心理学、神经科学、哲学等融入人工智能的开发中,神经网络、深度学习等实现了对人类学习与智力活动的模拟,进而在文学、艺术等创作领域也表现出一定的智能。此类创作是否可以得到知识产权法的保护,其中非常重要的一个前提在于,人工智能生成物的创作主体是谁,是否能够或者是否应当成为法律所保护的主体。

1. 智能化创作的主体之辨

郑成思教授认为,不论何种人持何种看法,在认定版权制度的本质是鼓励用头脑从事创作之人这一点上,意见是一致的。[2] 著作权法的本意在于鼓励人的创作,促进人类文化繁荣,但服务于人类的创作行为是否必然局限于人类活动,在人工智能时代受到了挑战。在创作领域,人工智能系统能够在人类少量介入或者不介入的情况下,创作出与人类所创作出的作品类似的作品,包括文字、音乐、美术等作品,以及设计图、计算机软件等。人工智能已被大量应用于新媒体新闻稿件创作、软件模块编程等实践活动中。然而,人工智能生成物究竟能否被界定为作品,是否享有著作权,著作权主体为谁,首先需要在法律上回答创作者的主体地位问题。

大部分学者从人工智能的工作原理,以及主客体的哲学认知方面,否认

---

[1] 郭全中. MCN 机构发展动因、现状、趋势与变现关键研究 [J]. 新闻与写作, 2020 (3): 75–81.

[2] 郑成思. 版权法(修订本)[M]. 北京:中国人民大学出版社, 1997: 31–32.

人工智能的主体地位。❶ 同样，从自然人与智能机器人之间的本质区别来看，机器人虽然具有一定的智能，但与人类相比仍然不具备人类所拥有的心性与灵性，与具有"智慧"的普通自然人及其集合体不能简单进行等同，因此在法律上尚不能取得独立的法律主体资格。❷ 从哲学立场出发，以康德"主客体统一认识论"和"人是目的"为哲学视点，不管人类所创造的人工智能发展到何种水平，其仍然只能视为人类的工具和客体，而不能视为法律上与人类平等的法律主体。❸ 当然，人工智能本身不具备主体资格，是否就代表着人工智能生成物无法成为著作权法所保护的作品，实际上值得商榷。

回归到法解释学的立场上，我国《著作权法》第3条对作品进行了界定。❹ 从立法文义上看，其并未限定著作权主体，仅仅要求具有"独创性"，对于独立创作者为谁，立法并未预设，至于有学者提出的独创性必须体现出人的精神与创造，则实为在立法之外的延伸解释。立法明确限定了"作者"只能局限于自然人，❺ 同时对于"视为作者"限定了严格的前置条件。对于人工智能是否能成为法律上的作者，或者在法律上被视为作者，以及能否成为著作权人，需要从法律适用的一般性逻辑角度予以考察。按照对立法本意的解释，根据当前立法对民事主体的界定，人工智能显然不属于自然人，不能成为"作者"，也并非能够被"视为作者"的法人或者非法人组织。但人工智能不能成为作者，并不代表人工智能生成物不能成为作品。这两者在法律判断上是相互独立的，作品是一个客观存在，不能因为产生作品的主体具

---

❶ 人工智能的生成成果是人工智能程序在人类参与度极低的情况下基于数据和算法通过自主学习和建模所自动生成的内容，并非人类以人工智能为工具进行的个性化表达，如果认定其为作品会违背传统的著作权法理论。参见陶乾. 论著作权法对人工智能生成成果的保护作为邻接权的数据处理者权之证立 [J]. 法学, 2018 (4): 3-15.

❷ 吴汉东，等. 对话：人工智能对知识产权法律保护的挑战 [J]. 中国法律评论, 2018 (2): 1-24.

❸ 李扬, 李晓宇. 康德哲学视点下人工智能生成物的著作权问题探讨 [J]. 法学杂志, 2018 (9): 43-54.

❹ 《著作权法》第3条："本法所称的作品，是指文学、艺术和科学领域内具有独创性并能以一定形式表现的智力成果。"

❺ 《著作权法》第11条第2款和第3款："创作作品的公民是作者。由法人或者非法人组织主持，代表法人或者非法人组织意志创作，并由法人或者非法人组织承担责任的作品，法人或者非法人组织视为作者。"

有特殊性,而否决作品本质。[1]"人工智能生成"并不等同于"人工智能创作",作品是一个法律上的客观存在,而创作则为法律拟制的归因行为,有了客观存在的作品,我们才能去判断创作作品的作者是谁。这也符合马克思主义辩证唯物主义哲学观。

  人工智能的生成物如果从客观上符合作品的独创性要求,则需要从智能生成物的产生机理和权利归属出发,展开进一步的论证。以客观存在的作品,判断其创作者和著作权人,形成从客观作品到著作权归属认定的司法论证逻辑。当前人工智能生成物的产生,主要通过计算机程序自动生成,不管是数据处理、图像识别、自然语言处理,还是深度机器学习与神经网络算法,都是通过一定的软硬件结合,让机器形成类同于人类的思维认知与信息处理能力,进而作出相对自主的判断和行动。从人工智能发展的阶段来讲,目前尚未实现具有自我知觉与意识的"强人工智能",人工智能在对人类智力活动的模拟上还在摸索前行,从 AlphaGo 在人类引以为傲的围棋领域实现了"碾压式"胜利,到无人驾驶与模式识别技术的突破性进展及应用,人工智能逐步突破了人类所"独占"的智能领域。

  人工智能与传统人机交互模式,最为重要的区别在于,其改变了传统从人类输入到机器输出的惯常模式,在输入端可以无须人类的参与或干预,这就让创作行为从外观上并无人类主体的介入,对传统计算机作品的归属问题形成挑战。例如,传统的画图软件需要人类的操作,没有人会认为电脑画图软件会成为绘画作品的作者,但人工智能则与传统电脑绘图软件完全不同,通过利用深度学习技术,以计算机视觉、图像识别为基础不断学习、迭代,从单纯的临摹进而实现一定的"风格"呈现。最为典型的例子是,一幅由人工智能创作的"古典大师"风格作品 *Edmond Belamy*,在 2018 年 10 月 25 日佳士得拍卖会上,拍出了 43.25 万美元的高价。然而,无论人工智能生成的作品具有多高的市场价值,也不会影响现行立法对"民事主体"的界定仅仅覆盖自然人,以及法人和非法人组织等法定拟制主体。因此,《中华人民共

---

[1] 李伟民. 人工智能智力成果在著作权法的正确定性——与王迁教授商榷[J]. 东方法学,2018(3):149–160.

和国民法典》(以下简称《民法典》)对民事主体的限定,让人工智能无法具备作者或者著作权人的主体资格,人工智能仅仅是"工具",真正的法律主体只能是让人工智能具备智能化创作能力的自然人、法人或非法人组织。

2. 创作利益归属的激励效果

从立法解释的角度考察,人工智能在创作活动中作为"工具"而非"主体",那么真正的作者和著作权人应当如何归属,需要进一步的分析。首先,人工智能要具备创作能力,需要经过开发(投资)、使用环节。两个环节的参与主体可能为同一主体,也可能相互分离。未来的常态必然是人工智能开发者与人工智能使用者两相分立,甚至出现人工智能开发者、人工智能投资者以及人工智能使用者三相分立的情形。❶ 其次,附着于人工智能设施之上的权利,包括软硬件的权利归属,可能会出现多种形态。人工智能可能仅以软件形式或者以软件结合硬件的形式出现,有形财产存在物权归属,软件、方法等则存在知识产权归属。人工智能不同类型的开发与利用模式,其生成作品可能有不同的归属方式(见表1)。

表1 开发与利用分离模式下的人工智能生成作品著作权归属

人工智能利用方式	身份	硬件-物权归属	软件-知识产权归属	生成作品创作者	生成作品著作权归属
转让	开发者	无	无	否	否
	使用者	所有权	所有权	是	是
许可	开发者	所有权	所有权	是	依约定
	使用者	使用权	使用权	否	依约定
开源免费	开发者	无	所有权	是	依申明
	使用者	无	使用权	否	否

当然,在人工智能的开发过程中,还可能存在委托开发、合作开发、职务行为等不同的投资与开发模式,但这些不同的模式安排均可以依据《民法典》与《著作权法》,依照委托作品或法人作品认定著作权,不会影响到最

---

❶ 梅傲,郑宇豪. 人工智能作品的困境及求解——以人工智能写作领域第一案为考察中心[J]. 出版发行研究,2020(12):50-56.

终的著作权归属。回归到《著作权法》第1条，对具有独创性的人工智能生成作品，给予著作权保护，无疑符合著作权法的立法目的。❶ 只要是能够促进社会主义文化和科学事业发展繁荣的作品，不应当因其产生基础的不同而得到差异化的法律评价。

如前所述，在目前立法上不承认人工智能独立主体地位的前提下，对于人工智能开发与利用过程中，作出创造性贡献的主体，通过赋予著作权进行激励，能够起到促进文化繁荣的目的。❷ 实际上，这种担忧在人类科技发展与进步的历史上，已经无数次发生，也随着生产效率的提高，受到传统认知的无数质疑。无论是有形商品还是无形知识产品，生产方式从手工到机器，从单一到批量的跃升，都受到了反工业化思潮的批判，认为可能会形成机器对人类冲击甚至是替代。

实际上，智能化创作在进入具有自主意识的强人工智能时代之前，人工智能的创作智能被视为人类进行创作的工具而已。毫无疑问，越来越先进智能的图文编辑软件、视频剪辑软件等，为人类创作者提高创作效率、提升创作质量，作出了巨大的贡献。更进一步，具备更强信息数据处理能力的人工智能系统，也是在优化人类低创造性的劳动，例如写稿机器人等，意在将人类从重复性创作活动中解放出来，但并不能取代人类具有自主意识、个体情感的独特创造性活动。赋予人工智能开发、利用过程中，投入了资源、创造性劳动的主体以著作权，合理配置人工智能生成作品的创作利益，将会激励人工智能领域的创造性活动，有益于社会整体文化的繁荣，也不会挤压人类的创作活动。

（四）新媒体内容传播主体的利益分析

新媒体时代，创作无处不在，传播无远弗届。随着移动互联网的崛起，媒体边界的扩展，让传播方式更为丰富，传播主体更加多元。在著作权各项

---

❶ 《著作权法》第1条关于"著作权法立法目的"的规定。
❷ 当然，也有研究者对此保持谨慎，认为若给予人工智能生成物以版权保护，这意味着市场中的版权作品供给量将大幅上升，在市场总需求保持恒定的前提下，考虑到人工智能生成物的低成本、高效率，一般的人类作者在版权市场的定价能力将受到削弱。参见曹源. 人工智能生成物获得版权保护的合理性［J］. 科技与法律，2016（3）：488－508.

专有权利中，包括控制作品的权利和传播作品的权利。著作权人身权以及著作权财产权中的复制权、摄制权、改编权、翻译权、汇编权等属于著作权人对作品控制而享有的专有权利。著作权财产权中的发行权、出租权、展览权、表演权、放映权、广播权、信息网络传播权等属于著作权人对于作品传播而享有的专有权利。同时，《著作权法》除了对著作权人传播作品权利的保护之外，还规定了对传播者权利的保护。在《著作权法》中，对传播者的权利保护，以"邻接权"的内容展现出来。以我国《著作权法》为例，传播者"与著作权有关的权利"，涵盖了"图书、期刊出版者权""表演者权""录音录像制作者权""广播电台、电视台播放相关权利"。保护的传播者主体，包括书刊出版者、表演者、音像制品制作者和广播电视台。与网络相关的传播权利体现于著作财产权之信息网络传播权，以及传播者对信息网络传播的控制。在新媒体环境下，网络传播成为最为重要且最具影响力的传播渠道，如何通过立法与司法审判实现传播主体利益的合理配置，以促进作品传播，激活版权资源，让社会公众充分享受文化繁荣的公共福利，是新媒体崛起后的著作权法无法回避的问题。

1. 新媒体平台传播利益分析

通过对新媒体平台商业模式，以及平台与用户之间关系的考察，可以发现，新媒体平台的智能化数据处理与传播手段，形成了独特的竞争优势，与用户之间也形成了更为紧密的利益关联。以短视频网络平台为例，以发布短视频为主要内容形式的自媒体通过形成对用户的影响力与号召力，进而通过直播带货或者引流的方式，为平台也带来一定的广告收益。❶ 因此，将智能化赋能的新媒体平台界定为传统的"网络服务提供者"，已经难以适应当前的传播实践。

新媒体平台之间的竞争更趋白热化，平台利益与平台责任也在悄然变化。2021年8月18日，因热播电视剧《扫黑风暴》涉嫌被侵权，腾讯视频以侵犯著作权及不正当竞争为案由，将抖音诉至北京知识产权法院，并向抖音索赔1亿元。腾讯视频诉请认为其享有著作权的电视剧《扫黑风暴》在其多次

---

❶ 熊琦. 短视频平台该如何化解"二创"版权风波［J］. 光明日报，2021-04-28（02）.

向抖音平台发送侵权警告函后，仍然有大量的侵权作品在平台上进行传播。❶腾讯视频进而认为，抖音消极处理侵权内容，通过数以亿计的播放流量让自身获得巨大利益，使腾讯视频遭受巨大损失。

在流量即收益的互联网传播环境下，新媒体平台的传播利益更为复杂多元。从获益方式的角度而言，新媒体平台的传播利益可以分为直接获益与间接获益。新媒体平台传播的直接获益表现为广告收入、内容付费、内容电商等。新媒体平台的广告收益，包括平台推广的广告所获取的收益，以及平台通过内容创作者发布的广告分享的收益，平台通过广告合作模式，为优质内容创作者提供广告渠道，再通过智能化推送实现精准营销。当然，随着《中华人民共和国个人信息保护法》的实施，该法第24条规定了对于新媒体平台精准化广告营销的制约机制。❷

新媒体平台的内容付费形式包括两种：一种是流量型付费平台，即平台自身作为内容产出与营销主体，以付费会员或付费阅读、付费浏览的方式，收取费用，如"得到App"、喜马拉雅等；另一种是服务型付费平台，即平台提供技术与运营解决方案，内容由创作者生成，可选择免费或付费，如果采取付费阅读或浏览模式，那么由平台和内容生产者按照一定的比例或模式分享收益。新媒体平台通过内容电商实现收益，往往存在于相应的垂直领域，通过细分市场的内容输出，获取大量关注者后，以创作者的个人影响力，推销商品或服务，实现营销获取收益，平台根据流量提取一定比例的经济收益。

新媒体平台的间接获益体现为用户规模的扩大、用户使用时长的增长，

---

❶ 腾讯视频为《扫黑风暴》电视剧的联合制作方，以及独占信息网络传播权人，在剧集开播前，腾讯视频已连续三天向抖音多次发送《权利预警函》，并在发现侵权行为后不断地向被告发送《侵权告知函》。但剧集开播日当晚1小时内，腾讯视频还是发现抖音上陆续有用户上传侵权内容，并且出现了含所有当晚更新集数（包括仅VIP付费用户可提前观看的剧集）最精彩的片段剪切，以及合集内容。然而，抖音在腾讯视频发送警告函后，并没有在12小时内删除侵权视频，也未采取有效措施禁止用户上传侵权视频，反而通过算法、技术等多种手段，主动推荐用户观看侵权视频，使侵权视频在抖音平台上得以迅速、广泛传播。

❷《中华人民共和国个人信息保护法》已由中华人民共和国第十三届全国人民代表大会常务委员会第三十次会议于2021年8月20日通过，中华人民共和国主席令第九十一号予以公布，自2021年11月1日起施行。《中华人民共和国个人信息保护法》第24条第2款规定："通过自动化决策方式向个人进行信息推送、商业营销，应当同时提供不针对其个人特征的选项，或者向个人提供便捷的拒绝方式。"

以及平台影响力的提升。互联网平台的收益并不仅仅体现于可见的经济收益，价值的提升更为重要。有学者在综合分析了国内外38个平台实践的基础上指出，互联网平台下的产品创新，着眼于终端化布局而非利润创造，网络价值是平台创新的核心，但不是利润核心。❶ 互联网环境下连年亏损的高估值平台比比皆是，如美国的亚马逊公司、中国的京东平台等。因此，即使冒着侵权的风险，平台也愿意通过平台用户的增长与影响力的提升获取巨大经济收益，随之而产生的侵权责任则显得微不足道。

2. 内容运营主体传播利益分析

新媒体网络平台以用户生成内容（UGC）为其重要的吸引力来源和竞争优势。随着创作者的增多与内容的丰富，优质内容之间的竞争更趋激烈，"头部"优势创作者，在智能化推荐平台的助力下，所获取的流量与普通创作者所能获取的流量更为悬殊。因此，如何创作更为优质的内容，如何能打造更有影响力的"IP"，让普通的创作者不得不寻求"技术升级"，需要专业机构的辅助，进而催生出专业的内容生产与传播的专业化运营主体。

内容运营主体的典型模式为MCN机构，以其专业化的运营团队，实现从高质量的内容产出辅助到跨平台的传播推广，以优质内容吸引用户、打造"IP"，最终实现流量变现。作为衔接平台与创作者的重要中间环节。MCN机构一般通过扎根于某一垂直领域，通过挖掘或打造"流量明星"，或是立足于自身的内容产出优势，借助于短视频与电商直播的"风口"，获得快速的成长，并打通流量变现的渠道，以实现盈利。当前，包括广播电视媒体在内的传统媒体，也开始尝试采取"MCN机构"的方式进行跨平台运营，以寻求突破，央视新媒体、湖南广电、成都广电等通过新媒体平台运营取得了不错的成效。最具代表性的当属湖南广电筹建的"湖南娱乐"，自2018年，借助MCN机构形式，湖南娱乐频道正式进军短视频领域，在各种短视频平台的着力推动下，"湖南娱乐"历经一年的努力，正式进入MCN机构前列，仅抖音平台的账号数量就200多个，粉丝多达1.1亿，多分布于剧情、母婴、美妆

---

❶ 崔晓明，姚凯，胡君辰. 交易成本、网络价值与平台创新——基于38个平台实践案例的质性分析[J]. 研究与发展管理，2014（3）：22-31.

生活以及泛娱乐等领域，以母婴矩阵为主，塑造了多个IP矩阵，比如"张丹丹的育儿经""维密也小曼""逆转时光酒吧"以及"张之助竟然"等❶。湖南广电以传统媒体的内容制作优势与运营经验为依托，通过新媒体平台的导流与推广，成功实现了新媒体平台的资源累积与盈利能力。

"MCN机构"的发展，以最终的变现为前提，只有实现充分的流量变现，才能搭建起可持续的商业模式。"MCN机构"的盈利变现，主要通过以下途径实现：广告营销、平台补贴及流量分成、知识付费与打赏、电商销售、商业合作与IP授权。当前，新媒体平台的兴起吸引大量的人才与资金投入其中，但具有优质内容持续产出能力，以及专业化的运营与变现手段的机构并不多，除了最具优势的"MCN机构"赚得"盆满钵满"，大量的普通"MCN机构"仍然陷于亏损的泥潭，非常重要的一个原因就在于内容挖掘与流量变现能力的不足。新媒体平台看似有很多的流量变现渠道，但有别于传统的电商平台与知识服务平台，新媒体平台要最终通过内容电商等最直接的方式实现流量变现，实际上较为困难。即使是一个有着几百万甚至上千万"粉丝"的"大号"，要形成消费的号召力与购买力，仍然需要创作者或者"主播"具备带货的专业能力，并能形成对"粉丝"的影响力。因此，内容运营主体的传播利益，虽依托于平台，但也不受限于单一平台，既需要创作者的优质内容产出能力，也依赖于成熟、畅通的流量变现渠道，竞争激烈的新媒体平台环境对其专业能力提出了更高的要求。

---

❶ 张健.融媒体时代广电媒体经营策略——多元化平台布局MCN新模式［J］.中国广播电视学刊，2020（8）：114-116.

第三章　制度梳理：新媒体传播权规则失范

在著作财产权体系中，有一类权利被统称为"传播权"，它规制的是以不转移作品有形载体所有权或占有的方式使公众获得作品（感知作品的内容）的行为。[1]正如马歇尔·麦克卢汉所言"媒介即信息"，传播权利的体系与传播技术的发展密不可分。在版权法发展的早期，作品以纸质书籍、报刊为载体印刷发行，传播的渠道与方式也就局限于纸质有形载体的传递，相应地，传播权以复制权、发行权为核心。至广播电视媒体时代，电子影音类作品开始大量出现，传播的渠道与方式增加了模拟信号的远距离传输，传播权利则扩展了展览权、表演权、放映权、广播权等。进入电子计算机与互联网时代后，"信息高速公路"的迅速发展，消解了传统的信息传播壁垒，信息网络传播权成为最为重要的传播权利。现实的需求呼唤立法的变革，从传播权规则的立法嬗变，可窥见传播技术的发展与传媒产业的变迁。

第一节　国内外著作权法中的传播权规则考察

被称为世界上第一部版权法的《安妮法案》，1710年颁行并生效。[2]在《安妮法案》中，"作者"名正言顺地出现于标题，序言也明白无误地提到要

---

[1] 王迁. 著作权法中传播权的体系［J］. 法学研究，2021（2）：55-75.
[2] 《安妮法案》全称为《赋予书籍复制件的作者或购买者法定期间内之专有权的鼓励学术之法案》。参见 An Act for the Encouragement of Learning, by Vesting the Copies of Printed Books in the Authors or Purchasers of such Copies, during the Times therein mentioned.

保护作者的权利——尽管对作者享有何种权利、应受何种保护并未言明。[1]但《安妮法案》的颁布与实施,开启了近代以来对版权与作者权利保护的全新历史阶段。在版权法三百余年的发展历程中,为促进文化繁荣、保护创作成果,版权客体不断丰富,权项也日渐增多,与作品传播相关的权利体系也日益完备。在不同法域内,差异化的理念指引下,版权法的发展千差万别,但传播权规则在立法上的调整,其诱因必然溯源于技术变迁与产业需求,有其内在逻辑。通过对各国国内法以及国际公约相关规则的考察,或可觅其端倪。

一、中国著作权立法考察

我国著作权立法起步较晚,自新中国第一部《著作权法》于1990年颁行,至今不过三十余年,历经了三次修正,分别为2001年的"全面修改",2010年的"小修"(仅修订了两条),以及2020年的"大修",大约每十年修正一次。对于我国著作权法的修正进程,吴汉东教授认为,我国著作权立法经历了从"被动性调整"到"主动性安排"的过程。[2]

《著作权法》第三次修正活动,则是我国随着版权产业的发展,文化复兴的需求,主动进行的调整安排。《著作权法》第三次修正从2011年启动,到修正案于2020年11月11日经全国人大常委会通过,2021年6月1日起施行,历经了十年。在当时的知识产权法律体系中,著作权法可以说是法律关系最为复杂、法律内容最为丰富、法律变动最为频繁的一部法律,因此第三次修改任务显得既艰难又重要。[3]《著作权法》的三次修正,与传播技术的发展变迁也密切相关。当然,我国《著作权法》中并无"传播权"的概念,与

---

[1] 易健雄.「世界上第一部版权法」之反思——重读《安妮法》[J]. 知识产权, 2008 (1): 20 - 26.

[2] 进入21世纪以来的两次著作权法修改,均与我国加入世界贸易组织有关:第一次修改(2001年)是基于加入世界贸易组织的直接需要,根据《世界贸易组织知识产权协定》的要求全面修改《著作权法》;第二次修改(2010年)是为了履行世界贸易组织关于中美知识产权争端的裁定,针对有关"依法禁止出版、传播的作品不受著作权法保护"的具体条款作出的修改。参见吴汉东. 从应变到求变——《中华人民共和国著作权法》第三次修改评析 [J]. 法商研究, 2012 (4): 3 - 8.

[3] 吴汉东. 著作权法第三次修改草案的立法方案和内容安排 [J]. 知识产权, 2012 (5): 13 - 18.

作品传播相关的权利主要涵盖了三个方面的内容：一是著作财产权中与传播相关的权项，这是最常见意义上的传播权；二是"与著作权有关的权利"（"邻接权"）中与传播相关的权利；三是对于作品传播相关行为的规制措施，包括著作权的限制与保护中与传播相关的规制措施。

（一）著作权法中与传播相关的权项

我国著作权法中与传播相关的权项分别规定于著作财产权权项与邻接权相关规则。

1. 著作财产权中与传播相关的权项

传播权为著作财产权范畴，属于作者对作品传播价值的控制与利用。新中国成立后颁行的第一部《著作权法》（1990年），对于著作财产权的界定较为简单。❶ 1990年《著作权法》，以一项权利，即"使用权和获得报酬权"集合了所有的著作财产权内容，包括复制、表演等多种使用作品的方式。其中，对作品的传播行为包括表演、播放、展览、发行、摄制电影、电视、录像。

2001年，为适应加入的国际公约《与贸易有关的著作权公约》（"TRIPs"协议）、《伯尔尼公约》等，我国对《著作权法》进行了全面的修正。2001年《著作权法》第10条规定，"著作权包括下列人身权和财产权：……（五）复制权；（六）发行权；（七）出租权；（八）展览权；（九）表演权；（十）放映权；（十一）广播权；（十二）信息网络传播权；（十三）摄制权；（十四）改编权；（十五）翻译权；（十六）汇编权；（十七）应当由著作权人享有的其他权利"❷。将著作财产权从1990年颁行的《著作权法》一项权利扩展为十二项，并设置了一项兜底条款（第17项）。其中，与作品传播相关的著作财产权包括展览权、表演权、放映权、广播权、信息网络传播权。

---

❶ 《中华人民共和国著作权法》（1990年），于1990年9月7日第七届全国人民代表大会常务委员会第十五次会议通过，1990年9月7日中华人民共和国主席令第三十一号公布，自1991年6月1日起施行。《著作权法》（1990年）第10条规定，"著作权包括下列人身权和财产权：……（五）使用权和获得报酬权，即以复制、表演、播放、展览、发行、摄制电影、电视、录像或者改编、翻译、注释、编辑等方式使用作品的权利，以及许可他人以上述方式使用作品，并由此获得报酬的权利。"

❷ 《中华人民共和国著作权法》（2001年），根据2001年10月27日第九届全国人民代表大会常务委员会第二十四次会议通过的《关于修改〈中华人民共和国著作权法〉的决定》第一次修正。

2010年著作权法的第二次修正未对此条内容进行修改，仅进行了两处修正。《著作权法》的第二次修正之所以选择"小修"，缘于中美WTO知识产权诉讼案的裁决结果要求，对我国《著作权法》第4条的违禁作品规定作出修正。本次《著作权法》修正只调整了两处内容：一处是修改了违禁作品的规定，另一处是增加了著作权登记的规定。❶因著作权法中其他相关内容的争议尚不成熟，故未作大的修正。

自2011年启动的《著作权法》第三次修正，历经十年，于2020年颁布，2021年6月1日起施行。现行《著作权法》第10条修订了以下几项财产权内容，其中第5项复制权，增加了"数字化"方式的复制权利；第7项出租权，将电影及类电作品修改为"视听作品"，同时将计算机软件出租权利的对象细化为原件或者复制件；第10项放映权，将电影及类电作品修改为"视听作品"；第11项广播权修改为"以有线或者无线方式公开传播或者转播作品"，并排除了信息网络传播权的内容；第12项信息网络传播权，删除了"作品"以及"其个人"。第13项摄制权，将电影及类电作品修改为"视听作品"。❷原有的著作财产权权项数量并未发生变化，与作品传播相关的著作财产权中，广播权和信息网络传播权发生了一定的变化。其中，最为重要的变化是"广播权"的变化，将以有线方式公开实时传播或转播作品纳入广播权的规制对象，对于原立法中难以界定的网络直播行为、网络转播盗播行为等进行了有效规制。

著作权属于民事权利范畴。依不同的标准，民事权利可以区分为财产权和人身权，绝对权和相对权，请求权、支配权、形成权和抗辩权，主权利和从权利等❸。著作权既涵盖了人身权，也包括了财产权，属于绝对权和支配权。

作品的价值来源于创作，实现于传播。因此，从广义上来讲，作品的传

---

❶《中华人民共和国著作权法》（2010年），根据2010年2月26日第十一届全国人民代表大会常务委员会第十三次会议通过的《关于修改〈中华人民共和国著作权法〉的决定》第二次修正，2010年2月26日中华人民共和国主席令第26号公布。

❷《中华人民共和国著作权法》（2021年），根据2020年11月11日第十三届全国人民代表大会常务委员会第二十三次会议通过的《关于修改〈中华人民共和国著作权法〉的决定》第三次修正，2020年11月11日中华人民共和国主席令第六十二号发布，2021年6月1日起施行。

❸ 邹瑜，顾明.法学大辞典［M］.北京：中国政法大学出版社，1991.

播相关权利包含了所有的著作财产权权项。但从传播的特性上理解，与作品传播相关的权利应当指向不以原品原件或复制件载体转移为方式的无形信息传递，包括著作财产权中的展览权、表演权、放映权、广播权、信息网络传播权。王迁教授进一步认为，传播权应被区分为现场传播权和远程传播权，前者针对面向传播发生地的公众进行的传播，包括著作权法中的表演权、放映权、展览权和广播权中播放接收到的广播作品的权利；后者针对向不在传播发生地的公众进行的传播，包括著作权法中的信息网络传播权和广播权中的初始传播及转播的权利。❶ 当然，传播权是否以面向传播发生地进行区分，值得探讨。同时，作者对于作品传播的控制，以及对于传播收益的获取，在大数据时代平台经济模式下正在悄然变化。与传播相关的权项需要在新的技术条件下予以重新审视。

2. 邻接权中与传播相关的权项

我国现行《著作权法》中"与传播有关的权利"涵盖了著作权以及"与著作权有关的权利"。"与著作权有关的权利"即为邻接权。著作权以保护作品为核心，但是在作品传播的过程中，传播主体付出了一定的价值劳动，但在著作权法上尚不具备作品的独创性程度，在此情况下邻接权制度应运而生。❷ 我国著作权法上的邻接权包括"图书报刊的出版""表演""录音录像""广播电台电视台播放"四类受保护的对象。从这几类邻接权保护的对象可以看到，我国著作权法邻接权制度所保护的主要是作品传播者的相关权利。

图书报刊出版者享有的权利包括专有出版权、版式设计权、经许可的文字内容删改权等，其中与传播有关的权利为专有出版权。❸ 图书报刊的出版者如果与著作权人之间达成了协议，可以对达成合意的作品享有专有出版相关权利。

表演者享有的权利包括表明身份权、保护表演形象不受歪曲权、现场直

---

❶ 王迁. 著作权法中传播权的体系［J］. 法学研究，2021（2）：55-75.
❷ 王迁. 著作权法. 中国人民大学出版社，2015年3月版，第267页.
❸ 《著作权法》第33条："图书出版者对著作权人交付出版的作品，按照合同约定享有的专有出版权受法律保护，他人不得出版该作品。"

播权、首次固定权、复制发行出租权、信息网络传播权。其中与传播有关的权利为现场直播权和信息网络传播权。《视听表演北京条约》❶ 第 2 条对广播和向公众传播进行了界定❷，并于第 11 条列举了表演者享有的"广播和向公众传播的权利"，而"向公众传播"包括使公众能听到或看到，或能听到并看到以视听录制品形式录制的表演。依循《视听表演北京条约》以及《世界知识产权组织表演和录音制品条约》（WPPT）的规定，我国《著作权法》进行了适当调整，将表演者对其表演享有的广播权变更为"现场直播权"，对于广播电台电视台现场录制的表演进行广播无须表演者许可，与我国《著作权法》其他内容保持一致。

录音录像制作者享有的权利包括复制发行出租权、信息网络传播权、录像制作者许可电视台播放权。其中与传播有关的权利为录音录像的信息网络传播权、录像制作者许可电视台播放权。录音录像制作者权指的是录音、录像制品的制作者对其制作的录音、录像制品享有的专有权利。随着手机等录制技术的发展，传统著作权立法中对电影及类电作品与录音录像制品的区分，实际上已不再泾渭分明。尤其是随着《著作权法》第三次修正，"视听作品"与"录音录像制品"之间的边界更为模糊。录音录像制品信息网络传播权与作品的信息网络传播权，录像的许可电视台播放权与作品的广播权，均存在一定相似之处。

广播组织享有的权利包括转播权、录制复制权、信息网络传播权。其中与传播有关的权利为信息网络传播权、转播权。对广播组织信息网络传播权的规制，主要在于传统的无线与有线广播节目，存在通过网络广播的形式进行再传播的很高可能性。同时，转播权即意在对广播组织相互之间的再传播

---

❶ 2012 年 6 月 26 日，由世界知识产权组织（WIPO）主办，新闻出版总署（国家版权局）、北京市人民政府承办的保护音像表演外交会议，在北京正式签署《视听表演北京条约》。2014 年 4 月 24 日，第十二届全国人民代表大会常务委员会第八次会议表决通过批准《视听表演北京条约》。《视听表演北京条约》达到生效条件后，于 2020 年 4 月 28 日起正式生效。

❷《视听表演北京条约》第 2 条（c）项规定，"广播"系指以无线方式的传送，使公众能接收声音或图像，或图像和声音，或图像和声音的表现物；通过卫星进行的此种传送亦为"广播"；传送密码信号，只要广播组织或经其同意向公众提供了解码的手段，即为"广播"；（d）项规定，"向公众传播"表演系指通过除广播以外的任何媒体向公众传送未录制的表演或以视听录制品录制的表演。

进行规范。

(二) 著作权的限制规则

在著作权框架体系下,作品的传播通过对著作权人赋权以激励权利人,同时,为保障社会公众获取作品的权利,也通过一系列对著作权人的限制规则,以平衡权利人与社会公众之间的利益。限制规则,也称为版权的限制与例外,❶包括合理使用、法定许可等。我国《著作权法》以"权利的限制"一节对于著作权的限制规则进行规定,包括了第24条"合理使用规则"和第25条"法定许可规则"。

1. 合理使用规则

合理使用规则服务于《著作权法》的立法目的。❷著作权作为一项专有权利,对于创作者和著作权人实际上赋予了一定期限内的垄断性权益,但著作权法不仅要鼓励创作,还要鼓励传播与利用,通过对著作权人的权利进行限制的方式,给予社会公众在一定范围内免费对作品进行利用的权利,以平衡创作者与社会公众之间的利益。当然,对于著作权的合理使用应当成为一种例外而非常见的方式,因为一旦合理使用过于宽泛,反过来又会使著作权制度本身形同虚设,进而危及著作权制度的基本架构。因之,合理使用规则被称为"世界性难题"❸,在理论探讨与立法司法层面争论激烈。从立法规则到司法适用,合理使用规则都需要不断进行调整校正,以适应新技术发展背景下的著作权制度体系。

我国《著作权法》对合理使用制度的规定,起始于1990年颁行的第一部《著作权法》。2020年11月11日著作权法的第三次修正,对于合理使用的要件在第24条作出了规定❹。该修正后的条文明确了合理使用制度的构成

---

❶ 著作权的限制与例外,指的是在赋予版权人有限垄断权的同时,为了满足社会对知识和信息的需要,在一定条件下允许他人不经过权利人的许可而使用作品的行为。

❷ 《著作权法》第1条关于"著作权法立法目的"的规定。

❸ PATTERSON L R, STANLEY W. Lindberg. The Nature of copyright. A Law of Users' Rights [M]. Georgia: The University of Georgia Press, 1992: 6–8.

❹ 现行《著作权法》第24条:"在下列情况下使用作品,可以不经著作权人许可,不向其支付报酬,但应当指明作者姓名或者名称、作品名称,并且不得影响该作品的正常使用,也不得不合理地损害著作权人的合法权益。"

要件：一是使用限定于特定情况；二是不得影响该作品的正常使用；三是不得不合理地损害著作权人的合法权益。《著作权法》第24条一共列举了12项合理使用情形，并增加了第13项"法律、行政法规规定的其他情形"作为兜底条款。我国《著作权法》中合理使用所列举的12项情形包括："个人使用""适当引用""新闻报道使用""媒体刊登、播放使用""公众集会讲话的使用""教学科研少量复制""国家机关公务使用""公共场馆陈列、保存使用""免费表演使用""公共场所艺术品使用""国家通用语言文字翻译使用""阅读障碍者使用"。

2. 法定许可规则

相较于合理使用规则，法定许可规则因无须许可但需要向著作权人支付报酬，内容上相对较为简单，在立法条文上也更为明晰。法定许可的使用主体一般为作品的传播者，以法定规则的方式设定许可，而非通过协商等方式进行许可，可以有效简化著作权许可手续，促进作品的传播。同时，由于法定许可的使用者需要向著作权人支付使用报酬，对于著作权人来讲，相对于合理使用而言，其仍然存在一定的收益。当然，当前我国《著作权法》设定的法定许可明显具有传统纸质、广电媒体时代的烙印，法定许可使用的主体包括报刊出版者、录音录像制作者、广播电台电视台等。而针对信息网络传播环境，仅在《信息网络传播权保护条例》中增加了"通过信息网络实施义务教育或国家规划教育制作课件"以及"通过信息网络扶助农村贫困地区特定作品的法定许可"。

我国《著作权法》及《信息网络传播权保护条例》规定了6项法定许可规则。其一，"编写义务教育或国家规划教育教科书"的法定许可规则。❶ 其二，"报刊转载"法定许可规则。❷ 其三，"录音制作者使用录音制品"法定

---

❶ 参见《著作权法》第25条第1款具体内容为："为实施义务教育和国家教育规划而编写出版教科书，可以不经著作权人许可，在教科书中汇编已经发表的作品片段或者短小的文字作品、音乐作品或者单幅的美术作品、摄影作品、图形作品，但应当按照规定向著作权人支付报酬，指明作者姓名或者名称、作品名称，并且不得侵犯著作权人依照本法享有的其他权利。"

❷ 参见《著作权法》第35条第2款，具体内容为："作品刊登后，除著作权人声明不得转载、摘编的外，其他报刊可以转载或者作为文摘、资料刊登，但应当按照规定向著作权人支付报酬。"

许可规则。❶ 其四,"公开播送录音制品和广播电台电视台播放已发表作品"的法定许可规则,具体内容包括两个部分。❷ 其五,"通过信息网络实施义务教育或国家规划教育制作课件"❸ 其六,"通过信息网络扶助农村贫困地区特定作品的法定许可"。❹

(三) 传播主体的责任规则

以不同的角色划分,著作权法上的主体可以区分为创作者、传播者和使用者(或称社会公众)。随着经济社会和传播技术的发展,被视为"阳春白雪"的创作与传播行为,逐步扩展至"寻常巷陌",创作者、传播者不再局限于专门的机构与专业的群体,社会公众皆可创作,皆具传播能力。传播学与法学维度上的传播者,从报刊、广播电视、影音公司,逐步延伸至网络平台以及个人用户。传播主体的侵权责任问题,在网络时代也变得更为复杂。

---

❶ 参见《著作权法》第42条第2款,具体内容为:"录音制作者使用他人已经合法录制为录音制品的音乐作品制作录音制品,可以不经著作权人许可,但应当按照规定支付报酬;著作权人声明不许使用的不得使用。"

❷ 参见《著作权法》第45~46条,一是公开播送录音制品,即"将录音制品用于有线或者无线公开传播,或者通过传送声音的技术设备向公众公开播送的,应当向录音制作者支付报酬";二是广播电台、电视台播放已发表作品,即"广播电台、电视台播放他人已发表的作品,可以不经著作权人许可,但应当按照规定支付报酬"。

❸ 参见国务院《信息网络传播权保护条例》(2006年5月10日国务院第135次常务会议通过,2006年5月18日中华人民共和国国务院令第468号公布,根据2013年1月30日《国务院关于修改〈信息网络传播权保护条例〉的决定》修订)第8条:"为通过信息网络实施九年制义务教育或者国家教育规划,可以不经著作权人许可,使用其已经发表作品的片断或者短小的文字作品、音乐作品或者单幅的美术作品、摄影作品制作课件,由制作课件或者依法取得课件的远程教育机构通过信息网络向注册学生提供,但应当向著作权人支付报酬。"

❹ 参见国务院《信息网络传播权保护条例》(2006年5月10日国务院第135次常务会议通过,2006年5月18日中华人民共和国国务院令第468号公布,根据2013年1月30日《国务院关于修改〈信息网络传播权保护条例〉的决定》修订)第9条,具体内容为:"为扶助贫困,通过信息网络向农村地区的公众免费提供中国公民、法人或者其他组织已经发表的种植养殖、防病治病、防灾减灾等与扶助贫困有关的作品和适应基本文化需求的作品,网络服务提供者应当在提供前公告拟提供的作品及其作者、拟支付报酬的标准。自公告之日起30日内,著作权人不同意提供的,网络服务提供者不得提供其作品;自公告之日起满30日,著作权人没有异议的,网络服务提供者可以提供其作品,并按照公告的标准向著作权人支付报酬。网络服务提供者提供著作权人的作品后,著作权人不同意提供的,网络服务提供者应当立即删除著作权人的作品,并按照公告的标准向著作权人支付提供作品期间的报酬。"

1. 直接侵权与间接侵权责任

著作权侵权行为可以区分为直接侵权与间接侵权。著作权侵权责任的构成与一般民事侵权责任存在差异。《民法典》第1165条规定了一般侵权行为的过错责任原则与过错推定原则。一般侵权责任包括四个构成要件，❶ 其中过错包括故意或者过失。知识产权侵权与普通民事侵权存在一定的差异性，知识产权（特别是其中无须行政登记即可依法产生的版权），由于其无形、具有地域性，受法定时间限制等特点，与物权等民事权利差异明显。❷ 可资参照的是，世界贸易组织（WTO）获得通过的《与贸易有关的知识产权协议》（TRIPs协议）第45条第2款，明确了知识产权侵权无须主观过错。❸ 当然，无过错责任原则在我国著作权侵权问题上并非绝对原则，应区分直接侵权与间接侵权，对于直接侵权责任，不以主观过错为要件，对于间接侵权责任，则以主观过错为要件。❹ 传播者在直接侵权行为中，不以过错为要件，但在间接侵权行为中，应当以主观过错为构成要件。

在传统传播条件下，传播者的间接侵权责任与一般社会公众并无差异，依其在侵权行为中的"共同关联性"承担相应责任。但随着互联网发展，日益崛起的网络平台，作为一类特殊主体的"网络服务提供者"，在责任承担上面临极大挑战。由于海量用户以及巨量版权内容管理所面临的冲击，为合理设定互联网平台作为网络服务提供者的著作权间接侵权责任，由此衍生出了专门针对"网络服务提供者"的"通知-删除"规则。

---

❶ 四个构成要件分别为：一是行为人实施了一定的行为；二是行为人行为时有过错；三是受害人的民事权益受到损害；四是行为人的行为与受害人的损害之间有因果关系。

❷ 权利人的专有权范围被他人无意及无过失闯入的可能性与实际机会，比物权等其他民事权利多得多，普遍得多，就是说，无过错而使他人知识产权受损害，在某些情况下具有"普遍性"。参见郑成思. 知识产权论 [M]. 3版. 北京：法律出版社，2003：274.

❸ 中华人民共和国商务部世界贸易组织司发布：《与贸易有关的知识产权协定（2017年1月23日修正）文本（中文）》，即"在适当情况下，各成员可授权司法机关责令其退还利润和/或支付法定的赔偿，即使侵权人不是故意或没有充分理由知道自己从事侵权活动"。

❹ 在直接侵权责任中，如果直接侵权者确无主观过错，其承担法律责任的方式与有过错的侵权者有所不同：无须承担损害赔偿责任。王迁. 著作权法 [M]. 北京：中国人民大学出版社，2015：406.

2. 网络环境中的"避风港规则"

互联网环境下的网络服务提供者,在著作权法上作为一类特殊责任主体有其理论基础与现实考量。❶ 当然,广义的网络服务提供者还包括直接提供版权内容的网络平台,或者既提供网络技术服务也直接提供版权内容的混合型平台,但此类平台如果存在著作权侵权行为,依照直接侵权承担责任即可。通常意义上的网络服务提供者,为提供网络空间、搜索、链接等技术服务的主体。从历史发展来看,传统的报刊、广播电视等媒体平台尽管也提供了相应的传播技术服务,但基于版权内容的有限性与可控性,在间接侵权责任的承担上,对于过错的判断相对更为明晰。但进入互联网时代,创作与传播主体的迅速扩张,尤其是网络平台海量新兴自媒体的崛起,对于网络平台服务提供者的间接侵权责任判断更为复杂。针对网络用户利用网络服务实施侵权行为,我国《民法典》和《信息网络传播权保护条例》规定了被告称为"避风港规则"的"通知-删除"规则。

《民法典》第七编"侵权责任"部分,以三个条文针对网络用户实施侵权行为规定了网络服务提供者责任的"通知-删除"规则,涵盖了包括著作权侵权在内的网络侵权行为。其中,《民法典》第1195条第1款和第2款规定了用户通知及平台收到通知后的措施,❷ 与此相应,对于权利人的相关责任在第3款进行了规定,如果"权利人因错误通知造成网络用户或者网络服务提供者损害的,应当承担侵权责任"。《民法典》第1196条第1款,还针对被指实施了侵权行为的网络用户规定了反通知的权利。❸ 网络用户的声明

---

❶ 网络服务提供者,是指为网络信息交流和交易活动的双方当事人提供中介服务的第三方主体,包括但不限于网络接入服务提供者、网络空间提供者、搜索引擎服务提供者、传输通道服务提供者等媒介双方当事人的主体。参见王利明. 中华人民共和国侵权责任法释义 [M]. 北京:中国法制出版社,2010:158.

❷ 《民法典》第1195条第1款规定了"通知规则",即网络用户利用网络服务实施侵权行为的,权利人有权通知网络服务提供者采取删除、屏蔽、断开链接等必要措施。同时,规定了通知的内容,应当包括"构成侵权的初步证据及权利人的真实身份信息"。第2款对于网络服务提供者收到通知后的措施进行了规定,网络服务提供者接到通知后,应当及时将该通知转送相关网络用户,并根据构成侵权的初步证据和服务类型采取必要措施。如果网络服务提供者"未及时采取必要措施的,对损害的扩大部分与该网络用户承担连带责任"。

❸ 即"网络用户接到转送的通知后,可以向网络服务提供者提交不存在侵权行为的声明"。

第三章 制度梳理：新媒体传播权规则失范

内容与权利人的通知内容相对应，"应当包括不存在侵权行为的初步证据及网络用户的真实身份信息"。该条第 2 款规定，对于网络用户的反通知。❶《民法典》第 1197 条规定了网络服务提供者未完成"通知－删除"义务的连带责任。❷

与《民法典》的相关内容相比，《信息网络传播权保护条例》针对信息网络著作权侵权行为的"通知－删除"规则进行了更为详尽的规定。《信息网络传播权保护条例》第 14 条规定了权利人的通知以及通知书的基本内容，第 15 条规定了网络服务提供者相应的删除规则，第 16 条对于被指涉嫌侵权的网络服务对象，规定了反通知及其基本内容，第 17 条还规定了反通知后的"恢复"义务。❸

---

❶ 网络服务提供者接到声明后，应当将该声明转送发出通知的权利人，并告知其可以向有关部门投诉或者向人民法院提起诉讼。同时，网络服务提供者在转送声明到达权利人后的合理期限内，未收到权利人已经投诉或者提起诉讼通知的，应当及时终止所采取的措施。

❷ 网络服务提供者知道或者应当知道网络用户利用其网络服务侵害他人民事权益，未采取必要措施的，与该网络用户承担连带责任。

❸ 《信息网络传播权保护条例》第 14 条：对提供信息存储空间或者提供搜索、链接服务的网络服务提供者，权利人认为其服务所涉及的作品、表演、录音录像制品，侵犯自己的信息网络传播权或者被删除、改变了自己的权利管理电子信息的，可以向该网络服务提供者提交书面通知，要求网络服务提供者删除该作品、表演、录音录像制品，或者断开与该作品、表演、录音录像制品的链接。同时，条例规定通知书应当包含下列内容：（一）权利人的姓名（名称）、联系方式和地址；（二）要求删除或者断开链接的侵权作品、表演、录音录像制品的名称和网络地址；（三）构成侵权的初步证明材料。同时，权利人应当对通知书的真实性负责。

第 15 条：网络服务提供者接到权利人的通知书后，应当立即删除涉嫌侵权的作品、表演、录音录像制品，或者断开与涉嫌侵权的作品、表演、录音录像制品的链接，并同时将通知书转送提供作品、表演、录音录像制品的服务对象；服务对象网络地址不明、无法转送的，应当将通知书的内容同时在信息网络上公告。

第 16 条：服务对象接到网络服务提供者转送的通知书后，认为其提供的作品、表演、录音录像制品未侵犯他人权利的，可以向网络服务提供者提交书面说明，要求恢复被删除的作品、表演、录音录像制品，或者恢复与被断开的作品、表演、录音录像制品的链接。反通知的书面说明应当包含下列内容：（一）服务对象的姓名（名称）、联系方式和地址；（二）要求恢复的作品、表演、录音录像制品的名称和网络地址；（三）不构成侵权的初步证明材料。同时，服务对象应当对书面说明的真实性负责。

第 17 条：网络服务提供者接到服务对象的书面说明后，应当立即恢复被删除的作品、表演、录音录像制品，或者可以恢复与被断开的作品、表演、录音录像制品的链接，同时将服务对象的书面说明转送权利人。权利人不得再通知网络服务提供者删除该作品、表演、录音录像制品，或者断开与该作品、表演、录音录像制品的链接。

二、版权法规则域外考察

版权法规则因文化传播的广泛性,在国际上具有较大的规则趋同。尤其以《伯尔尼公约》《世界知识产权组织版权公约》《与贸易有关的知识产权公约》等为代表的一批国际知识产权条约,在世界范围内拥有大量的成员方,为满足国际公约中的最低限度保护要求,进一步在制度规则上实现版权规则更高的一致性。当然,不同的国家因历史发展与技术水平的差异,在模式选择与制度演进上仍然会存在一定的差别,尤其是不同发展环境下的发达国家与发展中国家,在版权保护水平问题上存在根本性的利益诉求冲突。对域外传播权相关规则的研究,有助于把握国际发展态势,为我国相关制度体系的完善提供助益。

(一)版权法中与传播有关权项的域外考察

各国对版权权项的规定均不一致,与传播有关的权项也存在很大差别。由于《伯尔尼公约》和《世界知识产权组织版权公约》的缔约方都必须遵循两条约有关保护传播权的要求,各国版权法对传播权的不同分类标准和分类结果并不意味着对传播权的保护水平有所差异,各国在拆分传播权时采取不同标准,导致了各项专有权利规制范围的不同。❶

1. 国际公约中传播权项的相关规定

在版权发展史上,早期最为重要的版权国际公约《伯尔尼公约》,在世界范围内影响最为广泛,对于著作权权项规定了最低限度的保护标准。《伯尔尼公约》第 6 条之二规定了作者的相应身份权利,第 8 条规定了文学艺术作品作者的翻译权,第 9 条规定了作者的复制权,第 11 条规定了戏剧作品、音乐戏剧作品、音乐作品作者的公开表演权,第 11 条之二规定了文学艺术作品作者的广播权,第 11 条之三规定了文学作品的公开朗诵权,第 12 条规定了文学艺术作品作者的改编权,第 14 条规定了文学艺术作品的摄制权和放映权。第 14 条之三规定了艺术品作者的追续权。❷ 其中,与传播相关的权项内

---

❶ 王迁. 著作权法中传播权的体系[J]. 法学研究,2021(2):55-75.
❷ 参见《保护文学艺术作品伯尔尼公约》(1887 年 12 月 5 日生效)1971 年巴黎文本官方中文译本。

容包括公开表演权、广播权、公开朗诵权、放映权。《伯尔尼公约》对传播权项的界定，立足于公约制定与修订时的传播技术背景，以印刷媒体与电子媒体为传播渠道，但进入网络时代，公约相关内容体现出了一定的不适应性。

随着20世纪80年代互联网信息高速公路的快速发展，为应对数字技术与互联网对版权规则的挑战，1989年，伯尔尼联盟代表会议及其大会采纳了世界知识产权组织的一项计划，召集专家组会议讨论《伯尔尼公约》存在的问题，经过多轮会议和修改草案的讨论，至1996年12月，世界知识产权组织召集了160个成员方代表团会议，经过3个星期激烈讨论，签署了新的协议，缔结了《世界知识产权组织版权公约》（以下简称《版权条约》）和《世界知识产权组织表演者和录音制品条约》（以下简称《表演者和录音制品条约》）。❶《版权条约》第1条即表明了与《伯尔尼公约》之间的关系，属于《伯尔尼公约》第20条项下的专门协定，但缔约方不限于《伯尔尼公约》的成员方。在《伯尔尼公约》对有关著作权权项规定的基础之上，《版权条约》主要规定了发行权、出租权和向公众传播权。其中，与传播相关的权项即"向公众传播权"❷，我国《著作权法》中关于信息网络传播权的规定正来源于此。

2. 域外著作权法传播权项相关规定

《美国版权法》第106条规定了6项版权作品的专有权，包括复制权、演绎权、出租权、文学艺术作品公开表演、公开展览权、音乐作品数字形式公开表演权，第106条之二还规定了署名权及保护作品完整权❸。从《美国版权法》对版权权项的规定可以看到，立法采取了相对较为简洁的模式，将版权专有权权项凝练为六项内容，其中与传播相关的权项仅有公开展览权与公开表演权。但《美国版权法》上公开展览与公开表演的涵盖范围要宽于我国立法。

---

❶ 周长玲.知识产权国际条约研究［M］.北京：中国政法大学出版社，2013：85-86.

❷ "向公众传播权"，即"文学和艺术作品的作者应享有专有权，以授权将其作品以有线或无线方式向公众传播，包括将其作品向公众提供，使公众中的成员在其个人选定的地点和时间可获得这些作品"。

❸ 《十二国著作权法》翻译组.十二国著作权法［M］.北京：清华大学出版社，2011：729.

与《美国版权法》相比，《德国著作权法》对于著作权权项的规定更为细致，在《德国著作权法》第15条一般规定中，将著作财产权划分为著作权人以实体形式使用其著作的独占权，包括复制权、发行权、展览权；著作权人以非实体形式公开再现其作品的独占权（公开再现权），包括朗诵表演和放映权、公开提供权、播放权、通过录音或者录像制品再现的权利、再现广播电视的播放和公开提供的著作的权利。❶ 其中与传播相关的权项包括展览权、朗诵权、表演权、放映权、公开提供权（网络传播权）、播放权、有限转播权、通过录音录像制品再现权、再现广播电视播放和公开提供权。

《法国知识产权法典》第一卷第一编第二章著作权财产权利部分，以表演权和复制权对著作权人的权利进行囊括。❷ 将传播权的规定均纳入"表演权"的涵盖范围，这也导致其"表演权"极为广泛。

《日本著作权法》第19~28条，分别规定了著作财产权的权项，包括复制权、上演权、演奏权、上映权、公众传播权、口述权、展览权、发行权、转让权、出租权、翻译权、改编权。❸ 其中，与传播相关的权项包括上演权、演奏权、上映权、公众传播权、口述权、展览权。

尽管在《伯尔尼公约》以及《世界知识产权组织版权公约》体系之下，世界各国著作权制度具有一定的趋同性，但不同国家在著作权权项的设定上仍然差异明显。版权权项更少的国家，相应权项的涵盖范围就更广，权项更多的国家，所区分的权项更细，在单一权项的涵盖范围上相应更窄，对不同立法体例的考察，有助于对我国著作权法上关于传播相关权项，展开更为精细化的设计。

（二）著作权合理使用规则的域外考察

为平衡作者与社会公众之间的权益，作品的传播既有授权规则，也有限

---

❶ 《十二国著作权法》翻译组. 十二国著作权法 [M]. 北京：清华大学出版社，2011：150.

❷ 《法国知识产权法典》第122-1条规定，属于作者的使用权包括表演权和复制权。第122-2条进一步规定，表演是指通过某种方式，尤其下列方式将作品向公众传播：（1）公开朗诵、音乐演奏、戏剧表演、公开演出、公开放映及在公共场所转播远程传送的作品；（2）远程传送，是指通过电信传播的一切方式，传送各种声音、图像、资料、数据及信息。向卫星发送作品视为表演。

❸ 《十二国著作权法》翻译组. 十二国著作权法 [M]. 北京：清华大学出版社，2011：373-375.

权规则，典型的著作权限制规则即合理使用规则。合理使用规则是著作权法上一项国际通行的制度，在大陆法系国家和英美法系国家立法中均有规定，美国立法上表述为"Fair Use"，英国立法上表述为"Fair Dealing"❶，大陆法系国家则多将该类行为归于"著作权的限制"名录之中。合理使用规则意在为公众提供利用作品的手段，利用方式随着传播技术的发展也在不断发生变化。进入网络大数据时代，人工智能推荐、文本数据挖掘等新技术的应用对于合理使用规则提出了更多新的命题，合理使用规则也随之发生了新的变化。

1. 《伯尔尼公约》：合理使用规则源起

合理使用的一般性原则起源于《伯尔尼公约》，并在 TRIPs 协议和 WCT 中得到延续与发展。在《伯尔尼公约》中，合理使用的一般性原则也称"三步检验法"，其主要内容是："第一，仅限于特殊情况；第二，不得影响作品的正常使用；第三，不得无故侵害著作权人的利益。"❷ 三步检验法作为《伯尔尼公约》的"著作权限制与例外"条款，只要是公约成员方，都需要在本国立法中对三步检验法予以涵盖。当然，在立法纳入合理使用的模式上，存在开放式和封闭式的不同选择。但无论采取开放式或封闭式立法路径，都需要经过三步检验法的检验。因为三步检验法作为合理使用的检验规则，是防止合理使用滥用的一般性规则。

严格意义上来讲，只要是合理使用，对于其权利人的利益都存在损害，因为合理使用本身就是一个限制权利人对其作品权利垄断的规则。不同的立法模式也体现出了不同的利益衡量。在欧盟，"分析目的文本与数据挖掘"的限制条件就是权利人没有声明保留权利；在英国，只能以非商业目的进行文本与数据挖掘，对于文本与数据挖掘使用的作品需要注明来源，除非确有困难；在德国，无论是对作品的复制还是传播，只能是非商业的目的，且在传播环节有着严格的适用情形。作为《伯尔尼公约》的成员方，我国在合理使用规则的设置上也遵循三步检验法。

2. 《欧盟版权指令》中大数据合理使用有关规定

数据资源已逐渐成为企业的核心资产，无论是科学研究、市场分析还是

---

❶ 薛波. 元照英美法词典 [M]. 北京：法律出版社，2003：528.
❷ 《保护文学艺术作品伯尔尼公约》第9条、第10条。

人工智能，都离不开海量数据的支撑。欧盟对待数据的保护一直处在世界前列，早在1996年就针对数据库的保护出台了《数据库保护指令》。2019年3月26日，欧盟议会通过《数字化单一市场版权指令》（以下简称"《欧盟版权指令》"），其中关于文本与数据挖掘的相关规定，对于合理使用规则的设定出现了新的变化。

《欧盟版权指令》在文本与数据挖掘的规定上，主要包括三个部分，分别是技术的定义，以及两类文本与数据挖掘形态。《欧盟版权指令》对于文本与数据挖掘技术的定义是，"旨在分析数字形式的文本和数据的自动分析技术，以便生成包括但不限于模型、趋势、相关性等在内的信息"。两类文本与数据挖掘形态，分别是：《欧盟版权指令》第3条"科研目的文本与数据挖掘"，即科研机构以科研为目的对其合法获取的作品或内容在文本与数据挖掘的情况下实施复制与提取不侵犯著作权；《欧盟版权指令》第4条"分析目的文本与数据挖掘"，即以文本与数据挖掘为目的将合法获取的作品或其他内容进行复制与提取不侵犯著作权。这两种文本与数据挖掘的适用范围不同，第4条相比第3条没有了主体与目的的限制，但是第4条第3款规定了权利人可以为保留其作品是否被文本与数据挖掘的权利，即通过机器可读的方式保留权利。从立法角度来说，第3条是法定例外，不会以权利人的意志所改变，而第4条是版权例外，进行文本与数据挖掘必须尊重权利人的意志。❶

针对两种文本与数据挖掘例外规则的适用，分别有着不同的限制条款。《欧盟版权指令》第3条"科研目的文本与数据挖掘"，需要使用者对其文本与数据挖掘过程中复制和提取的作品或内容的副本，进行一定安全程度的储存，以确保被挖掘的内容处于安全的状态，避免被侵权的风险。《欧盟版权指令》第4条"分析目的文本与数据挖掘"，需要被挖掘的内容并没有被权利人以机器可读的形式声明保留被挖掘的权利。此外，两种文本与数据挖掘均要求使用者必须对合法获取的作品或内容进行提取和复制，这里的合法获

---

❶ 司晓，曹建峰. 欧盟版权法改革中的大数据与人工智能问题研究 [J]. 西北工业大学学报（社会科学版），2019（3）：95–102，3.

取不一定需要取得权利人的许可,基于权利用尽原则、法定许可或合理使用等原则接触到内容,这些情形都不构成违法行为或侵权行为,从而符合合法获取的要求。❶

《欧盟版权指令》对于文本与数据挖掘的规定较为宽松,最大亮点在于,第四条"分析目的文本与数据挖掘"没有适用主体和使用目的的限制。在大数据时代,数据的分析与应用在各行各业均有涉及,仅仅只针对科研目的而采取例外的规则并不能达到推动数据利用的目的,实际作用可能恰恰相反。欧盟的做法最大程度上推动了公众对数据的利用,看似向文本与数据挖掘的使用者有所倾斜,但并没有削弱权利人对其作品的控制。作品的权利人仍然可以通过机器可读的声明,来决定其作品能否被文本与数据挖掘,而《欧盟版权指令》的第3条和第4条均规定对作品和内容的获取需要合法,这也避免了文本与数据挖掘的使用者通过提取和复制盗版作品情况的发生。

3. 英国和德国的大数据合理使用有关规定

英国是最早为大数据技术中的文本与数据挖掘设立合理使用的欧洲国家。作为现代版权制度的发祥地,英国一直将版权制度作为该国的经济根基之一。进入大数据时代,英国的数据应用和文本与数据挖掘应用一直处于不太理想的状态,英国政府于2011年8月公布了基于同年5月发布的《哈格里夫斯报告》而制定的知识产权立法改革一揽子计划。❷ 在经过一系列的权衡利弊之后,修改后的《英国版权法》第29条A款中,规定了文本与数据挖掘合理使用规则。作为最早针对文本与数据挖掘技术设置合理使用条款的法案,修改后的《英国版权法》开放了文本与数据挖掘的合理使用行为,同时通过一系列的例外规则保障了权利人的权利。

英国采取的是为文本与数据挖掘设置独立条款的立法模式。主要内容是允许任何人可以在不事先经过授权的情况下对作品展开文本与数据挖掘,并有一系列限制规则:(1)需要以非商业的目的对作品进行文本与数据挖掘;

---

❶ 阮开欣. 欧盟版权法下的文本与数据挖掘例外[J]. 图书馆论坛,2019,39(12):102-108.
❷ 何天翔.《哈格里夫斯报告》述评——对英国知识产权立法改革一揽子计划的分析[J]. 电子知识产权,2012(9):45-51.

(2) 进行文本与数据挖掘的作品需要合法取得；(3) 进行文本与数据挖掘而产生的作品副本未经许可不可转让；(4) 对进行文本与数据挖掘而使用的作品需要注明出处，除非确有困难；(5) 不得以合同的形式约定本条款无效。在适用对象上，文本与数据挖掘的使用者可以是任何人，并没有主体的限制，而被文本与数据挖掘的作品必须要合法获得，这里的合法获得包括通过合法渠道购买、获取公开出版物和按照协议获取等行为；在适用目的上，进行文本与数据挖掘需要以非商业为目的，这表明英国对于商业性的使用仍然需要得到权利人的许可；在适用效力上，《英国版权法》第29条A款的规定属于法定例外，不能以约定的形式解除。

德国关于文本与数据挖掘的规定在2017年6月得到通过，主要规则体现在《德国著作权法》第60条D款中。不同于欧洲其他国家，德国的文本与数据挖掘合理使用条款存在一定特殊性。其一，德国的文本与数据挖掘规则不仅规定了复制行为，还规定了传播行为。在进行文本与数据挖掘后，可以将数据库在非商业目的下有条件进行传播，条件是给特定人群提供科学研究或给特定第三方提供科研监控。其二，德国的文本与数据挖掘规则并不以合法取得作品作为要件。

德国对于文本与数据挖掘的合理使用进行了权利的区分，不仅规定了复制权，还规定了传播权，但两种权利的行使，仍需要基于非商业目的。可以说，德国的做法体现了其一贯严谨细致的立法风格，将复制与传播分开规定，至于针对被利用的文本，并没有规定合法取得要件，是因为德国的合理使用制度采取的是"一般概括+列举式"的模式，每一个合理使用的规则都需要经过一般性原则的检验，所以特别规定合法取得前提并无必要（见表2）。

表2　数据合理使用规则域外立法比较

国家或组织	使用目的	作品获取途径	特殊规定
欧盟	科研目的	合法获取	必须安全储存数据
	非科研目的	合法获取	合理使用需权利人未保留权利
英国	非商业目的	合法获取	未经许可不得转让；标明出处
德国	非商业目的	未规定需合法取得	合理使用包括复制与传播行为

(三) 传播主体责任规则的域外考察

传播主体的责任规则在版权法上与著作权限制规则相辅相成，意在为版权专有权与公共利益之间寻求平衡保护。进入互联网时代，平台既是版权价值发挥作用的重要桥梁，也会成为版权内容受到侵犯的重灾区。对于传播主体的责任规则，从"避风港规则"到过滤义务，经历了产业主体与法律规则的长期价值权衡考量。

1. "技术中立"原则与"避风港规则"源起

"技术中立"原则是网络侵权"避风港规则"的基础，起源于20世纪80年代美国联邦最高法院的"索尼（Snoy）案"。日本索尼公司生产了一款名为"Betamax"的录像机，可以让使用该录像机的用户在观看电视节目时同时录制，也可以观看一个频道同时录制另外一个频道，甚至还可以根据用户设置自动录制特定时间段的电视节目。因此，环球和迪士尼两大电影公司认为索尼公司构成对其著作权的"帮助侵权"，将其诉至法院。该案中，美国联邦最高法院参考专利法上的"通用商品规则"（staple article of commerce doctrine），提出了"实质性非侵权用途"标准，即只要一种产品或技术的开发并非专门用于侵权，还具有非侵权的实质性用途，那么其存在就是合理的，不能仅以有用户使用该产品侵权为由，推定产品提供者具有主观过错，[1] 此即"技术中立"原则。

"索尼案"所确立的"技术中立"原则，树立了一个技术中立的理念。[2] 这一理念与20世纪90年代兴起的"互联网革命"不谋而合。当时正值互联网新兴产业与传统版权产业激烈交锋之时，为了实现利益平衡、保护新兴产业的发展，也为了贯彻互联网"自由、创新、互联互通"的精神，美国国会于1998年出台的《数字千年版权法案》（DMCA法案）界定了四类网络服务提供者责任豁免情形[3]，这四种情形基本上涵盖了网络服务提供者在提供正

---

[1] Sony Corp. Of Am. v. Universal City Studios, Inc., 464 U. S. 488 (1984).

[2] 即技术创造者无须为技术可能被用于侵权用途而担心，也不必为规避此类风险而投入过多的成本。

[3] DMCA为四类网络服务提供者规定了责任豁免的情形：（1）提供传输通道服务的网络服务提供者；（2）提供系统缓存服务的网络服务提供者；（3）提供信息储存空间服务的网络服务提供者；（4）提供信息定位服务的网络服务提供者。

常网络服务过程中面临的情况，使得其可以免受侵权的担忧，"避风港"这一名称也由此而来❶。可以说，"避风港规则"是"技术中立"原则在网络侵权特定领域针对网络服务提供者这一特殊主体责任豁免规则的衍生。

与美国相比，中国相关立法相对较迟，直到2006年的《信息网络传播权保护条例》（以下简称《条例》）才通过移植、吸收 DMCA 中的相关规定构建起了中国的"避风港规则"。该《条例》从第20条到第23条，依照"技术中立"原则为四类提供"自动接入""自动存储""自动传输""自动搜索与链接"的网络服务提供者，规定了侵权责任的豁免条件。此后，虽然《条例》在2013年经过修订，但对于"避风港规则"部分依旧沿袭了前述规定。

2. 美国版权法上的平台责任体系

在《数字千年版权法案》之前，根据美国版权法理论，在认定版权侵权时会区分为直接侵权（Direct Infringement）和间接侵权（Indirect Infringement）。❷ 美国审判机构在早期阶段，针对网络服务提供者，并没有考虑被控侵权人的主观过错要素，而是径行以直接侵权对被控侵权人作出认定。❸ 例如在1993年的"花花公子诉Frena案"（Playboy Enterprises, Inc. v. Frena）中，审理司法机构根据被控侵权人 Frena 公司在服务器中存有涉案作品的侵权复制件，即认定构成对版权人享有的发行权和展示权的侵犯，判令承担直接侵权责任。❹ 显然，该案所体现的让网络服务提供者（ISP）在发生侵权案件时承担严格直接责任的司法态度不合理地加重了其负担，与促进新兴互联网产业发展的理念不符，不利于互联网平台的创新与发展。因此，美国法院随后通过一

---

❶ 参见赵泽睿. 平台革命引发的美国版权责任变革及经验分析［J］. 电子知识产权，2020（12）：34-48.

❷ 其中，直接侵权规则规定于1976年版权法（The Copyright Act of 1976），主要规范未经版权人许可而直接实施受版权人专有权利限制的行为；间接侵权规则主要是由法院在司法实践中形成的判例法构成。通常认为，间接侵权规则包含两种责任模式：一是替代责任（Vicarious Liability），即行为人对他人侵权行为具备监督的权利与能力，并且从侵权行为中获得直接且明显的经济利益，此时行为人应当承担替代责任；二是辅助责任（Contributory Liability），即行为人在明知他人行为构成版权侵权的情况下，客观上引诱、促进或实质性地帮助他人侵权行为的发生，此时行为人应当承担辅助责任。参见谢尧雯. 论美国互联网平台责任规制模式［J］. 行政法学研究，2018（3）：133-144.

❸ 王迁.《信息网络传播权保护条例》中"避风港"规则的效力［J］. 法学，2010（6）：128-140.

❹ Playboy Enterprises, Inc. v. Frena, 839 F. Supp. 1152, 1156 (M. D. Fla. 1993).

系列案件推翻了 Frena 案的判决，其中以 1995 年的"美国宗教技术中心诉美国网通中心案"（Religious Technology Center v. Netcom On – Line Communication Services, Inc.）最为著名。在该案中，佛罗里达州联邦法院以美国网通中心（Netcom）仅仅只是网络服务提供商，没有因自身的意志事实被控侵权行为，不能认定为构成直接侵权，判决宗教技术中心败诉，❶从事实上否决了之前由 Frena 案所确立的直接责任原则，并将直接侵权与间接侵权的责任划分原则引入网络版权侵权责任判定领域，对于平衡版权人、侵权行为人和网络服务提供者三方利益具有重要意义。

随后，美国国会又在 1997 年陆续通过了《在线版权侵权责任限制法案》（Online Copyright Infringement Liability Limitation Act）和《数字版权阐释及科技教育议案》（Digital Copyright Explanation and Education of Science and Technology of Motion），进一步明确了认定责任的标准，减轻网络服务提供者在版权保护方面过重的责任，并最终推动美国国会于 1998 年颁布《数字千年版权法案》，该法案的诞生，适应了数字时代对于版权人和网络服务提供者权益保护发展以及促进美国平台经济发展和自我治理的需要。❷

DMCA 中关于限制网络服务提供者责任的内容被形象地称为"避风港规则"，经编排后成为《美国联邦成文法大全》第 17 编第 512 条的主要内容。❸即当这两类网站从侵权中直接获利，同时拒绝行使阻止、限制侵权的权利时，应该承担相应的替代责任。

此外，DMCA 还特别规定了四种网络服务商专门的免责理由，分别是承担传输通道、系统缓存、根据用户的指令存放在系统中的信息和信息定

---

❶ Religious Technology Center v. Netcom On – Line CommunicationService, Inc., 907 F. Supp. 1361, 1372（N. D. Cal. 1995）.

❷ 参见赵泽睿. 平台革命引发的美国版权责任变革及经验分析 [J]. 电子知识产权，2020（12）：34 – 48.

❸ 概括而言，《美国版权法》第 512 条，主要为提供网络接入、传输、存储、信息定位等服务的网络服务提供者规定了以下三条免责条件：（1）网络服务提供者对信息内容不知情，如果侵犯版权的事实是显而易见的，就像是红旗一样飘扬，网络服务商就不能装作看不见，或以不知道侵权的理由来推脱责任，即红旗规则；（2）网络服务提供者在接到满足法定格式的权利人的通知后，必须马上删除、屏蔽相关侵权内容或断开连接，即"通知－删除"规则；（3）网络服务提供者实际采取了对反复侵权人（Repeat Infringer）注销账户或取消访问权限的措施，并向用户明示该措施。同时，针对提供信息存储与定位服务这两类网络平台，DMCA 还为其规定了替代性责任。

位工具❶，当它们作为第三方仅承担中立技术服务时，在三种情况下不承担侵权责任❷。这样的规则设计很好地平衡了用户、网络服务提供者和作品权利人三者之间的利益。

当然，为了防止滥用，"避风港规则"的适用也存在一定的限制，"红旗规则"❸即随之诞生。可以看出，"红旗规则"与"避风港规则"中的知道要件存在一些类似与重合。美国司法实践中也一直希望能对"知道"与"红旗"标准作出相对统一的解读。实际上，两者之间的区别也就是对于两种主观过错的区分，一种是"实际知道"，这种情况将举证较为困难，原告需要证明被告对于用户在其系统中实施的侵权行为知情；另一种是"推定知道"，这种情况将举证难度进行了简化，如果无法对网络服务提供者实际知情举证，那么只要证明侵权行为已经非常明显，法院就可以使用"红旗规则"判定网络服务提供者侵权。

"红旗规则"为"避风港规则"增加了网络服务提供者的注意义务。在"避风港规则"出台后，大量的网络平台开始适用此条款，此规则在一段时间内确实解决了平台与第三方侵权者之间的矛盾，许多国家也争相效仿。"红旗规则"的引入表明，"避风港规则"不是网络服务提供者用来逃避任何责任的理由，在技术服务的提供中，"通知－删除"也不是网络服务提供者唯一能做的事，其对于侵权行为还需要尽到一定的注意义务。

3. 欧盟版权指令的过滤义务

随着网络服务平台的发展壮大，在欧盟立法者看来，"避风港规则"对于权利人的影响是深远且不利的。在网络服务提供商的大量获益与著作权人获得较少的使用费之间，形成价值差。❹为了缓解这种情况，欧盟认为应当

---

❶ 曲三强，杨华权. 网络服务商版权责任的适用基础 [J]. 电子知识产权，2009 (4)：21-25.

❷ (1) 主观上不知道用户在利用其提供的服务实施侵权行为，或者侵权行为没有明显的事实证明网络服务提供者应当知道。同时无论是知道还是应当知道后，需要立即删除侵权内容。(2) 在网络服务提供者具有对侵权行为控制的情况下，没有从中直接获取利益。(3) 在收到被侵权人符合要求的书面通知后，及时移除侵权作品。

❸ "红旗规则"是指当侵权行为已经像一面"红旗"高高飘扬在网络服务提供者面前时，网络服务提供者不及时删除内容将会导致侵权。

❹ 谭洋. 在线内容分享服务提供商的一般过滤义务——基于《欧盟数字化单一市场版权指令》[J]. 知识产权，2019 (6)：66-80.

加重网络服务提供者的责任，也就是增加"过滤义务"。这个规则主要体现在《欧盟版权指令》的第17条。❶ 上述规定，在"避风港规则"之外，为在线内容分享平台单独设置了责任机制。❷

《欧盟版权指令》第17条以其第4款为核心，规定了平台有"勤勉义务"、"过滤义务"和"通知－删除义务"。勤勉义务要求平台尽最大的努力寻求授权，不能假定用户上传的作品已经取得授权；过滤义务要求平台对权利人事先提供权属证明的作品进行较高的注意义务来防止侵权作品的上传。在版权指令中，注意义务的地位得到了提升，过滤义务本质就是注意义务的升级。大数据技术的发展使过滤义务在一定程度上得到了技术上实现的可能，尽管《欧盟版权指令》没有明确平台该采取何种技术来执行过滤义务。相关技术如今已经开始投入使用，油管使用的Content ID，脸书采用的AI识别，都为过滤义务提供了技术基础。在我国，新浪微博、微信公众号等平台也早已不再依赖于人工审查，而是采用了人工智能等内容审查手段。

第二节 新媒体发展与传播权规则不足

新媒体的新是一个相对概念，技术不断发展与迭代，形成更新的传播方式，进而衍生出更新的媒介。从历史角度来看，新媒体永远只是发展过程中

---

❶ 该条内容主要规定了在线内容分享服务平台的特殊责任机制，将此类平台定性为直接从事向公众传播作品行为，为免于承担版权侵权责任，此类平台需要主动履行授权寻求、版权过滤等义务。参见司晓，曹建峰. 欧盟版权法改革中的大数据与人工智能问题研究[J]. 西北工业大学学报（社会科学版），2019（3）：95－102，3.

❷《欧盟数字化单一市场版权指令》第17条，主要内容有：（1）在第十七条第四款中，如果平台未取得权利人的许可而传播作品，需要：（a）平台尽最大努力取得授权。（b）以专业注意义务较高的行业标准确保未经许可的作品出现在平台上（c）接收到权利人的"通知"后及时删除或者断开，并且以（b）的标准防止其再次被上传。（2）第十七条第四款的规定并不代表平台需要承担一般监控义务。（3）第十七条的规定不影响平台适用合理使用规则。在第十七条第七款中，过滤义务不会对合理使用（引用、批评、评论；为讽刺、戏仿或模仿目的而使用）产生影响。（4）第十七条第六款规定不满三年且营业额低于1000万欧元的企业只需要承担第四款中的（a）（c）条款，不需要承担过滤义务。（5）版权指令对于在线内容分享服务平台进行了定义，即主要从事与储存、提供由其用户上传的大量受版权保护的作品与其他受版权保护内容，且为营利目的组织和推广上述内容的信息社会服务提供者。

的一个阶段。随着网络时代进入数字化与智能化驱动的大数据时代，新媒体对传播的助力，以及对于传播媒介形成的挑战日益凸显。立足于既有传播技术下的传播权相关规则显示出其滞后性，亟待变革。

一、传播权项在大数据时代面临冲击

著作权法上关于作品传播的权项不断发展完善，在不同的传播技术背景下，著作权立法通过对作品利用行为的规制，已实现创作者权益最大化。在我国著作权法立法上，著作财产权中的展览权、表演权、放映权、广播权、信息网络传播权，均归属于传播权的权项范畴。展览权与表演权是传统传播时代，为规制现场传播而界定的权项。随着影音技术的发展，放映权成为影音类作品重要的权利利用方式，而广播电视技术的发展，让广播也逐步产生了超越现场播放的作品传播方式，广播权就此诞生。信息网络传播权的产生与发展，无疑离不开网络技术的普及。在互联网时代，信息网络传播权产生了远超于传统传播权项的价值，其传播的覆盖面，以及权利的重要性日益彰显。互联网技术发展进入大数据时代，因应互联网环境而确立的传播权项体系，面临着新的挑战，需要更为深入细致地探讨与审视。

（一）传播权保护的立场变迁

囿于立法语言的抽象性，传播权项保护的边界，有赖于在司法审判实践过程中通过裁判予以阐释。著作权作为一项私权，其意在全面保护创作者的人身与财产权益。在不同的传播技术背景下，作品的利用方式也不断变化，通过对于传播相关权项的补充与解释，可以适当扩张著作权专有权涵盖范围，以实现对著作权的全面保护。然而，对版权资源的"强保护"立足于版权内容的稀缺性，但进入个体创作繁荣的大数据时代，版权资源是否仍然存在稀缺性，面临重新审视。网络服务商积极运用物联网、大数据、人工智能等技术，改变生产或服务方式，使之呈现出智能化、个性化、精准化的特点。❶作为控制作品网络传播的信息网络传播权，其行为边界受到了来自新技术与

---

❶ 马骏，袁东明，马源. 创新制度供给 把握万物互联及智能化机遇［N］. 经济日报，2019－02－21（15）.

新传播环境的挑战。

传统传播环境下，传播权保护的思路在于，通过赋予著作权人对作品传播进行控制的权利，进而由著作权人授权许可传播者与利用者以获取许可收益，实现对创作者进行激励的反馈闭环。从著作权财产权保护的角度来说，著作权权项包括禁用权与许可权，通过禁用的强制效果实现许可的收益反馈。但在大数据时代智能化、个体化与精准化的传播环境下，创作者的收益反馈取决于被关注、被转发、被推荐的技术手段与受众的接力传播。创作者不再处于传播展示的"舞台中心"，聚光灯下是作为"去中心化"的受众。受众既是版权内容的消费者与利用者，也成为传播链条中的重要传播者。

在此发展背景之下，传播权项的保护立场已经实现了"从控制到流量"的转变。《著作权法》规定"专有权利"的意义和目的在于控制特定行为。❶从对作品"控制"的角度出发，著作权立法上通过界定与列举"未经许可"的"侵权行为"，以实现其财产权益的最大化。个人创作与自媒体的发展，以及立足于大数据技术的"算法推荐"广泛应用，对于版权内容的传播而言，最大的变化是从"人找信息"变为"信息找人"。传播受众不再需要主动搜寻内容以获取信息，而是由平台通过智能化技术识别受众，让信息找到目标主体。❷这种"信息找人"的智能化传播方式，让创作者更加依赖于传播渠道与传播技术，"被看见"与"被发现"才能意味着流量以及价值变现的可能性。创作者的版权保护，不再通过对版权内容的控制实现，而是通过版权内容的广泛利用，提升曝光度，以流量实现价值反馈。

（二）传播权项边界亟待厘定

互联网技术的应用与发展，培育了信息网络传播权的生成土壤。我国著作权立法中对于信息网络权的界定，❸从文义上来看，源自1996年世界知识

---

❶ 王迁. 论"网络传播行为"的界定及其侵权认定 [J]. 法学, 2006 (5): 61-72.

❷ 智能平台的形成，让用户需求成为总的传播导向，在大数据与算法不断完善的基础上，实现平台的智能化服务，为用户提供特定场景下最优化的需求供给匹配，建立起内容产品通往用户的"直通车"式的数据通路。参见喻国明，兰美娜，李玮. 智能化：未来传播模式创新的核心逻辑——兼论"人工智能+媒体"的基本运作范式 [J]. 新闻与写作, 2017 (3): 41-45.

❸ 我国2001年修正的《著作权法》第9条第1款第12项，加入了关于信息网络传播权的有关规定，即"以有线或者无线方式向公众提供，使公众可以在其选定的时间和地点获得作品的权利"。

产权组织主持缔结的《世界知识产权组织版权公约》（以下简称"WCT"）第8条后半段。❶ 从立法原意来看，信息网络传播权规制网络用户通过"交互式"所进行的传播，即社会公众能够在个人选定的时间、地点获取到上传于信息网络空间的版权作品。

大数据技术改变了传播的既有形态与利益格局。在内容创作与传播的链条中，借助于平台优势，技术获得了与内容同样重要的地位。无论技术如何发展，著作权制度的核心目的仍然在于激励创作者与传播者，鼓励社会主义文化产品的繁荣。❷ 当然，由于微博、短视频平台等新媒体的快速发展，创作门槛降低带来创作者的多元化，利益诉请也随之更为复杂。信息网络传播权等传播权项所保护的创作者和传播者利益也日益分化。

首先，不同创作者的利益诉求存在差异。专业化的版权内容生产者，需要以对版权内容的高度控制作为手段，以获取相应的经济利益回报，那么此类主体必然对于传播有更高的权利保护需求。而对于大量作为创作者的社会公众，经济利益回报只是其目的中的一部分或者很小一部分，其对于传播的态度以社交和分享为主要目的，对于传播有较低的权利保护需求。

其次，创作者、传播者与平台方的利益诉求，则既有共生共存，也有此消彼长的关系。大数据时代的新媒体传播，创作与传播的参与方式以及利益分享方式更为多元，当前直播、短视频营销等模式下，收益主要围绕广告与流量展开。在创作与传播的过程中，平台基于其优势地位，成为收益的控制与分配方。因此，在新的媒介环境下，互联网平台作为重要的参与主体，是传播权项边界与版权责任的核心考量因素，在以大数据为基础的传播方式主导下，展览权、表演权、放映权、广播权、信息网络传播权各自的边界都亟待厘定，权项内容也有待整合。在以网络直播、智能化推送、流媒体等为代

---

❶ "文学和艺术作品的作者应享有专有权，以授权将其作品以有线或无线方式向公众传播，包括将其作品向公众提供，使公众中的成员在其个人选定的地点和时间可获得这些作品"。《世界知识产权组织版权公约》中，本条还有附带的声明，即关于第8条的议定声明：不言而喻，仅仅为促成或进行传播提供实物设施不致构成本条约或《伯尔尼公约》意义下的传播。

❷ 传播渠道与模式的变化，带来了"万众皆媒"的景观，过去由专业媒体人主导的大众传播，已经扩展为全民参与的传播，每个人都有可能成为信息来源，也可能成为信息传播的节点。参见彭兰.新媒体用户研究：节点化、媒介化、赛博格化的人 [M]. 北京：中国人民大学出版社，2020：10.

表的新兴媒体环境下,深度链接、转发点赞、算法推荐等新的传播形态,逐步改变了原有的传播形式,也对著作权立法中立足于既有传播格局与传播技术下的各传播权项形成挑战。

二、大数据利用与版权限制规则的冲突

大数据时代,版权资源的数字化利用成为传播内容提升的重要手段。尤其是随着文本与数据挖掘技术的不断进步,对于包括版权内容在内的海量数据的分析、提取与重组,得以形成新媒体创作与传播的基础性工具。随着文本与数据技术的发展,新技术与传统的版权限制规则出现了一定程度的冲突。

(一)版权资源数字化利用的过程分析

在大数据时代,文本与数据挖掘(Text and Data Mining, TDM)技术是数据分析不可或缺的工具,普遍运用到社会科学、人文科学与自然科学领域。[1] 文本与数据挖掘,是指利用机器读取数据,通过数据分析得出结果的过程,这项技术并不是特指某一种数据分析方法或者数据分析软件,而是对提取、重组和分析海量数据技术的总称,是一种新的数据利用方法。在新媒体领域,版权内容的创作离不开对他人作品的学习、欣赏和借鉴,越来越多的创作者通过文本与数据挖掘技术来大量阅读和分析作品。除了在内容创作方面,新媒体在内容的分发与审查上也大量使用了文本与挖掘技术,常见的用户兴趣分析、智能内容匹配和内容片段分析等技术,本质上都是文本与数据挖掘。文本与数据挖掘贯穿于内容生成、分发与审查三个环节,但此技术在使用的过程中,不可避免会涉及对版权内容的合理利用。

从技术层面看,文本与数据挖掘技术的第一步,是对大量样本的提取和复制。文本与数据挖掘最初会根据需要的主题,在使用者设定的样本库中进行搜索和提取,然后制作副本。由于文本与数据挖掘技术的复杂性,对于样本的提取和复制也非常复杂,主要体现在两个方面。第一,对于样本的提取和复制并不一定是全文,可能是片段或者关键词。对全文的复制当然涉及复

---

[1] 宋雅馨. 文本与数据挖掘的版权例外——以欧盟版权指令修改草案为视角 [J]. 电子知识产权, 2017 (6): 42-51。

制权，对片段的提取也可能构成对复制权的侵犯。但是当只需要提取和复制几个字或几个词语时，很大概率就不会形成对作品复制权的侵犯。文本与数据挖掘是一种高度自动化的技术，对于样本的处理有着严格的机器逻辑，在严密逻辑下得出的结果才更值得信任。在样本处理过程中，究竟进行全文复制还是单个词汇复制，将由机器控制。根据版权授权规则，在对版权内容进行提取和复制之前，就需要对所有样本取得许可，而不能等到文本与数据挖掘完毕后再取得许可。对于利用版权内容全文或者片段这类可能侵犯复制权的行为，取得许可是必要的，而对于单个词语的复制，并没有取得授权的必要。当文本与数据挖掘没有进行完毕时，无法预测机器将复制哪些内容。假设利用者可以轻松获得海量样本权利人的授权，这种全样本授权的模式会存在严重的资源浪费，大量获得许可的作品实际上并非利用对象。当然，取得全部样本的授权，本身非常困难且不可行。

第二，对复制行为的界定本身存有争议。关于文本与数据挖掘中的复制行为是不是临时复制，需要从技术层面和目的层面分析。从技术上来看，复制肯定是文本与数据挖掘的附带行为，是典型的技术需要，不可避免会发生，符合临时复制的技术要件。但在目的层面，任何主体在进行文本与数据挖掘时都会意识到复制行为的发生，复制所产生的副本也是主体进行文本与数据挖掘的目的之一，是主体有意识地利用，该复制并不属于临时复制。

在对文本进行复制提取后，第二步是进行数据的转换。文本与数据挖掘所分析的样本是海量的、复杂的，样本会以各种形式出现，例如网页或者数字副本等。在将样本进行提取和复制后，需要将其转化成可供分析的格式。这里会涉及修改权、保护作品完整权、改编权和汇编权等作品演绎类权利。然而，文本与数据挖掘还涉及演绎过程中的"转换性使用"认定问题。[1] 在转换内容方面，文本与数据挖掘对于作品的转换主要集中在格式转换。文本与数据挖掘技术将作品转换为可供分析的数据，无论是作品形式还是载体格式都发生了变化。在转换目的方面，转换性使用是不改变作品的表达方式而

---

[1] "转换性使用"来源于美国判断合理使用的"四要素"规则，在合理使用作品的过程中，需要考虑转换内容与转换目的两个方面。

改变使用目的。文本与数据挖掘对于作品的使用与作品原本的目的一般相去甚远,例如,一篇娱乐文章可能用来进行某项新技术的专利市场分析。但文本与数据挖掘技术必须将样本进行处理以供分析,作品的表达方式本身发生了改变。不过,有学者指出,转换目的方面也可包括既转换了内容,又转换了目的,是两者的重合。❶ 文本与数据挖掘技术对于作品的使用,显然是转换内容与转换目的之融合。当然,这并不代表上述行为可以直接纳入合理使用范畴,转换性使用仅为合理使用的判断要素之一。

经过前两步后,第三步便是数据输出,通过对数据的分析产生结论。数据的输出是整个文本与数据挖掘技术中最重要的环节。在科研领域,分析的结果多为自用;而在商业领域,分析的结果大多为他用。无论自用或他用,分析的结果应当通过传播以展现其价值,而传播的过程会涉及著作权合理使用的判定。在目前文本与数据挖掘的应用场景中,绝大多数主体会在处理之后将结论转为可视化形式(多为报告)供自己或他人使用。将文本与数据挖掘的结论进行可视化呈现的过程,会不可避免地将样本中的片段进行展示。这种数据的输出行为也可能落入作品信息网络传播权的保护范围。

(二)数字化利用与合理使用规则的冲突

文本与数据挖掘是伴随大数据时代而产生的,数据挖掘利用以大量数据为基础,考虑到获取海量权利人许可的现实障碍,需要合理考量文本与数据挖掘的成本。在大数据时代,数据是新的"石油",是科技发展和文化进步的动力源泉之一。如果因为版权授权机制的问题,而导致不能对这片"油田"进行开发,也违背了版权制度鼓励创作,促进文化发展的初衷。在此情况下,合理使用制度成为文本与数据挖掘技术被新媒体利用的重要"平衡器"。然而,现有立法环境下,我国著作权法所设定的合理使用规则,与文本与数据挖掘利用之间,仍然存在一定冲突。这种冲突主要体现于,合理使用规则的主体限制和对象限制。

首先,合理使用规则主体的限制与数据利用之间不匹配。将现行《著作权法》与《信息网络传播权保护条例》中的合理使用规则进行对比可以发

---

❶ 袁锋.论新技术环境下"转换性使用"理论的发展[J].知识产权,2017(8):42-57.

现，《信息网络传播权保护条例》中的第 6 条和第 7 条与《著作权法》第 24 条对比，删除了《著作权法》第 24 条第 1 款，个人为"学习、研究、欣赏"的合理使用方式。在大数据时代，个人依托于网络平台力量运营新媒体，是较为常见的方式，UGC 在微信公众号或视频分享等平台中是内容创作的主力。个人之所以能够像专业机构一样进行内容创作，很大程度上在于工具上的平等。微信公众号的个人运营者在创作一篇文章前，会通过大数据分析大量的选题和已有的文章来帮助自己寻找热点。利用文本与数据挖掘的软件对需要创作的内容进行一些检索和分析，本质上属于个人研究和学习的范畴，只是这种个人为了学习和研究而"使用"作品的行为，是否属于网络环境下的合理使用，当前立法并不清晰。

其次，合理使用规则对于使用对象的限制与数据利用之间不匹配。在我国，合理使用规则主要规定于三部立法中，分别是《著作权法》、《信息网络传播权保护条例》和《著作权实施条例》。针对可以合理使用情形，立法上采取原则性一般条款与"封闭+列举"式规定相结合的模式。在《著作权法》原则性条款方面，我国采取了简化的"三步检验法"，规则上较为模糊和不确定，一般性条款仍然存在适用上的困难。通过"封闭+列举"式立法的结合，有助于司法实践中法官和当事人得到更加明确的指引，但也导致了立法"弹性"的不足。大数据是混杂、模糊的，文本与数据挖掘也是如此。在数据处理过程中，尽可能扩大样本数量是核心原则之一，如果严格依照合理使用列举式规定，将会出现：如果挖掘的对象超出了合理使用规定的范畴，利用主体存在侵权之虞；如果严格按照合理使用规则范围设置挖掘对象，可能导致分析处理结果的失真。

三、作品传播的侵权责任规则亟待变革

著作权法中的"避风港规则"，影响着网络服务提供者的责任边界，对于作品传播及其利益分享机制也起着至关重要的调节作用。只有规范网络服务提供者对于豁免规则的适用，才可以达到权责均衡，从而实现对传播权的适度保护。自版权步入数字时代开始，网络服务提供者开始登上舞台，在版权体系中占据重要地位。在新媒体领域中，网络服务提供者大多以平台的方

式出现，无论 UGC 还是 PGC，平台都是赖以存在的基础，而现代受众也越来越习惯于在新媒体平台上接触作品。作为版权人与受众之间的桥梁，平台在获取大量利益的同时，也对版权市场产生了侵权盗版泛滥的冲击。但随着新技术的不断发展进步，作品传播的侵权责任规则也面临着不小的冲击。

（一）内容搬运与"避风港规则"的异化

以今日头条等新闻聚合类平台为代表的新媒体，是近年来用户数量增长最快的新媒体平台之一。今日头条有着独特的运营方式，不同于其他类型的新闻类平台，其核心技术是以大数据为基础的数据挖掘与运算。通过对用户"画像"，测算出用户的喜好，从而推送相应的新闻内容。但今日头条的内容"搬运"行为，在技术加持与平台迅速扩张之下，招致大量争议，主要争议点在于作品传播中的"深度链接"问题。今日头条公司在发展的早期，大部分是在互联网环境下进行内容采集，通过数据抓取技术，从各种渠道搜集新闻后向不同用户投送，并且标明渠道与来源。作为内容产出方的传统新闻媒体，指责今日头条只是注明了新闻来源，但并不完整显示新闻网页，还进行了一定程度的简化"转码"的工作，使用户并不能明显感知所浏览的内容是今日头条还是其他渠道的新闻，进而产生了信息网络传播权侵权的争议。

针对内容"搬运"的商业模式，有学者指出，《信息网络传播权保护条例》第 23 条的"通知—断链"规定，并不是指所有作品在收到通知书后进行删除就可以免除责任，其指的是未经权利人许可上传的作品在被设链后可以适用此条款。[1] 对其他网站的内容设置链接，只是为用户提供了便利，既不是复制行为，也不构成 WCT 第 8 条中的"提供"。可是，这种商业行为对行业的不良影响确实存在，尤其是对被设置链接的网站，使其无法吸引客户的观看，这在无形中影响了被链网站的收益；而利用其他网站的内容为自己创造点击量，获得了流量即相关收益，如果允许该类行为利用"避风港规则"逃避责任，明显存在一定的利益失衡。

（二）技术进步与"避风港规则"的滞后

尽管当前对于版权治理都存在相对完整的法律规范与行业自律规则，但

---

[1] 王迁."今日头条"著作权侵权问题研究［J］. 中国版权，2014（4）：5-10.

回顾网络时代二十余年来的治理之路，审视当下频发的版权侵权纠纷，我们不难产生一个疑问，随着技术的飞速进步，"避风港规则"是否依然适应当前的环境。2020年5月，美国版权局经过五年对"避风港规则"实际运作的全面考察，出台了一份调查报告。❶ 报告显示，立法中依托"避风港规则"希望实现的预期利益平衡目标已经被打破，规则亟待修改。

"避风港规则"诞生于互联网发展的初期，主要目的在于缓解网络平台所承担的大量版权侵权责任，促进互联网平台经济的发展。然而，经过二十余年的快速成长，如今的互联网平台早已不是当年弱小的幼苗，而是成长为参天大树，深刻影响着国家经济的发展，渗透进社会公众生活的方方面面。同时，通信技术的进步使大规模侵权成为可能，轻点鼠标即可让侵权内容散发至全球各地。当前，"避风港规则"存在的困境主要体现于以下几个方面。

第一，技术创新使得大规模复制、传输成为可能，侵权成本低。信息技术的创新使得版权内容数量激增，复制、传输的效率大幅增加。自进入Web2.0时代以来，人人都可以成为版权内容的创造者，UGC内容大幅增加。同时，随着5G、网络爬虫等技术的开发与大规模利用，信息获取与传播变得简单、快捷，这就导致版权人在面对侵权时难以及时寻求平台或法律救济，版权平台在进行版权管理时也会捉襟见肘。根据12426版权监测中心发布的数据，2019年—2020年10月间，独家原创作者被侵权率达到92.9%，共监测到侵权链接255.21万条，甚至平均每件独家原创短视频作品被搬运侵权高达5次。❷

第二，面对当下的技术条件，通过"通知-删除"规则难以适当保护版权人合法利益。根据DMCA和网络平台版权规则，网络服务提供者依据"技术中立"原则普遍不承担主动审查义务，只是在侵权行为发生后承担删除和反通知的义务。同时，侵权救济程序的启动完全依赖于用户（包括版权人）

---

❶ United States copyright office. section 512 of title 17: a report of the register of copyrights [EB/OL]. (2020-05-21) [2023-11-25]. https://www.copyright.gov/policy/section512/section-512-full-report.pdf.

❷ 12426版权监测中心.《2020中国网络短视频版权监测报告》发布多维度打造短视频版权保护网 [EB/OL]. (2020-11-27) [2023-11-25]. www.ccpit.org/a/20201127/20201127m82m.html.

的通知，而事后强制存在的一个弊病即在于救济效果不佳，主要体现在侵权行为已经发生，损失已经造成，难以弥补。仅以2021年热播的电视剧《扫黑风暴》为例，该剧自2021年8月7日上线后，在抖音平台侵犯信息网络传播权的侵权行为下，截至2021年8月15日12时，《扫黑风暴》位列抖音剧集榜第一名，热度达到3753.4万，同时，#扫黑风暴#相关话题有3.9万个视频，播放量高达12.1亿次，个别合集播放量甚至已超过1000万，给腾讯视频造成巨额的不可挽回的经济损失。

第三，DMCA中网络服务提供者责任豁免的条款，在现实情况下难以适用。一方面，平台在证明自己及时履行"通知－删除"义务时举证困难；另一方面，证明平台应承担侵权责任时，"应当知道"要件存在解释上的难题。美国联邦法院第二巡回法庭通过"故意失明"测试，发现部分网站有意回避确认侵权行为，企图利用规则逃离责任。[1] 因此，在确定平台是否符合"避风港规则"的要求，以及如何证明平台对于侵权行为"应当知道"，在司法实践中存在较大困难。

第四，存在利用"通知－删除"规则进行不正当竞争的现象。从目的来看，"避风港规则"的设定，是为了给版权人提供低成本高效率制止大量侵权行为的救济途径。然而，从实践来看，存在不少利用"通知－删除"规则来进行不正当竞争的案例。尤其是针对短视频平台频发的未经授权剪辑、切条、搬运、传播他人影视作品的短视频侵权行为，更是极为常见。为防止商业竞争中损失的扩大，在《斗罗大陆》侵权案中，重庆市第一中级人民法院通过诉前禁令，要求被申请人立即删除涉案侵权视频，并立即采取有效措施删除被控侵权APP中所有侵权视频，立即采取有效措施过滤和拦截用户上传和传播的侵权视频。[2] 由此引发的争论是，对于UGC平台短视频侵权责任的确定，是坚持适用"通知－删除"规则，还是可以依据《民法典》第1195条规定的"通知－必要措施"规则，在个案中引入"过滤和拦截"等必要措

---

[1] ARSHAM B E. Monetizing Infringement A New Legal Regime for Hosts of User－Generated Content [J]. Georgetown Law Journal, 2013 (3): 775–806.

[2] (2021) 渝01行保1号，深圳市腾讯计算机系统有限公司等与北京微播视界科技有限公司、重庆天极魅客科技有限公司诉前行为保全案，2021年中国法院50件典型知识产权案例。

施，对此需要进行深入探讨。❶

（三）算法推荐对"避风港规则"的挑战

"算法推荐"，又称"个性化推荐算法"，是指一种利用数学算法预测用户喜好并向其推送相关内容的技术。算法推荐目前主要有5个分类：基于内容的推荐、基于关联规则的推荐、基于知识的推荐、协同过滤推荐和混合推荐。虽然存在不同分类，但是算法推荐的运行一般来说都需要经过信息优化、分类、关联、过滤四个环节。其中，信息优化、分类环节主要是通过智能算法对平台的海量信息数据库进行识别、筛选、优化分类；随后运用智能算法关联用户个人信息、行为习惯、社交关系等对用户进行"画像"；最后根据上述算法得出的"用户画像"或"用户标签"为用户推送内容。

信息传播技术的发展带来了互联网新一轮的"革命"，深刻影响着互联网产业的发展模式与产业逻辑。进入21世纪第二个十年，伴随着大数据、人工智能、区块链等技术的兴起与蓬勃发展，信息的"自动化""个性化""智能化"程度越来越高。"以技术获取用户流量"成为当下互联网产业最核心的竞争力与经营目标。一方面，网络平台在新技术的支持下实现网络聚合以取代传统的用户分发模式，吸纳更多流量；另一方面，用户乐于接受、参与其中，为平台贡献大量流量。诞生并兴起于此种背景下的算法推荐技术对"避风港规则"产生了新的挑战。

1. 算法推荐的技术维度与利益平衡

从技术背景的角度来看，使用算法推荐技术的网络服务提供者已与"避风港规则"中规定豁免的四类提供"自动"网络服务的主体相去甚远。《信息网络传播权保护条例》第20条到第23条规定的四类网络服务行为，共同特点就是该服务是"自动"完成的，而且是由作品提供方与使用方之外的第三方网络服务机构实现的。虽然《信息网络传播权保护条例》与《最高人民法院关于审理侵害信息网络传播权民事纠纷案件适用法律若干问题的规定（2020）》（以下简称《信息网络传播权规定》）均未对"自动"作出明确定

---

❶ 宋健. 从"通知-删除"到"通知-必要措施"——以电子商务平台与UGC平台的比较为视角[J]. 知产财经, 2022 (5).

义，但根据文义解释，应理解为"在没有人为主观意识下的介入和干预就能完成的行为"。在信息网络传播语境下，"自动"则可以解释为三个层面：第一，网络服务提供者为用户提供的数字信息传播服务，是通过设施预设的机制自动完成的；第二，这种预设机制不受信息传播链条双方（信息提供者与接受者）的意思影响，同时也无法影响信息提供者与接受者之间的意思；第三，这种服务的发生具有不可预知性、不特定性与不可选择性。

除此之外，若要符合"避风港规则"，还要求网络服务提供者对于传播对象不干预但能控制。《信息网络传播权规定》第9条、第10条、第12条就明确了应知的考量因素。❶ 很显然，基于算法推荐技术运用过程中所表现的特征，使用算法推荐技术的网络服务提供者不能以无法控制"自动推荐行为"作为逃避责任的借口，更不能当然地无条件适用"避风港规则"。

从利益平衡的角度来看，互联网初期以"避风港规则"为代表的责任规则，所设定的"传统"版权产业与"新兴"互联网产业、版权人与网络服务提供者、著作权法理念中保护创新与促进文化传播之间的平衡已经被打破。在互联网产业发展之初，之所以要创设"避风港规则"，是基于当时的商业模式与信息传播技术水平所做的制度安排。当时，网络平台内容及数据主要由平台管理者提供，或者虽由第三方提供，但平台管理者会对内容、数据进行审核，一旦发生侵权能够较好地定位侵权内容及侵权人；同时，因网络平台内容自身有限、传输速度较慢，侵权行为发生后造成的影响有限，"通知"到达管理者时也能够及时处理。但是随着信息传播技术的发展，网络参与模式已经从"全民上网"变为"全民织网"，用户已经成为网络平台内容的主要贡献者，大量UGC暴增，随之而来的是侵权数量的增加。如网络服务提供者在发生侵权时不承担应负的帮助侵权责任，那么著作权人的权益将无以保障。而从当下网络平台的商业模式来看，网络平台凭借"流量"收入早已超过著作权人的收入并形成价值差，平台通过用户对于内容的点击、订阅或投

---

❶ 《信息网络传播权规定》第9条、第10条、第12条规定，人民法院认定"构成应知"应当考虑以下因素："网络服务提供者应当具备的管理信息的能力，以及所提供服务的性质、方式及其引发侵权的可能性大小；网络服务提供者是否对侵权网络信息以推荐、排名、选择、编辑、整理、修改等方式作出处理。"

放广告来赚取大量利益,再将其中部分收益分配给提供内容的著作权人,事实上已经出现了利益的失衡。在侵权控制不力的情况下,更有专门以投放、发布盗版侵权作品来引流进而获利者。如在此情况下,继续放任网络平台借"技术中立"原则与"避风港规则"来逃避责任,无疑会加剧侵权现象的发生,严重挫伤版权相关产业创作、运营积极性。

2. 算法推荐行为的法律性质

区分算法推荐行为的法律性质,对于确定网络服务提供者著作权侵权责任承担具有重要意义。对于算法推荐行为的法律性质,目前存在两种观点:一是算法推荐行为仍是网络服务提供者在承担信息分发功能,只不过从人工转为机器算法,不构成作品内容的传播,因此属于网络服务提供行为;二是网络平台通过算法推荐行为将大量侵权作品推送给用户,使用户能够更容易获取侵权作品且造成的损害远超人工推荐,因此属于作品提供行为。

对于算法推荐行为的法律性质,除网络服务平台与内容提供者合作提供作品以外,其他情形应属于网络服务提供行为,其理由有三点。第一,从技术上来说,算法推荐仅仅是一种信息投送方式的改变,从以往的"人找信息"变成如今的"信息找人",并未改变网络服务的本质。第二,根据《信息网络传播权规定(2020)》,我国司法实践目前对于作品提供行为的判断还是以服务器标准为基础,即对于作品提供行为的认定,以是否将作品以上传等方式置于向公众开放的网络服务器中,从而使作品处于一种交互式的初始传播状态。❶ 网络服务提供者对于第三方上传的内容如果进行了选择、编辑、整理、推荐等行为,且不存在与内容上传者的合意、合作行为,那么仍应当将其定性为网络服务提供者。第三,从利益平衡角度来说,算法推荐技术能够有效提高信息分发效率,降低用户信息搜索成本,具有积极意义。如果将其定性为作品提供行为,那么将无形加重技术使用者的负担与责任,既不利于新技术的开发利用,也不利于网络服务提供者职能的实现,违背了利益衡平精神。

3. 算法推荐的"中立性"争议

尽管算法推荐行为属于网络服务提供行为,但是技术开发者、使用者并

---

❶ 于雯雯. 网络著作权侵权责任研究 [M]. 北京:知识产权出版社,2020:76-79.

第三章　制度梳理：新媒体传播权规则失范

不能因此通过"技术中立"原则或"避风港规则"当然获得免责。

目前，无论是算法推荐侵权案件被告方，抑或业界相关专家，主张算法推荐技术运用过程中的免责，皆以"技术中立"为起点，这种观点具有一定的合理性。从技术特征来说，无论是基于内容的推荐抑或协同过滤推荐，算法推荐技术本身都具有一定的中立性与客观性。目前，算法推荐技术在网络平台上的应用，主要是以为用户提供信息流推送的方式。算法按照一定的逻辑通过不断搜集海量信息并为用户画像，最终为用户提供内容。为了提高过滤效率，这一过程几乎全程由机器完成，这就要求算法中的各项变量必须具有客观可量化的特征，间接保证其中立性与客观性。

然而，从运行逻辑来看，算法推荐运行全过程都具有"伪中立性"特征。无论是信息优化、分类、关联还是最后的过滤环节，都存在其运行的底层逻辑，而这些底层逻辑目前无法依靠机器自主生成，只能源自算法设计者、算法使用者的事前输入。这些底层算法逻辑，往往就反映了算法设计者、算法使用者的价值取向。正如有学者所言，"算法本身没有偏见和主观性，但是编写算法的一方却掌握了算法的可见性权力"[1]，算法时代，作为信息的受众所看的内容并不完全取决于自己，更大程度上取决于所选择的媒体想让你看到什么。以美国新媒体平台为例，例如，在2011年9月美国民众发起"占领华尔街"游行示威活动时，在推特的"趋势发现"中却根本无法看到该事件的热搜。再如，脸书长期标榜其新闻推送服务是基于智能算法自动完成的，然而其平台上关于"新闻主持人Megyn Kelly因支持希拉里遭Fox新闻网开除"这一虚假新闻却被推至话题榜首位，这也间接证明了脸书的党派倾向。所以，可以看出在政治权力、商业资本以及算法设计者、使用者的价值取向等因素影响下，算法推荐技术并不是完全中立、客观地呈现信息，至少在运行的全过程中具有"伪中立性"。

因此，在评价算法推荐行为是否构成侵权时，仍应当综合考量行为人在设计或使用该算法时的客观行为以及主观状态，而不可简单地归为侵权或利用"技术中立"获得免责。

---

[1] 罗昕. 算法媒体的生产逻辑与治理机制 [J]. 人民论坛·学术前沿, 2018 (24): 25-39.

第四章　体系革新：大数据时代新媒体传播权规则完善

传播技术与媒介形态的变迁，对新媒体传播形态的法律规则体系形成挑战，世界各国都在积极寻求"下一部伟大的版权法"❶。进入大数据和人工智能时代，传播权的权利界定，以及对版权的限制与利用、传播主体的责任配置，深刻影响到新媒体平台乃至传播产业的健康发展。从经济视角出发，以法律规则为框架，探讨大数据时代新媒体传播规则体系的变革具有十分重要的价值。

第一节　卡－梅框架下新媒体传播的经济分析

法经济学家卡拉布雷西（Guido Calabresi）和梅拉米德（Douglas Melamed）于1972年提出了著名的法学经济分析框架，❷ 被称为卡－梅框架（C & M Framework）。卡－梅框架通过法律的经济学分析，将法律规则区分为财产规则、责任规则与不可让渡规则，❸ 以经济立场评判法律规则的建构选择。

一、财产/责任规则及其适用场景

法律救济的规则被区分为禁易规则，以及禁易规则之外的财产规则与责

---

❶ MARIA A. pallante, The Next Great Copyright Act [J]. COLUM. J. L & ARTS 315, 2013 (36): 315.

❷ Guido Calabresi and Douglas Melamed, Property Rules, Liability Rules, and Inalienability: One View of the Cathedral, 85 Harvard Law Review 1089 – 1090 footnote 2 (1972).

❸ 吉多·卡拉布雷西，道格拉斯·梅拉米德. 财产规则、责任规则与不可让渡性："大教堂"的一幅景观. 凌斌，译. [M] //唐纳德·A. 威特曼. 法律经济学文献精选. 苏力，等译. 北京：法律出版社，2006：29 – 50.

任规则。[1]但财产规则与责任规则各有其优劣,在"法律大教堂"内,如何确定应该适用财产规则还是责任规则,需要结合社会的实际交易场景与运行规则来判断。在理想状态下,只要对权益进行了初始产权分配,赋予各主体自由交易的权利,由国家保障产权归属及交易秩序,就能实现社会资源流转的效率最优。然而,卡拉布雷西和梅拉米德举出了大量的实例,如果仅仅通过自由协商,在很多场景下,交易的成本会极其高昂,交易的达成也会困难重重,这时候就需要有国家介入的责任规则。

财产规则意味着国家允许和保护法益的自愿交易,"如果想要从其他主体处获得法益,那么必须要有共同志愿的交易行为,即购买者从拥有者处购买该法益"。[2]但是在现实的交易过程中,并不都是理想化的过程,交易的费用或者成本往往极为高昂,立法者和司法者需要从经济效益最大化的角度来对交易进行判断,通过这种成本判断找到"成本最低的避免者",从而形成保护规则。那么如果无法判断究竟哪一方为"成本最低的避免者",同时法益交易的成本又较为低廉,那么初始产权的分配就很容易被当事人之间的交易所扭转,此时应当适用财产规则;但是如果法益交易的成本较为高昂,那么初始产权的分配就很难被当事人之间的交易所改变,此时应当适用责任规则。[3]实际上,对于财产规则与责任规则适用的判断,不管在立法上还是在司法上,交易成本都是一项非常重要的判断基准。

二、新媒体传播中的交易成本判断

在卡-梅框架下,界权成本与交易成本是规则选择与规则适用的重要考量因素。著作权利用方式主要包括转让与许可,而授权许可是著作权在市场

---

[1] 在禁易规则(不可让渡规则)之外,法律通常允许法益的私人转移。依据法的私人转移是否为当事双方所自愿,卡-梅框架进一步区分了"财产规则"和"责任规则"。凌斌. 法律救济的规则选择:财产规则、责任规则与卡梅框架的法律经济学重构[J]. 法学研究,2012(6):5-25.

[2] Guido Calabresi and Douglas Melamed, Property Rules, Liability Rules, and Inalienability: One View of the Cathedral, 85 Harvard Law Review 1092 (1972).

[3] 赵海怡. 当代法和经济学发展的第三条进路——法学与经济学的双向校验互动[J]. 政法论坛,2022(4).

中实现价值非常重要的方式。在互联网模式兴起之前，版权人与社会公众之间主要是通过自愿协商、法定许可，或者通过集体管理组织实现集体管理和许可的多重模式所共同组成。这一传统的著作权利用方式立足于纸媒媒体和广播电视传播体系，这些利用场景均是以实现对版权资源的"控制"为目标，作品的利用方需要与作品的传播方订立书面协议，作品的创作者反而居于较为次要的位置，作者通过传播者方能实现自身的版权收益。❶ 通过集体管理与法定许可的制度安排，基本能够形成对著作权许可利用的有效补充。

进入后互联网时代，尤其是自媒体、短视频等大众化传播媒介的普及，以及大数据、人工智能等新技术的加持，让创作更为高频、传播更为便捷。版权内容与传播流量二者并驾齐驱，传统的版权许可模式已经无法适应新的传播环境。为了追求传播利益的最大化，保障作品产出与受众之间的契合度，对版权内容的数字化利用以及智能化推荐等手段，成为内容创作者与传播者"标配"的工具。新的利用方式与传播方式，带来了更多样化的侵权形态，而著作权许可机制的滞后也是侵权易发频发的重要缘由。在主体众多、作品繁复、权项复杂的情况下，许可成本高昂，理性的市场主体会采取更为极端的"先侵权后付费"模式，尤其在维权成本高企，有着较高逃避侵权责任可能性的前提下，作品的利用者难有动力去寻求合法版权许可。在此情境下，海量版权侵权便不难理解，而著作权许可机制出现了明显的市场失灵。

版权制度在新的技术环境下，如果仍然因循守旧，会带来新媒体发展的踟蹰不前，要么新媒体平台成为侵权者的天堂进而扼杀原创，要么创作与传播的参与者畏缩不前，让平台"一潭死水"。要化解此问题，需要合理平衡创作者、利用者、平台之间的利益协调机制，在既有的"赋权－许可"财产规则之外，更多考量合理的责任规则。一方面，明晰、简化著作权、邻接权中的传播权项；另一方面，形成更为完备的版权限制与利用规则，并适当提高新媒体平台的传播主体责任承担。

---

❶ 孟兆平. 网络环境中著作权保护体系的重构［M］. 北京：北京大学出版社，2016：209.

第二节　大数据时代新媒体传播权项的体系化

传播权从狭义上指著作财产权中与传播相关的权项，广义上还包含了邻接权的相关权项。立足于传统传播手段，著作财产权中的传播相关权项较为零散，且相互之间存在一定的重叠，而作为传播者权利的邻接权，亦未能有效涵盖新媒体环境下的传播者权益保护。因此，有必要对相关传播权项予以体系化建构，在此基础上厘清各权项之间的边界，以降低新媒体传播中的交易成本，提升司法判定中的界权效率。

一、新媒体著作权相关传播权项的体系化

著作权有别于一般民事权益，其权项较为繁复，尤其财产权权项较多。我国《著作权法》上的著作权权项，包括4项著作人身权与12项著作财产权，以及1项兜底条款，其中，与作品传播相关的著作财产权包括展览权、表演权、放映权、广播权、信息网络传播权。由于传播形态的多样性，传播技术也在不断发展，不同的传播权项所规制的传播行为之间，并非泾渭分明。

（一）传播发展与传播权项的类型化

我国《著作权法》中，与传播相关的权项包括展览权、表演权、放映权、广播权、信息网络传播权。但随着传播技术与传播媒介的发展，网络直播、网络广播、网络短视频、私人影院等新兴表演与传播形态层出不穷。网络直播间未经许可表演作品的侵权行为如何界定；经营性场所播放广播电视、网络直播如何定性；网络展会、网络展览形成对作品的传播如何规制；私人影院通过信息网络渠道向观众播放作品应落入何种权利的规制范畴，这些问题不一而足，亟待解决。

我国2020年修正的《著作权法》对于著作权权项中的广播权、信息网

络传播权作出了调整，将第10条第1款第11项、第12项进行了修改。❶ 在原有的广播权"无线方式"基础上增加为"以有线或者无线方式"；将信息网络传播权的"向公众提供作品"修改为"向公众提供"。这一修改试图通过"有线方式"补充网络广播等传播新形态，并将信息网络传播从"提供作品"扩展至"对作品的提供"。

但立足于《伯尔尼公约》及《世界知识产权组织版权公约》的条文原意，有学者提出，我国《著作权法》存在传播权体系化的缺失，以交互式传播与非交互式传播所进行的分类只适用于部分传播权中的专有权利，而应当将传播权区分为"现场传播权"和"远程传播权"，❷将广播权、信息网络传播权纳入远程传播权（"向公众传播权"），将表演权、放映权、对（广播和信息网络传播的）作品的再次公开传播权、展览权纳入现场传播权❸。

为何会有对于著作权传播相关权项解释的差异性，从《伯尔尼公约》与《世界知识产权组织版权公约》的条文来看，因两者规定的内容均较为简略和原则性。前述公约条文规定较为原则的原因在于：一方面，世界范围内各国发展背景与立法现状的差异化；另一方面，传播形态本身的多样化。而只有较为原则性的规定才具有更好的统摄性，能够涵括如此复杂多样的版权与传播发展环境。当然，国际条约关于著作权权项的条文规定，源自作品类型的不断丰富，以及对新传播技术与传播媒介的回应，属于"补漏式"的立法，因此在权项的界定上显得并不周延。从1886年《伯尔尼公约》出台，到20世纪末《世界知识产权组织版权公约》等公约的签署，传播媒介从纸质媒体为主，发展到广播电视媒体占统治地位，再进入互联网时代，并进入

---

❶ 《著作权法》（2020）第10条第1款："……（十一）广播权，即以有线或者无线方式公开传播或者转播作品，以及通过扩音器或者其他传送符号、声音、图像的类似工具向公众传播广播的作品的权利，但不包括本款第十二项规定的权利；（十二）信息网络传播权，即以有线或者无线方式向公众提供，使公众可以在其选定的时间和地点获得作品的权利。"

❷ 王迁. 著作权法中传播权的体系 [J]. 法学研究，2021（2）：55 – 75.

❸ 可以借鉴《伯尔尼公约》第11条第1款第i目规定的公开表演权和WCT规定的向公众传播权的规定，在保持我国《著作权法》第10条规定的各项权利内容基本不变的前提下，对著作权人享有的表演权、放映权、广播权、信息网络传播权的各项内容进行重组，整合为"公开表演权"与"公开传播权"。参见张伟君. 广播权与表演权和信息网络传播权的关系辨析 [J]. 苏州大学学报（法学版），2020（2）：101 – 109.

智能化数字化时代，作品的类型也从文字美术、音乐戏剧到电影电视、摄影、视频，与传播手段及传播媒介相适应，相应与传播相关的著作权权项也从复制权、发行权，到出租权、展览权、表演权、放映权，再到广播权、信息网络传播权。

要对著作权中的传播相关权项进行分类阐释，必须立足于传播技术与立法的历史发展脉络，尤其是我国著作权法起步较晚，诞生之初即已进入互联网发展的早期，相应的著作权法条文也主要来源于以《伯尔尼公约》《世界知识产权组织版权公约》等为代表的国际公约，以及对于世界其他国家相关立法的借鉴。以"面向传播发生地的公众进行的传播"和"面向不在传播发生地的公众进行的传播"作为区分标准，❶ 进而对传播权项进行体系化，难免割裂对传统传播方式的认知，将是否借助传输技术手段作为不同传播权项所规制行为的依据，尽管形式上更为规整了，但针对现实传播行为的保护会存在问题。例如，对于主播在网络直播中演唱歌曲供网络用户欣赏，假设直播现场有一位录制视频进行网络推送的"工作人员"，按照是否面向传播发生地，该表演行为落入广播权的保护范畴，但假设直播现场有一位录制视频进行网络推送的"观众"，则该表演行为落入（现场）"表演权"和（远程）"广播权"的规制范畴。同一行为在不同的语境下，会存在差别化的法律评价，这种人为割裂的保护体系，不仅在逻辑上难以自洽，而且会存在与惯常理解上的偏差。因此，对传播权项的类型化，需要立足于传播发展与版权立法的历史脉络，展开类型化的"法教义学"分析，既要贴合社会公众以及产业行业对于传播的一般性认知与理解，也要从传播媒介与传播技术历史发展的维度对于不同权项边界进行阐释。

（二）传播权项的历史由来

"历史主义的本质在于用个性化的观察过程代替对人类影响力的一般化的看法。"❷ 传播权项的现有体系经历了漫长的历史逐渐发展形成，在不同的

---

❶ 王迁. 著作权法中传播权的体系 [J]. 法学研究, 2021 (2): 55-75.
❷ 唐纳德·R. 凯利. 多面的历史：从希罗多德到赫尔德的历史探询 [M]. 陈恒, 宋立宏, 译. 北京：生活·读书·新知三联书店, 2003: 497.

国家会因传播环境与立法认知而存在差异。国际条约的制定，一方面需要回应传播技术与传播媒介的发展，另一方面也要兼顾各方利益的妥协与不同立法模式的调和。从《伯尔尼公约》到《世界知识产权组织版权公约》正是遵循了这一历史发展逻辑。

从最广义的概念上讲，复制权与发行权属于最为原始的传播权项，复制加发行构成纸质媒体传播的核心方式。在此基础上，针对戏剧作品、音乐戏剧作品、音乐作品，《伯尔尼公约》第11条规定了公开表演权；针对文学艺术作品，《伯尔尼公约》第11条之二规定了广播权；第11条之三规定了公开朗诵权；第14条和第14条之二规定了放映权及有线公开传播权。

互联网兴起后，为补充规制网络传播的著作权保护，《世界知识产权组织版权公约》第8条规定了向公众传播的权利。[1] 该条所规定的"向公众提供权"（或称"向公众传播权"），经过缔约方广泛讨论，《世界知识产权组织版权公约》最终以"伞型权利"的形式赋予所有作品的作者控制通过有线或无线方式向公众传播其作品的权利，以弥补《伯尔尼公约》关于作品传播权分散且不周延等缺陷。[2]

我国《著作权法》2001年修正时，对于展览权、表演权、放映权、广播权与信息网络传播权的权项界定，直接来源于《伯尔尼公约》与《世界知识产权组织版权公约》，其中将"向公众提供权"按照信息网络空间的媒介特征界定为"信息网络传播权"。诚如法学家萨维尼所言，法并没有自身独立的存在，从某个特殊的方面来看，其本质毋宁说是人类生活本身。[3] 为填补新传播媒介带来的对作者利益的冲击，《著作权法》不断尝试界定新的权项，新设定的权项既是与既有权利相平行的权项，也是对既有权利的有效补充。

---

[1] 作为对《伯尔尼公约》在新的传播媒介环境下不周延的补充，即：在不损害《伯尔尼公约》第11条第1款第ii目（注：公开表演权）、第11条之二第1款第i和ii目（注：广播权）、第11条之三第1款第ii目（注：公开朗诵权）、第14条第1款第ii目和第14条之二第1款的规定（注：放映权）的情况下，文学和艺术作品的作者应享有专有权，以授权将其作品以有线或无线方式向公众传播，包括将其作品向公众提供，使公众中的成员在其个人选定的地点和时间可获得这些作品。

[2] 刘银良. 信息网络传播权及其与广播权的界限 [J]. 法学研究, 2017 (6): 98-114.

[3] 弗里德里希·卡尔·冯·萨维尼. 论我辈从事立法与法学之禀赋（上）. 袁治杰, 译. [M] // 王洪亮, 田士永, 等. 中德私法研究（第12卷）. 北京: 北京大学出版社, 2015: 144.

（三）新媒体传播背景下的权项边界

在广播权与信息网络传播权出现后，以新型技术手段进行远程传播的行为，是否脱离了既有的展览权、表演权与放映权规制范畴，关系到各权项边界的界定问题。

以表演权为例，从《伯尔尼公约》的界定来看，第11条第1款规定了戏剧作品、音乐戏剧作品和音乐作品作者享有的专有权。❶ 对于该条第1项与第2项的内容是否均可归入表演权的范畴，存在两类处理方式。第一类，认为该两项内容实际是糅合了现场传播权与远程传播权，应当将之区分为表演权与信息网络传播权，❷ 第二类，立足于以美国为代表的版权立法路径，❸ 认为该条界定即包含了现场表演与远程传输，可合称为公开表演权❹。实际上，从这两类处理方式的差别来看，核心的区别在于对表演权概念的界定，表演权究竟是只涵盖传统的现场表演与现场机械表演，还是包含通过远程传输手段公开播送作品的表演。

要厘清这个问题，需要回到《伯尔尼公约》与《世界知识产权组织版权公约》的条文原旨上来。《伯尔尼公约》自1886年9月9日在伯尔尼举行的联盟第三次大会上予以通过后，进行了7次补充或修订，对于版权保护的客体，以及权项内容作出了多次扩展与变更。❺ 在《伯尔尼公约》后续的文本中，尽管出现了新的传播技术，既有的广播权规定依然得以延续。

---

❶ 《伯尔尼公约》第11条第1款规定，戏剧作品、音乐戏剧作品和音乐作品的作者享有下列专有权利：（1）授权公开表演和演奏其作品，包括用各种手段和方式公开表演和演奏；（2）授权用各种手段公开播送其作品的表演和演奏。

❷ 王迁. 著作权法中传播权的体系 [J]. 法学研究，2021（2）：55-75.

❸ See 17 U.S.C.A. §101. 1976年《美国版权法》第101条规定，"表演"指的是"……以连续的方式展示其画面或者让人听到相关的伴音"，第101条第2项则定义了"通过技术设备或程序向公众传送或以其他方式传播表演……使公众能够在同一地点或不同地点，同一时间或不同时间地接收表演"的排他权。两项内容合成"公开表演权"。

❹ 张莎莎. 公开表演权于网络转播行为的适用——评美国最高法院ABC, Inc. v. Aereo, Inc. 案 [J]. 中国版权，2014（4）：79-81.

❺ 以广播权为例，广播权是在《伯尔尼公约》1928年罗马修订文本中被首次规定，那时的无线电传播技术才出现不久，有线传播也仅限于将无线广播信号通过有线电缆传送给特定区域的受众，尚未出现有线电视技术，更没有数字和互联网技术，因此广播权仅包含了无线电传播和有线转播。参见焦和平. 三网融合下广播权与信息网络传播权的重构——兼析《著作权法（修改草案）》前两稿的相关规定 [J]. 法律科学（西北政法大学学报），2013，31（1）：150-159.

这种"补漏式"的权项演进方式，导致在《伯尔尼公约》中，针对不同类型作品所界定的不同权项类型较为"零散"。正基于此，《世界知识产权组织版权公约》第8条设定了一项"向公众传播的权利"，以解决网络环境下的作品保护问题。❶ 欧盟也将此项权利纳入其《欧盟著作权及相关权指令》第3条，该条被称为"互联网条约"❷。从国际公约的规则制定背景来看，沿袭至今的1971年《伯尔尼公约》文本修订时，互联网尚未开始普及，在20世纪90年代互联网传播技术手段出现后，为解决既有权利的不足，才有了《世界知识产权组织版权公约》第8条的向公众传播权"伞形"方案。由此可以看出，《世界知识产权组织版权公约》所界定的"向公众传播权"既不是一项独立的权项，也不可能形成对既有权项的覆盖，而仅仅只是对原有权项的补充。同时，《伯尔尼公约》所界定的表演权涵盖了：（1）授权公开表演和演奏其作品，包括用各种手段和方式公开表演和演奏；（2）授权用各种手段公开播送其作品的表演和演奏。从广义上理解，两者同归于表演权的范畴，如果从狭义上理解，则该条款糅合了表演权与广播权。该条实际上第1项涵盖了现场表演与现场机械表演，第2项则涵盖了对表演的远程传送、传输。即使运用一定的"手段"公开播送作品的表演，也属于表演权规制的范畴，与公约第11条之二所界定的广播权"对作品的广播"是相互独立的。

对作品的表演，无论是现场的演奏演出、扩音器传播，还是远程的广播、网络传播，甚或是线上线下同步的传播，均存在公众所认知意义上的"表演"行为。从传播权体系解释的角度来看，表演权作为面向传播发生地的"现场传播权"，与广播权及信息网络传播权等面向远程传输的"远程传播权"是相互独立的，表演权的保护边界仅能及于现场表演（包括机械表演）。但从国际规则发展与技术变革的背景来看，广播权及信息网络传播权等面向远程传输的"远程传播权"仅为对表演权的补充，以《伯尔尼公约》为蓝本的表演权界定，公开播送作品的表演应当涵盖对表演的远程传播。

---

❶ 约格莱·因伯特，西尔克·冯·莱温斯基. WIPO因特网条约评注［M］. 万勇，相靖，译. 郭寿康，审校. 北京：中国人民大学出版社，2008：189.

❷ 米哈依·菲彻尔. 版权法与因特网（上）［M］. 郭寿康，等译. 北京：中国大百科全书出版社，2009：256.

（四）表演权司法保护边界的判断基准

在新媒体传播环境下的各传播权项边界判断中，表演权保护边界存在的争议最大。从对表演权的立法解释论与国际规则变迁考察来看，对表演权概念内涵的界定，立足于不同的视角可以形成差异化的判断。尽管在我国著作权法立法的早期，对于表演的内涵通过1991年《著作权法实施条例》以及1999年国家版权局的解释进行了界定，将表演限定于现场表演与机械表演。但从2001年《著作权法》到2020年《著作权法》中关于表演权的条文界定，皆借鉴于《伯尔尼公约》。❶ 虽然众多学者认为我国《著作权法》中关于表演权的界定曲解了《伯尔尼公约》的内容，❷ 但司法审判只能立足于现行立法的条文，如何准确地界定表演权所规制的侵权行为，需要更为精细的司法适用规则。

1. 表演权司法保护的请求权基础

请求权基础理论被认为是德国民法的重要方法论，以为民法实务提供可资遵循的思维及论证方法。❸ 尽管理论上对于请求权基础理论仍存有争议，但司法审判实践中已然先行。❹ 请求权基础的构造，即基于某行为或法律关系，"谁得向谁，依据何种法律规范，主张何种权利"。在著作权侵权纠纷中，著作权人立足于被控侵权人的相关行为，依据《著作权法》第10条、第52条、第53条，主张复制权、表演权、广播权、信息网络传播权等权利。

首先，主张的主体是权利人，即著作权人。当然，著作权涵盖了17个权项，一般来讲，所有的著作权权项都归于单一的著作权人，但基于著作权的转让、独占许可、集体管理等缘由，不同的著作权权项可能存在不同的归属，

---

❶ 表演权即"公开表演作品，以及用各种手段公开播送作品的表演的权利"。

❷ 相关观点参见，王迁. 著作权法中传播权的体系 [J]. 法学研究, 2021 (2): 55-75; 张伟君. 广播权与表演权和信息网络传播权的关系辨析 [J]. 苏州大学学报（法学版）, 2020 (2): 101-109.

❸ 王泽鉴. 民法思维: 请求权基础理论体系 [M]. 北京: 北京大学出版社, 2009: 1-3.

❹ 最高人民法院在《全国法院民商事审判工作会议纪要》和《在全国法院民商事审判工作会议上的讲话》中明确认可请求权基础思维为裁判思维，并以专题出版《民事案件案由适用要点与请求权规范指引》，截至2021年1月29日，中国裁判文书网包含"请求权基础"字样的民事裁判文书多达三万九千余件。参见金晶. 请求权基础思维: 案例研习的法教义学"引擎" [J]. 政治与法律, 2021 (3): 88-103.

此时就应由著作权人明晰其主张的权项类型。

其次，权利人所举证主张的侵权行为及行为主体，也构成请求权的重要内容。通过网络直播等方式传播对作品的表演，可能存在独立的多个行为与多重主体，一方面会有表演者或演出者，另一方面会有直播行为的实施方，包括技术、设备、渠道等。一般表演与录制或播出行为可能由同一主体实施，但在直播行业分工愈发细化，多频道网络（Multi Channel Network，MCN）机构专业化程度越来越高的情况下，主播与机构的行为及其法律评价可能会出现差异化。当然，还有可能存在表演者与直播或录制方之间不存在意识联络的情形，例如未经表演者许可，对表演的违法直播、非法录制。此时，主张的行为与被控侵权的主体会决定所应予以保护的著作权权项。在此类情形下，传播作品与传播作品的表演会存在较大的差异性，而不能一概认为"传播作品，并不限于作品的原始形态，而是包括传播作品的表演和作品表演的录制品"❶。典型的情形如甲在小剧场内进行表演，乙个人或直播机构经许可或未经许可对表演现场进行直播或录制并上传网络，此时，"作品"与"作品的表演"之间的差异不仅仅在于有了一个表演者即表演行为人，所表演作品的权利人丙，可以针对不同的侵权行为、不同的侵权主体，主张不同的权利基础。

因此，在对是否侵犯表演权进行司法判断之前，司法机关应当正确厘定表演权司法保护的请求权基础，平台、机构、表演者，以及线上、线下或线上线下相结合的不同传播行为，可能分别构成差异化的请求权基础。

2. 准确界定表演权与其他权项边界

从《伯尔尼公约》和《世界知识产权组织版权公约》的发展来看，表演权是一项传统的权利，而"向公众传播权"是对表演权等传统权利在新传播环境下的补充。但我国《著作权法》关于表演权、放映权的规定，与广播权、信息网络传播权是否也存在此种补充关系则不尽然。因为国际规则的形成相较于国内法博弈更为复杂，所形成的妥协方案，既不可能也无必要按照最优方案执行。因此国内法上不同权项的界分，应立足于法律适用的周延性

---

❶ 王迁. 网络著作权专有权利研究 [M]. 北京：中国人民大学出版社，2022：341.

与低成本，既要依循传统，更要符合司法适用现实的需求。

从日常生活或者惯常语义上理解，表演行为并不局限于剧场、舞台等现场表演以及特定空间内借助设备的机械表演。但从传播权项体系化的角度阐释，新媒体环境下的传播行为已经突破了传统对表演的界定，带来了表演权与信息网络传播权、有线广播等新型权利在规制行为范畴上的交叉与重叠。"向公众传播"在《世界知识产权组织版权公约》基础提案的注释中，特别指出"它含有向不在传输发生地的公众进行传输的意思"，因此新的传播技术手段，实际上以新型权利的方式，"侵夺"了部分原属于"表演权"等传统权利的规制范畴。因此，根据传播技术手段的差异，按照是否面向传播发生地，将表演行为中的现场表演与表演的远程传播，分别纳入表演权的规制范畴与信息网络传播权和广播权的规制范畴，虽然有悖于惯常对表演的理解，但也不失为一种更为周延的体系化分类，将能有效避免司法适用的冲突，降低司法成本。

二、新媒体环境下的邻接权扩展

世界知识产权组织（WIPO）在其编写的手册中对邻接权进行了界定。[1] 专于保护传播者权利的《罗马公约》全称即为《保护表演者、音像制品制作者和广播组织的国际公约》。从国际通行的规则来看，邻接权所保护的三类主体即为表演者、唱片制作者和广播组织。我国著作权法在此基础上，将邻接权保护的对象界定为：图书、报刊的出版；表演；录音录像；广播电台、电视台播放。随着网络技术与网络传播渠道的扩张，新闻聚合类APP、网络组织、MCN机构的兴起，对传播格局产生了极大的影响，与之相应，既有的传播者相关权利与利益配置受到了来自新技术与新传播渠道的挑战。

（一）出版者邻接权在网络环境下的扩张

图书、报刊的出版者自版权法诞生之初，即占据着非常重要的地位，从

---

[1] WIPO对邻接权的界定即，表演艺术家对其表演的权利、录音制品制作人对其录音制品的权利和广播电视组织对其广播电视节目的权利。参见WIPO, Intellectual Property Handbook: Policy, Law and Use, Second Edition, at 46, http://www.wipo.int/export/sites/www/free publications/en/intproperty/489/wipo_pub_489.pdf.

王权授予的出版垄断权,到通过出版合同约定的独家出版权、专有出版权,始终是保障出版者获取传播权益的重要手段。网络的快速兴起挤占了许多传统媒体的空间,在娱乐、新闻、广播等领域,新兴媒体迅速扩张,而传统媒体则逐渐居于劣势。❶ 尤其是搜索引擎、新闻聚合类媒体等新兴工具的快速发展,改变了社会公众的阅读习惯,不断挤压着传统媒体的生存空间。

最早针对出版者权作出改变的是德国著作权法。❷ 紧随德国之后,西班牙也在其知识产权法典第 32 条增加了类似的邻接权规定。然而,欧洲各国著作权法修订之后的实施情况却并不理想。《德国著作权法》修订后,美国谷歌公司拒绝了与德国报刊出版集团的集体管理组织 VG 媒体集团就版权授权等问题进行谈判,与此同时,德国诸多的报刊出版商基于自身生存的考量,纷纷自行与谷歌公司达成免费许可,以实现其内容在谷歌新闻中予以呈现。《西班牙著作权法》修订后的情况更为极端,美国谷歌公司甚至关闭了其在西班牙的"谷歌新闻"业务。❸ 当然,针对互联网环境下出现的传统出版商"败局",欧盟部分学者认为缺乏欧盟层面对传统出版商利益的保障是重要缘由。❹ 当然,对此也有不同的声音。有的学者认为,当前新闻聚合类平台以及搜索技术所带来的版权问题,可以通过现行立法予以解决,不需要通过增设新的权利类型。❺ 2016 年 9 月 14 日,欧盟委员会发布了《数字化单一市场版权指令(提案)》,经过近三年的多轮激烈讨论和修改,2019 年 3 月 26 日,

---

❶ 代江龙. 互联网时代媒体融合发展的未来模式探索 [J]. 重庆邮电大学学报(社会科学版),2018,30(2):31-38.

❷ 2013 年 8 月 1 日,《德国著作权法》(全称为《德国著作权与邻接权法》)第八修正案——《2013 年 5 月 7 日修改〈著作权法〉的第八部法律》生效,该修正案突破传统的邻接权范畴,为报刊出版者创设了一项新的邻接权——报刊出版者权,即报刊出版者在报刊产品出版后一年内对其享有以商业目的进行网络传播的专有权。这项权利仅针对搜索引擎的商业提供者和内容整合服务的商业提供者。参见颜晶晶. 报刊出版者权作为邻接权的正当性探析——基于德国《著作权法》第八修正案的思考 [J]. 比较法研究,2015(1):61-77.

❸ 阮开欣. 欧盟报刊出版者邻接权的成因及启示——以《数字化单一市场版权指令》为背景 [J]. 出版科学,2020,28(4):32-38.

❹ Deloitte LLP. The impact of web traffic on revenues of traditional newspaper publishers. A study for France, Germany, Spain and the UK [EB/OL]. [2019-04-16]. http://www2.deloitte.com/content/dam/Deloitte/uk/Documents/technology-media-telecommunications/deloitte-uk-impact-of-webtraffic-on-newspaper-revenues-2016.pdf.

❺ 薛亚君. 新闻聚合行为的规制与报刊出版者邻接权 [J]. 出版广角,2015(12):97.

欧洲议会通过了该提案的最终文本，其中第 15 条第 1 款规定，成员国应当针对网络服务提供商对出版物的在线使用行为，为出版商创设一项包含复制权和向公众传播权的邻接权，期限为两年。❶

从德国和西班牙著作权法，以及欧盟版权指令的发展可以看出，出版者权意在解决互联网发展之后，新兴媒体以技术优势形成对传统媒体的冲击，出版者权为平衡创作者与传播者利益格局而生。我国著作权法目前并未基于传统出版者针对搜索引擎及新闻聚合平台等网络新媒体作出权利安排，但实践中以"今日头条"等为代表的新媒体采用深度链接、搜索推荐技术，与传统媒体之间所产生的利益冲突以及诉讼纠纷已经较为常见。如何以邻接权制度形成对于既有著作权法中创作者与传播者，以及新旧传播者之间利益冲突的协调，正是我国著作权法未来发展中所需要重点关注之处。

（二）网播组织邻接权的边界

自 1928 年广播权被纳入《伯尔尼公约》修订文本之中，广播在版权法国际公约中的发展已近百年。近百年来，广播早已从早期的无线广播，发展为三网融合之下的复合形态，既有的技术与传播方式已然发生了翻天覆地的变化。尤其是近年来直播与短视频的兴起，传统属于广播电视的关注及流量，在很大程度上已经为网络直播与网络短视频所取代。根据 2020 年的调查数据显示，就接触频率而言，七类媒介的排序依次是智能手机（97.80%）、电视（60.40%）、个人电脑（41.20%）、书籍（21.70%）、报纸（13.50%）、杂志（8.90%）、广播（7.60%）❷。各类手机 App 已经成为获取资讯的首选，取代传统的电视广播渠道。

我国著作权法将广播电台、电视台播放作为一类重要的邻接权客体，对广播电台、电视台赋予了禁止未经许可转播、录制、复制、信息网络传播等相关行为的权利。然而，立法上对于广播电台、电视台的界定仍然停留于电子媒体时代对于广播电视的界定，只有具备准入资格条件、获取了运营牌照

---

❶ 阮开欣. 欧盟报刊出版者邻接权的成因及启示——以《数字化单一市场版权指令》为背景[J]. 出版科学，2020，28（4）：32-38.

❷ 喻国明. 中国居民的媒介使用图谱——全民媒介使用与媒介观调查报告[M]. 北京：人民日报出版社，2020：11.

的媒体才能被称为"广播电视"。越来越多的网播组织如何认定，在法律上仍然存在空白，司法审判实践中也难以得到有效的保护。在被称为中国游戏直播第一案的斗鱼公司与耀宇公司著作权侵权及不正当竞争纠纷一案中❶，斗鱼公司未经许可在网站上实时转播耀宇公司的游戏比赛直播画面，法院经审理后认为，我国著作权法立法上并没有关于比赛转播权的相关规定，因此耀宇公司所主张的游戏直播视频的转播权不属于我国著作权法的法定权利，不能直接给予著作权法的保护，游戏直播平台也难以作为广播组织得到邻接权的保护。

然而，从技术手段与实现的效果而言，网播组织与传统的广播电台、电视台并不存在实质性差别，网播因其便捷性与低成本，越来越受到公众青睐。但在《世界知识产权组织广播组织条约（草案）》的制定过程中，在众多网络服务商的游说下，美国政府于2003年向世界知识产权组织版权及相关委员会提出议案，建议将该"草案"延伸至互联网，并承认网播组织的广播组织者地位，但该议案遭到了多数发展中国家的反对，❷目前世界知识产权组织尚未能在网播组织权益的保护上达成共识。从著作权制度发展来看，邻接权本身即是随着传播技术发展而诞生的一项与著作权相关联的权利，意在保护传播者的权益以促进传播。在网播组织与广播电台、电视台具有类似的传播效果的情况下，应当将网播组织与广播电台、电视台合并于"广播组织"概念之下，将网播组织与广播电台、电视台等同视之，在邻接权的保护上形成更为周延的保护体系。

第三节　适应大数据时代的版权限制与利用规则

著作权制度要充分激发作品的社会价值，一方面要鼓励创作，另一方面要形成对版权资源合理利用的相关规则。版权在民事权利的归类上属于绝对

---

❶ 上海知识产权法院（2015）沪知民终字第641号民事判决书。
❷ 程炉，戴哲. 网播组织应纳入著作权法保护范围[J]. 出版广角，2016（9）：28–30.

权,但其也有别于物权等传统绝对权,版权保护的规则体系相对复杂,由物权规则(property rules)、义务规则(liability rules)、公共领域规则(public domain rules)和转换规则(transformation rules)组成。❶ 版权不仅彰显产权,其保护意义更在于鼓励创作与社会文化繁荣。因此,对版权的限制与利用规则,在版权法上具有重要地位,甚至与权利规则相伴相随,并无孰轻孰重之别。进入大数据时代,面临新的技术变革与传播手段丰富化,版权的限制与利用规则也需要因应时代变迁作出调适。

一、大数据时代的版权限制规则

版权限制规则主要体现于公共利益的考量,因此在适用上对于权利人的限制应当以一定的条件为基础,且应颇为审慎。尤其在新技术出现后,著作权人的权利与社会公众的利益之间,会在原有的限权规则基础上出现新的利益分配空间,版权限制规则一方面成为利益平衡的重要调节器,另一方面也需要体现出对新技术与新传播环境的适应性。我国 2020 年修正的《著作权法》对合理使用规则进行了一定的调整,其中最为重要的是将"三步检验法"一般条款纳入其中。❷ 在此情况下,合理使用规则的具体规定仍然延续了 12 项具体情形,但有所微调,增加了一项"其他情形"的兜底条款。但人工智能和大数据等新兴技术的发展,已经对传统的合理使用制度形成挑战,❸ 合理使用规则势必作出变革。

(一) 大数据利用中的合理使用

合理使用制度诞生于传播技术手段相对单一的传统媒介时代,大数据与人工智能带来了从创作主体到创作方式的全方位变革,合理使用中的"使用"也从人类使用转向"机器使用"。层出不穷的创作智能机器人已经逐步在

---

❶ 梁志文. 变革中的版权制度研究 [M]. 北京:法律出版社,2018:209.
❷ 即需要满足"只能在特定情形下使用;不得影响该作品的正常使用;不得不合理地损害著作权人的合法权益"。
❸ 支撑元宇宙行业发展的网络及运算技术、电子游戏技术、交互技术等技术集群,在数字化利用作品过程中早已引发各类新型版权纠纷。参见袁锋. 元宇宙空间著作权合理使用制度的困境与出路——以转换性使用的界定与适用为视角 [J]. 东方法学,2022,86(2):44-57.

挑战和突破"图灵测试",2023年1月,北密歇根大学的哲学教授安东尼·奥曼（Antony Aumann）在为自己任教的一门世界宗教课程评分时,惊喜地读到了一篇"全班最好的论文"并给出了最高分,但事后证实该论文为学生利用"Chat GPT"软件❶所写。"Chat GPT"软件也成为历史上用户增长最快的消费应用。随着新技术如"雨后春笋"般出现,人工智能与大数据应用成为著作权利用最为重要的方式之一。为平衡版权人与利用者,以及社会公众之间的利益,促进技术发展对社会文化繁荣的贡献,大数据利用中的合理使用有必要给予合理审视。

版权资源的数字化利用过程,包括大数据的提取复制、数据转换以及数据输出的整个过程。有学者认为,在人工智能时代,随着AI对使用大量数据的普遍需要以及人机创作模式下"作者中心主义"的祛魅与式微,合理使用的范围应当扩大,AI创作中"输入"阶段的作品使用应当纳入合理使用的范畴。❷ 结合现行《著作权法》第24条,所列举的12项具体情形均未直接对数字化利用作出规定,对于AI创作等数字化利用作品的行为,是否能纳入合理使用"三步检验法"的原则性规定,需要展开进一步的分析。

首先,合理使用规则"三步检验法"的第一步,要求"只能在特定情形下使用",也就是必须符合法定情形。《著作权法》第24条第1项与第2项的内容与数字化利用具有关联性,但个人的学习、研究、欣赏目的,以及为了介绍或是评论某一作品、说明某一问题,在作品中进行适当的引用,也很难覆盖所有的文本挖掘利用类型。当然,新修正的《著作权法》新增了第13项"法律、行政法规规定的其他情形"作为兜底条款,可用于扩展解释,但在目前《著作权法实施条例》尚无增补规定,其他法律也对合理使用未有涉及的情况下,司法适用中并不能任意援引该兜底条款。

其次,对于"三步检验法"中第二项要件即"不得影响该作品的正常使

---

❶ Chat GPT是由人工智能研究实验室OpenAI在2022年11月30日发布的全新聊天机器人模型,一款人工智能技术驱动的自然语言处理工具。它能够通过学习和理解人类的语言来进行对话,还能根据聊天的上下文进行互动,真正像人类一样来聊天交流,甚至能完成撰写邮件、视频脚本、文案、翻译、代码等任务。

❷ 林秀芹. 人工智能时代著作权合理使用制度的重塑 [J]. 法学研究, 2021, 43 (6): 170 – 185.

用"以及第三项要件"不得不合理地损害著作权人的合法权益"的判断,可以运用逆向思维进行考量,即需要回答,如果把某种作品使用方式认定为使用者的自由,是否会剥夺了权利人通过市场获得重大经济利益或者精神利益的途径;如果把某种作品使用方式认定为使用者的自由,对权利人的正当利益是否造成了不成比例的损害。❶ 在对上述问题回答的基础上,回归"三步检验法"的基本功能,在新的数字环境之下,立法者可以创设新的限制与例外,以实现著作权领域个人利益与公共利益的平衡。从文本数据挖掘本身所具有的开放性来看,作为新时代的"石油",数据的利用应当在不侵入个人权利与社会公益的前提下,鼓励提倡开放共享,对于"沉睡的"版权资源,利用过程本身应当尽量减少限制,更不应予以一概禁止。当然,数字文本挖掘也会带来公众对于高级抄袭、洗稿等问题的担忧,但此类问题并非合理使用本身所带来的,而应当将输出结果纳入著作权法已有的"接触 + 实质性相似"的侵权判断之中,无论采取何种再创作或利用方式,只要最终产生的成果构成对原作品的改编、抄袭,本身就属于著作权法所禁止的行为。

基于对"三步检验法"的展开分析,在大数据、人工智能等新技术,以及新的内容生产与媒介传播环境下,既有的合理使用制度本身显然已经比较滞后,现行立法也很难通过扩展解释的方式将数字化利用完全纳入合理使用之中。当前,应当对合理使用规则作出一定拓展,通过实施条例的方式新增针对文本数据挖掘的新型合理使用方式。

(二) 元宇宙环境下的合理使用

元宇宙实际上是一种技术统合的总称,从虚拟现实交互技术发展而来,整合了网络及运算技术、人工智能技术、电子游戏技术、交互技术(网络直播、VR、AR、MR 等)、区块链技术、物联网技术等六大支撑技术形成的新型虚实相融的互联网应用和社会形态。❷ 元宇宙作为现实世界的投射虚拟空间,当然也会存在与现实世界相类似的问题,在虚拟空间的使用是否也可以

---

❶ 朱理. 著作权的边界——信息社会著作权的限制与例外研究 [M]. 北京:北京大学出版社,2011:249 - 250.

❷ 赵国栋,易欢欢,徐远重. 元宇宙 [M]. 北京:中译出版社,2021:10.

与现实空间的使用等同视之,是否能够以相同的合理使用判定标准来适用于元宇宙环境,是随着元宇宙技术的发展与运用所面临的问题。

元宇宙要实现与现实场景的类同性,需要通过对场景环境的采集,进而虚拟建构模拟的现实场景。而虚拟场景相互之间也可能存在一定的类同性,例如当下已经比较常见的 VR 游戏。被称为国内首例 VR 作品著作权纠纷的"全景客诉同创蓝天侵害著作权纠纷案"❶,即因对现实场景虚拟呈现的摄影作品被侵权而提起诉讼。原告全景客公司是一家专门从事网络及 VR 相关技术开发的高新技术企业,公司具备专业的三维全景拍摄技术,通过创作完成了《故宫》《中国古动物馆》系列 VR 全景摄影作品,其中作品《故宫》在北京市版权局进行了版权登记。同创蓝天公司未经许可,在其主办的酷雷曼网站上传了《故宫》《中国古动物馆》两部作品中的 76 幅 VR 全景摄影作品。故全景客公司诉至法院,要求同创蓝天公司赔偿经济损失及合理开支。法院认可了涉案作品属于可 360 度全景再现客观物体和场景的摄影作品,拍照者享有涉案作品的著作权。被告同创蓝天公司未经著作权人的授权许可,在其网站上提供涉案的全景再现摄影作品,属于侵害原告作品信息网络传播权的行为,判令同创蓝天公司赔偿全景客公司经济损失 46.2 万元及相应的合理开支。

而在北京时光梦幻科技有限公司(以下简称"时光梦幻公司")与北京华彩光影传媒文化有限责任公司(以下简称"华彩光影公司")著作权权属、侵权纠纷案❷中,被控侵权人抗辩"在淘宝造物节展会上播放的宣传片显示的虚拟现实 VR 场景,只是对涉案作品的借鉴性使用,不属于受著作权法控制的使用作品的行为"。北京海淀区人民法院和北京知识产权法院经审查,认为"时光梦幻公司播放的 VR 场景并未形成一个不同于华彩光影公司的新作品"。但该案中,对于被制作成 VR 的作品类型并没有给出界定。对于虚拟场景形成过程中的诸多元素,尤其是一些公有领域的元素,是否能够纳入著作权法的保护范畴,其他主体对于相同或类似元素的使用是否属于合理使用

---

❶ (2018)京 0108 民初 6306 号。
❷ (2016)京 0105 民初 51305 号,(2019)京 73 民终 627 号。

范畴，是元宇宙环境下合理使用判定的重要问题。

对于虚拟现实的构建，有观点认为，在场景采集过程中，应当重点对比 VR 出版物与使用素材之间在主题、情节、画面剪辑编排等方面的信息量差异，综合使用目的、使用行为的潜在影响等因素判定是否构成合理使用。❶《著作权法》第 24 条第 10 项规定，"对设置或者陈列在室外公共场所的艺术作品进行临摹、绘画、摄影、录像"属于合理使用范畴。只要是独立的场景采集过程，所形成的摄影或视听作品均不落入在先作品的保护范畴，属于合理使用。因此，在素材比对的过程中，应当剔除公有领域元素，以及属于思想范畴的场景构建。对于场景构建过程中，信息采集可能会对建筑、图片、文字等进行不可避免的利用与再现，面对著作权保护"丛林"，如果设定过高的著作权保护标准，可能对元宇宙的场景应用与发展造成重大的阻滞。参照《著作权法》第 24 条第 3 项规定，在虚拟现实场景构建过程中，对于已经发表的作品，如果信息采集及场景构建无法避免对版权作品利用的情况下，应增加一项合理使用的行为范畴。

二、大数据时代的版权利用规则

进入大数据时代，对作品的利用已经超越了传统的利用方式，一方面在频次上大幅度提升，另一方面在数量上也出现了海量规模。传统围绕权利人为中心设定的版权许可规则，已经很难适应新传播环境下的需求，创作与传播都呈现出分布的广泛性与去中心化。如何形成有效的许可体系，既能有效激励创作者，又能让利用者、版权消费者以更低的成本与更便捷的方式获取版权资源，是大数据时代版权利用规则所需要重新审视的重要问题。

（一）版权许可机制变革

如今的著作权产业已经发展出了一套日趋复杂的交易体系，与客体利用相关的信息处在一个由众多个人分散掌握的系统中，只有通过"契约自由"允许权利人自由地选择和分配资源，我们才能发现掌握了这些"相关知识"

---

❶ 徐瑛晗，马得原．"VR 出版物"著作权合理使用问题探析 [J]．科技与出版，2021（7）：122－130．

的人，并实现对客体资源的最优使用。❶ 但如何通过自由契约既能实现版权资源的有效利用，同时能够更好地平衡著作权人与社会公众之间的利益，仍然在不断地探索之中。

版权许可机制可以分为法定许可与意定许可，其中法定许可仅限于特定情形。我国《著作权法》中的法定许可限于为实施义务教育和国家教育规划而编写出版教科书、由制作课件或者依法取得课件的远程教育机构通过信息网络向注册学生提供；广播电台、电视台播放他人已经发表的作品等。❷ 在合理使用与法定许可之外，所有利用版权作品的行为都需要著作权人的许可授权。为适应网络环境下的版权作品利用需求，有学者提出了构建具备"选择退出"机制的默示许可制度❸，可以在不改变现有的著作权法结构的前提下，有效地调和互联网的共享性与著作权的私权性之间的矛盾❹。

在新的技术条件下，版权许可还可以通过推动数字版权"货币化"提供助力。网络版权纠纷主要集中于信息网络传播权领域。而信息网络传播权作为版权中的一项财产性权利，其目的是让版权人获得与其付出相称的"回报"。因此，推动数字版权"货币化"不仅能满足这一目的，使得权利人获得相应的收入，而且能避免版权内容因侵权而无法自由传播、流通，这也与版权法促进文化繁荣发展的目标是一致的。油管作为数字版权"货币化"的先行者，运用 Content ID 机制筛选版权内容后，提供给权利人选择在侵权视频中投放广告与侵权人共享收益的选择，实现了平台、权利人、侵权人的"三赢"。

在版权许可机制之外，数字网络环境下，还诞生了新型的"公共许可"与"开放共享许可"。这一思潮发端于 20 世纪为反对权利壁垒与垄断的自由软件运动，以"Linux"操作系统软件为代表。这种开放许可的模式，提出了与版权保护相对立的观念，即开放软件源代码，实现计算机软件及其后续开

---

❶ 熊琦. 著作权激励机制的法律构造 [M]. 北京：中国人民大学出版社，2011：58.

❷ 参见《著作权法》第 25 条、第 46 条第 2 款，《信息网络传播权保护条例》第 8 条、第 9 条。还包括：为扶助贫困，通过信息网络向农村地区的公众免费提供中国公民、法人或者其他组织已经发表的种植养殖、防病治病、防灾减灾等与扶助贫困有关的作品和适应基本文化需求的作品。

❸ 王国柱. 著作权"选择退出"默示许可的制度解析与立法构造 [J]. 当代法学，2015，29（3）：106–112.

❹ 张今，陈倩婷. 论著作权默示许可使用的立法实践 [J]. 法学杂志，2012，33（2）：71–76.

发的自由使用、自由研究、自由传播与自由改进。对于利用者的要求是，衍生作品也要遵循相同的许可条件。然而，这种带有个人英雄主义与理想主义情怀的开放共享模式，也面临着诸多的阻力，未能形成版权许可的通行模式。因为，从激励视角来看，无论是法定许可还是开放共享，于社会公众而言，均降低了传播与利用的成本，但对于创作者则难以形成有效激励机制，也必然不可能成为主流模式，甚至只能运用于版权许可机制中极少数的例外情形。默示许可机制与选择退出的结合，在世界范围内，成功的范本表现为延伸性集体许可，有别于我国著作权集体管理制度，通过延伸性集体许可试图在意思自治与许可效率之间达成更好的平衡。

（二）延伸性集体许可制度

延伸性集体许可制度发端于北欧国家，丹麦、芬兰、挪威、瑞典和冰岛都是其典型代表。该制度在不同北欧国家法律体系中存在一定的差异，但主要包含五个方面的内容：一是使用著作权延伸性集体许可制度的集体管理组织必须在该作品使用领域的全国范围内具有广泛代表性；二是适用著作权延伸性集体许可制度的集体管理组织与作品使用者（个体或组织）通过自由谈判，达成了特定领域内特定作品的许可使用协议；三是已达成的集体许可协议能够有效地约束非成员的权利人；四是非属于该组织成员的权利人的权利得到保障；五是通过不同解决方案（调解、仲裁等）促成可能达成的非合同形式。❶ 延伸性集体许可制度主要适用于需要大量利用作品才能正常运转的单位或组织，例如广播电视组织、卡拉OK经营者、特定文化艺术机构等。当然，在新的媒介环境下，还包括为视频制作者提供海量曲库的短视频平台等。

在我国著作权法体系下，集体管理组织具有十分重要的地位，可以经权利人授权行使著作权与邻接权相关权利，而且因历史缘由具有事实上的垄断地位。尽管从立法和运行层面上，我国对集体管理组织作出了大量的改进，但权利人与管理组织之间仍然在许可使用费标准、管理费的收取、许可费分

---

❶ 梁志文. 变革中的版权制度研究［M］. 北京：法律出版社，2018：226-227.

配方案等方面存在冲突。❶ 延伸性集体许可制度通过更为灵活的权利授权与管理模式，能够一定程度上弥补集体管理组织体系的不足，通过许可条款的非强制性延伸，以及争议解决机制的有效补充，能够合理平衡著作权人与集体管理组织以及使用方之间的权益。

第四节　大数据时代新媒体传播责任规则

在大数据时代，新媒体平台成为衔接著作权人与社会公众的重要枢纽，在人工智能与大数据技术加持的新利益版图下，作品传播中的侵权行为已经演变为一种利益博弈。如何合理地界定大数据时代新媒体传播中的版权责任，一方面是合理实现版权保护的必然要求；另一方面也是在算法推荐等新技术推动下各方主体利益之间的有效平衡。新传播技术与传播手段的冲击，必然会对原有的著作权"避风港规则"等形成挑战，如何划定新的责任规则与免责机制，以利于促进开放网络环境下的版权保护与文化传播，是当前面临的新课题。

一、对现行"避风港规则"的改造

大数据技术、新媒体平台的迅速崛起，需要再次平衡社会利益与著作权人之间的利益。著作权法中的"避风港规则"的重要功能就在于调节两者之间的利益，以技术中立立场促进平台的健康发展，促进作品的传播。然而，随着大数据技术、智能化推荐等技术手段的飞速发展，肇始于互联网平台兴起支出的"避风港规则"也面临着诸多挑战。

（一）网络平台主动审查义务的提出

无论是我国著作权法体系，还是美国的 DMCA，在网络服务提供者对内容的审查上都没有作强行的要求。在我国，只要是采取了"通知 - 删除"程序，或者是符合《民法典》第 1195 ~ 1197 条，《著作权法保护条例》第 20 ~

---

❶ 熊琦. 著作权集中许可机制的正当性与立法完善 [J]. 法学，2011 (8)：101 - 110.

23条的免责情形，就可以适用"避风港规则"。但新的技术发展环境下，尤其是大数据技术的发展，让网络服务提供者进行一定规模的内容审查成为可能。《欧盟版权指令》经过考察认为，如今的技术已经满足对内容审查的需要，增设了"过滤义务"规则。《欧盟版权指令》颁布后，掀起了欧洲各国的反对意见，我国学者也就此展开了大量的探讨。其中，有学者认为，版权过滤在技术上亦难以准确识别合理使用与侵权使用，设置强制性过滤义务将侵蚀用户的表达自由。❶

2021年6月4日，在《数字化单一市场版权指令》生效两年后，欧盟委员会进一步颁布了关于《版权指令》第17条的专门性指南，提出了替代"避风港规则"的"寻求版权授权＋内容审查过滤＋异议反馈救济"的版权责任体系。❷ 这一体系提出的基础在于，适用"避风港规则"对权利人造成了严重的利益失衡，新媒体时代的传播速度可以用毫秒计算，一个作品可以在很短的时间内传遍全网，即使是网络平台积极履行"通知－删除"义务，因侵权所造成的损失对权利人来说是不可挽回的。当然，版权过滤义务是否增大了平台的责任，对于言论自由与合理使用是否存在潜在的损害，仍然需要进一步在实践观察与探讨。

（二）继续坚持技术中立原则

网络服务提供者所掌握技术的发展进步，代表其可以采取更加积极的措施来维护著作权人的利益，但技术中立原则仍然需要继续坚持。大数据技术不是万能的，平台无法保证经过事先审查的作品就一定不会侵权，仍然会存在遗漏或者误判的可能，尤其面对故意绕开过滤机制的行为更是难以识别。以视频作品为例，网络上存在一些教程，可以让非专业人士通过一系列的剪辑手段，例如放大、调节画质、局部缩放、色彩调节等手段使得原本可能侵权的作品绕开平台的检测。

在文字作品领域，这种因为事先审查技术的不成熟导致机制失衡的现

---

❶ 刘友华，李扬帆. 短视频平台强制性版权过滤义务的质疑与责任规则的优化[J]. 法学杂志，2023，44（3）：138-156.

❷ 顾晨昊，黄玉烨. 欧盟《版权指令》"版权内容过滤条款"指南解读及借鉴[J]. 中国版权，2022（1）：22-26.

象更明显，检测机制和技术的不成熟也会导致原本作品的权利人无法上传自己的作品，虎嗅与微信公众号之间的纠纷就是内容创作者与平台商因事先审查技术不成熟而导致权利人利益受损的缩影事件代表❶。虎嗅在自己的平台发布了原创内容，且允许腾讯新闻转载。腾讯新闻在转载后，同为腾讯旗下的微信公众号将文章纳入原创保护。当虎嗅在自己注册的微信公众号平台上发布该文章时，被微信公众号检测出不属于原创，从这一事件中可以看到当前的检测技术仍然存在一定的保护漏洞。网络服务提供商在"通知－删除"规则适用中，应当继续坚持技术中立原则，不依赖过滤技术的使用。

（三）增加网络服务提供者勤勉义务的条款

在大数据技术的发展下，网络服务提供者已经从技术上具备了进行事先过滤的能力，增加网络服务提供者尽到勤勉义务的条款，可促使网络服务者提升其保护水平。在规则的设计上，勤勉义务需要根据平台规模及其技术能力来设定，即要求网络服务提供者具有内容审查能力的，应当对明显侵权的内容进行识别与过滤，如欠缺相应过滤的技术条件，应当由政府或公益性机构提供符合基本标准的过滤手段，尽最大努力保证用户对其上传的内容享有版权。

在设置了网络服务提供者的主动过滤义务后，为了保持平衡，也为了提高保护效率，需要增加要求权利人配合的条款，主要内容有二：其一，权利人需许可自己的作品被网络服务提供者收录进数据库以进行大数据的事先审查，可以采取不保留权利的形式来进行默示许可；其二：权利人若想要得到网络服务提供者的主动审查机制的保护，则需要在上传作品时要提交能够证明自己是权利人的权属证明。不仅网络服务提供者应当积极承担社会责任，制定并实施合理的版权规则，平台用户也需要增强版权意识，共同提升网络版权协同治理。

---

❶ 引自 https：//www.huxiu.com/article/258011.html?rec = manual，最后访问时间 2022 年 12 月 31 日。

二、激活"红旗原则":"避风港规则"的有效补充

"红旗原则"最早出现在 DMCA 中,在我国《著作权法》及《信息网络传播权保护条例》和相应司法解释中,吸纳了红旗原则的相关条文原旨与内容。[1]

(一)"避风港规则"与"红旗原则"适用的法理分析

从立法目的来看,"红旗原则"作为"避风港规则"的例外,目的在于与"避风港规则"相结合相制约,避免网络服务提供者利用"避风港规则"逃避责任。由于"避风港规则"片面倾向于网络服务提供者的利益,给予了过于宽泛的免责条件,所以对于版权人的利益诉求产生了一定的损害。在 DMCA 关于"避风港规则"的内容出台并使用后,为了回应和平衡版权人的利益要求,美国国会在关于 DMCA 的报告中提出了"红旗原则",如果版权侵权是如此的明显,就像红旗在上空飘扬,那么网络服务提供者就不能视而不见,而援引免责条款。[2] 这一原则不仅可以防止网络服务提供者借"避风港规则"逃避责任,而且还可以敦促其对侵权行为及时采取措施,与版权人共同维护网络版权环境。

而从立法逻辑来看,"避风港规则"与"红旗原则"在美国侵权责任体系中是"间接侵权"与"帮助侵权"在网络侵权领域的具体体现,通过这两者纠正了 Frena 案[3]为网络服务提供者设定的直接侵权责任,并借助 Netcome 案[4]

---

[1] 如果侵犯著作权(主要是信息网络传播权)的事实是显而易见的,就像是"红旗"一样飘扬,网络服务提供者就不能装作看不见,或以不知道侵权的理由来推脱应该承担的法律责任。我国在 2000 年颁布的《最高人民法院关于审理计算机网络著作权案件适用法律若干问题的解释》中亦吸纳采用了"红旗原则",2013 年修改的《信息网络传播权保护条例》第 23 条同样对这一原则进行了重申:"网络服务提供者为服务对象提供搜索或者链接服务,在接到权利人的通知书后,根据本条例规定断开与侵权的作品、表演、录音录像制品的链接的,不承担赔偿责任;但是,明知或者应知所链接的作品、表演、录音录像制品侵权的,应当承担共同侵权责任。"参见关光明,孔潇,德宝.信息网络传播权案件中适用"红旗原则"的情形[N].人民法院报,2014-10-29(007).

[2] Senate Report on the Digital Millennium Copyright Act of 1998, Report 105 – 190. 105th Congress, 2d Session, p. 44.

[3] Playboy Enterprises, Inc. v. Frena, 839 F. Supp. 1552 (M. D. Fla. 1993).

[4] Religious Technology Center v. Netcom On – line Communication Services, Inc. 907 F. Supp. 1361 (N. D. Cal. 1995).

的判决原理实现了网络服务提供者间接侵权责任的法典化。我国"避风港规则"与"红旗原则",无论在实体法还是程序法上都与美国存在不小的差异。因此,在我国侵权责任体系中,这两种规则应当被视为民法中过错归责原则在网络著作权侵权体系中的具体体现,而非归责原则。

关于网络服务提供者侵权责任,立法上一般原则上采过错责任,以避免过度加大网络服务提供者所承担的责任与负担,否则将与民法中基本的公平原则相违背。网络服务提供者应只在其过错范围内承担相应的侵权责任,即只有证明其主观上存在一定过错的情况下,才能对其行为进行否定性评价。因此,在规则的具体适用过程中依然应当以过错为基础的责任认定规则来进行分析,同时将"避风港规则"、"红旗原则"、直接经济利益等具体规则纳入"过错"的考量判断标准。

(二)"避风港规则"与"红旗原则"适用的优先性

长期以来,我国知识产权理论界与实务界,凡是论及网络侵权责任问题必将以"避风港规则"作为唯一原则,而"红旗原则"却被选择性地遗忘。造成这一问题的主要原因是,我国在引入源自 DMCA 的"避风港规则"时,仅将网络服务提供者侵权责任纳入行政法规《信息网络传播权保护条例》,而当时《侵权责任法》及《民法典》尚未颁行。❶ 在当时一般法并未规定网络服务提供者共同侵权归责条款的前提下,通过该条例引进了源自 DMCA 的免责条款,从而导致"避风港规则"所涉之反向责任认定逻辑与我国传统侵权责任认定逻辑存在冲突。

对于"避风港规则"与"红旗原则"适用的顺序,学理上存在两种差异性的观点,一种观点认为"避风港规则"与"红旗原则"并不属于并列的两项规则,仅为同一问题的两个侧面,也就无所谓适用顺序,另一种观点则认为两规则相互独立但又相互联系,亦不存在适用的先后。❷ 这两种观点事实上都存在一定的误解,从 2013 年修改的《信息网络传播权保护条例》第 23

---

❶ 熊琦. "算法推送"与网络服务提供者共同侵权认定规则[J]. 中国应用法学,2020(4):125-136.

❷ 于雯雯. 网络著作权侵权责任研究[M]. 北京:知识产权出版社,2020:150-151.

条来看，在对著作权侵权问题的判定上，被控侵权方可援引"避风港规则"进行抗辩，但如果权利人举证侵权行为属于明显侵权，符合"红旗原则"的判定，那么"避风港规则"即不能进行适用。因此，"红旗原则"的适用在顺序上应当优先于"避风港规则"，如果权利人的举证已经符合了"红旗原则"的适用条件，那么被控侵权人就无法适用作为免责条款的"避风港规则"进行抗辩。

（三）"算法推荐"与"红旗原则"的超越

正如前文所言，无论是"避风港规则"还是"红旗原则"，其诞生背景都是互联网发展的早期。如今，因新技术的应用、新商业模式的推广，随之带来的互联网平台的飞速发展变革，新的侵权形态不断涌现，外部发展已经超越了20世纪初期互联网发展早期的立法环境。因此，"红旗原则"在此情况下也应当随之而得到发展与超越。

最早通过司法实践对"红旗原则"作出超越的司法案例之一，是荷兰Techno Design 案❶。在该案中，被告 Techno Design 公司不仅设置专门搜索MP3 格式歌曲的搜索引擎，而且还对大量指向其他网站中的 MP3 格式歌曲的链接进行了编辑和分类。受理此案的荷兰阿姆斯特丹上诉法院据此认为"Techno Design 公司的商业利益很大程度上依赖于用户访问未经许可传播的MP3 格式歌曲所带来的流量收益，而 Techno Design 公司却无视版权人的利益，未尽到合理的注意义务，因此构成帮助侵权"。从判决理由可见，荷兰法院所着重考虑的已经不是搜索和链接服务提供者是否明知或应知特定的被链接歌曲侵权，而是服务提供者所采取的商业模式是否建立在大规模地利用侵权内容营利的基础之上。❷ 这种以商业模式的合理性来概括评价网络服务提供者"过错"的判断标准，事实上已经超越了"红旗原则"。

我国通过借鉴上述发达国家司法实践经验，也在通过一系列运营模式的判断，作为"避风港规则"中"明知或应知"的判定依据，展开了对"红旗

---

❶ Stichting Bescherming Rechten Entertainment Industrie Nederland（BREIN） v. Techno Design "Internet Programming" B. V. Case No. 1157/04，p. 301.

❷ 王迁. 网络环境中的著作权保护研究 [M]. 北京：法律出版社，2011：292 – 293.

原则"超越的尝试。❶ 对于网络服务提供者的专业化水平提出了要求,即如果能够采取合理的预见性措施就可以避免相应的侵权风险,但不采取相应措施的,可以认定为存在过错。随后,最高人民法院也颁布了相应的司法解释,对于网络服务提供者的诱导侵权行为及其"明知或应知"的推定进行了进一步的细化规定。❷ 首先,对于"热播影视作品",应当给予更高的关注,与其热度相适应;其次,感知的程度为明显感知,且通过人为因素的干预等来推定明显感知程度;最后,当对象处于明显感知程度并存在侵权风险时,网络服务提供者应当采取合理措施,即网络服务提供者此时应相应提高注意义务。

因此,面对"算法推荐"这一新技术在网络环境中应用所带来的侵权风险扩大、权利人遭受侵权损失巨大且无法挽回等问题,有必要超越现有"红旗原则"的规定,将其纳入侵权"应知"主观状态的考量因素。

三、"算法推荐"的著作权侵权认定

著作权侵权责任制度的建构,始终应围绕利益平衡这一基本理念展开。司法审判中也在不断试图寻求保护平衡。❸ 在"算法推荐"技术风靡的当下,面对新技术对现有制度的挑战,我们不仅要适时调整、探索新的利益"平衡之道",也要善于回归制度本源规范,引导著作权商业模式向着更健康的方

---

❶ 2010年5月,北京市高级人民法院颁布的《关于审理涉及网络环境下著作权纠纷案件若干问题的指导意见(一)》(试行)第16条,就明确指出"判断提供信息储存空间、搜索、链接、P2P等服务的网络服务提供者有无过错,应审查网络服务提供者对其行为的不良后果是否知道或者有合理理由知道。是否知道或者有合理理由知道应以网络服务提供者的预见能力和预见范围为基础,又要区别通常预见水平和专业预见水平等情况"。

❷ 2020年12月发布的《最高人民法院关于审理侵害信息网络传播权民事纠纷案件适用法律若干问题的规定》中,则明确将"以言语、推介技术支持、奖励积分等方式诱导、鼓励网络用户实施侵害信息网络传播权的行为认定为教唆侵权行为","明知或者应知网络用户利用网络服务侵害信息网络传播权而未采取删除、屏蔽、断开链接等必要措施,或者提供技术支持等的帮助行为认定为帮助侵权行为",对于"将热播影视作品等置于首页或者其他主要页面等能够为网络服务提供者明显感知的位置;对热播影视作品等的主题、内容主动进行选择、编辑、整理、推荐,或者为其设立专门的排行榜;其他可以明显感知相关作品、表演、录音录像制品为未经许可提供,仍未采取合理措施的情形"作为"应知"主观状态的判断因素。

❸ 最高人民法院印发的《关于充分发挥知识产权审判职能作用推动社会主义文化大发展大繁荣和促进经济自主协调发展若干问题的意见》(法发〔2011〕18号),明确指出"要准确把握权利人、网络服务提供者和社会公众之间的利益平衡,既要加强网络环境下著作权保护,又要注意促进信息网络技术创新和商业模式发展,确保社会公众利益"。

向发展。

（一）"算法推荐"侵权的"应知"认定

"算法推荐"行为著作权侵权包括直接侵权和间接侵权两种类型，其中直接侵权是指使用"算法推荐"的网络服务提供者与内容提供者合作提供侵权内容，但是从"算法推荐"行为性质和司法实践来看，直接侵权不是主要侵权类型，因此下文讨论的主要是"算法推荐"行为构成间接侵权的类型。

根据《民法典》第1197条的规定可知，对于网络服务提供者侵权的主观状态要求是"知道"或"应当知道"，而《信息网络传播权保护条例》第20条使用了"知道""有合理的理由应当知道"，第23条则使用了"明知"和"应知"，由此可知我国对于网络服务提供者侵权的主观状态可以概括为"明知"或"应知"。"明知"是指有证据证明网络服务提供者明知其服务的用户可能利用其服务侵害权利人的信息网络传播权，仍然积极鼓励用户实施侵权行为，以及已经明知用户利用其服务侵害权利人的信息网络传播权而不采取相应的删除、断开链接、屏蔽等措施仍为其提供服务的行为；"应知"是指虽然无明显证据证明网络服务提供者"明确知晓"用户的具体侵权行为，但是根据其应当承担的注意义务推定其"应当知晓"用户侵权行为的存在。从制度安排以及司法实践来看，要证明网络服务提供者"明知"的主观状态极其困难，《最高人民法院关于审理侵害信息网络传播权民事纠纷案件适用法律若干问题的规定》中对于"应知"进行了多种列举式解释，而"明知"的解释却仅有一处，因此在实践中大多依靠"应知"标准来认定网络服务提供者的主观过错。有学者根据既有判例将"应知"行为进行了类型化分类："积极行为"包括整理、编辑、推荐等主动行为；"消极行为"指网络服务提供者未尽与"信息管理能力"相适应和服务行为侵权危险性相适应的注意义务。[1] 这一观点较为客观，下文将结合使用"算法推荐"侵权与"主动推荐"的关系、"算法推荐"侵权与"信息管理能力"的关联性对"算法推荐"行为侵权的"应知"认定规则展开分析。

---

[1] 熊琦. "算法推送"与网络服务提供者共同侵权认定规则 [J]. 中国应用法学, 2020 (4)：125–136.

（二）"算法推荐"侵权与"主动推荐"的关系

正如前文所言，"算法推荐"技术虽然从表面上看是由机器自动完成的一个信息流分发过程，但是算法的设计与决策都具有"伪中立性"特征。根据《最高人民法院关于审理侵害信息网络传播权民事纠纷案件适用法律若干问题的规定》第9条、第10条、第12条，"推荐"一词应当解释为网络服务提供者主动采取某种措施进行内容的公开与分发，其核心在于网络服务提供者的主动介入行为。在没有"算法推荐"技术以前，推荐行为主要由人工来完成，推荐标准或选择所依照的是网络服务提供者的意志，包括但不限于内容的热度、内容推介费用、内容的收入预期等因素。

而采用"算法推荐"技术后，虽然这一过程几乎是由机器"独立"完成的，却依然无法脱离人的意志，包括算法设计者与算法使用者的意志。其将原本通过人工行为传导的意志编写成算法输入机器，机器再根据算法对内容进行分发，以此达到与人工推荐相同甚至是更为精确的信息分发效果。根据2018年1月今日头条资深算法架构师曹欢欢博士公开发表的《今日头条算法原理》一文，"今日头条"的推荐算法在信息优化、分类、关联、过滤阶段都存在人工对其进行干预的过程。[1] 例如，为了平衡内容创作者、用户、广告主三方利益，平台在运用算法过程中会考虑普通内容与广告内容的混排与推送频率；再如，出于对平台生态和社会责任的考量，平台也会在完成算法过滤后对内容再次进行人工审核。从算法推荐的结果上来看，内容分发并非如同算法开发者、使用者所言具有完全的"个性化"，依然存在对不特定群体产生作品广泛传播的结果。由于"用户标签"具有同质化，因此拥有相同标签的用户会被推送大量相同内容，同时对于热门内容的推荐也会趋于泛化。[2] 可见，从算法推荐的性质与结果来看，"算法推荐"行为与《最高人民法院关于审理侵害信息网络传播权民事纠纷案件适用法律若干问题的规定》

---

[1] 曹欢欢. 今日头条首次公开算法原理［EB/OL］.［2022-12-31］. https://jishuin.proginn.com/p/763bfbd55a6a.

[2] 为了验证这一特性，通过找到两位具有相同标签的用户，在2022年6月5日同时打开"抖音"手机APP，在APP首页"推荐"栏目都收到了创作者"奥特曼小心"题为《#学生党#10后#二次元#六一就是要快乐呀》的视频。

的"主动推荐"行为并无二致，理应在认定使用"算法推荐"平台"应知"时作为考量因素。

（三）"算法推荐"侵权与"信息管理能力"的关联性

网络服务提供者所具备的"信息管理能力"，是判断其在侵权中是否构成"应知"的重要考量因素之一。从"算法推荐"的环节来看，提供或使用"算法推荐"技术的网络服务提供者对平台内容、数据理应具有较高的信息管理能力：在信息优化、分类过程中，平台基于智能算法会对推荐给用户的内容进行识别、分类、筛选；而在关联和过滤环节中，平台一方面会基于用户"画像"，通过智能算法推测用户喜好为其推送"精确化"内容，另一方面也会为了降低侵权风险，对时长较长、侵权风险较大的内容通过筛查"关键词""关键帧""哈希值"等手段进行算法过滤。目前，国内外已经有一部分网络服务提供者在提供服务过程中进行"算法过滤"。例如，著名视频分享网站油管早在2007年就开始使用"Content ID"技术对平台内用户上传内容进行过滤筛查。国内具有较大影响力的网络平台也会采取过滤技术，百度文库通过自研的"百度文库DNA文档识别系统"进行盗版侵权筛查；爱奇艺公司也在2017年采用爱迪德提供的China DRM方案，用于保护平台上的版权内容。这也从侧面证实了采用"算法推送"技术的网络服务提供者在技术上确实相对不采用该技术的同类经营者对平台内容、数据具有更高的"信息管理能力"。

再者，从利益平衡的角度来看，采用"算法推荐"技术的网络服务提供者正是通过其强大的"信息管理能力"实现对海量信息的识别、分类、筛选和内容的精确推送，从而增加用户的黏性，提高点击所带来的流量，获取因此而产生的巨额直接或间接经济利益。同时，采用"算法推荐"技术相对于不采用该技术信息分发的效率更高，也引起了侵权作品大量快速传播的风险。以国内"算法推荐"第一案为例，在短短43天的时间内，《延禧攻略》一剧就在使用"算法推荐"技术的"抖音"平台播放高达9400余万次，其中单条最高播放量达到110万次。❶ 如果认为这类采用"算法推荐"的平台与其

---

❶ 全国首例算法推荐案——今日头条传播《延禧攻略》构成侵权[EB/OL].[2022-12-31]. https://baijiahao.baidu.com/s?id=17228245635630275388&wfr=spider&for=pc.

他不采用该技术的平台具有同等的"信息管理能力",那么就会造成实质上的不公平,出现利益失衡的情况。无论是法律的基本原则,抑或著作权法的价值理念,都注重利益平衡、权利与义务相对应。面对新技术对现有著作权制度的突破,应当综合考量当下的利益分配格局和未来技术发展方向,既不能一味地保护新技术而忽视甚至践踏著作权人的利益;也不能过分压制新技术的发展,固守现有的利益分配格局。采用"算法推荐"技术的网络服务提供者在享受该技术带来红利的同时,也应当承担相应的义务,相较于一般管理人对平台内容、数据承担更高的注意义务。

第五章 结 语

从历史的维度看,传播权规则的发展与传播媒介的变迁互为呼应。进入大数据时代,新的传播技术对既有的传播权规则造成冲击。如何完善现有的传播权规则,可以从版权法及其国际规则的历史发展中探寻踪迹。从历史发展的角度解读,新媒体仅仅是一种"更新"的媒体,每一次新的媒介出现,都会推动传播的迭代发展。对传播权规则的阐释,应立足于历史解释论的视角,进而划定权项边界。

我国版权立法中传播权权项边界的界定,主要来源于《伯尔尼公约》、Trips协议等国际公约。但国际公约因历次传播媒介转换中的"补漏式"立法模式,导致在"新旧"传播权项的衔接上存在一定的疏漏,在互联网出现之前,早期的广播权仅包含了无线电传播和有线转播。而互联网技术出现后,从传播媒介的角度来讲,广播的内涵已经发生了重大的变迁,但《伯尔尼公约》后续的文本中,针对新的传播技术,补充了新的权利类型,而既有的广播权规定依然得以延续。因此,国内立法的规则变革,尤其需要注意,在结合国际公约规则体系的同时,应更多关注传播媒介变革与传媒产业发展的内在需求,遵循法律规则的历史解释与逻辑自洽。

随着网络直播等新传播形态的发展,从传播权项体系化的角度阐释,新媒体环境下的传播行为已经突破了传统对表演的界定,带来了表演权与信息网络传播权、有线广播等新型权利在规制行为范畴上的交叉与重叠。"向公众传播"在《世界知识产权组织版权公约》基础提案的注释中,特别指出"它含有向不在传输发生地的公众进行传输的意思",因此新的传播技术手段,实际上以新型权利的方式,"侵夺"了部分原属于"表演权"等传统权利的规制范畴。因此,根据传播技术手段的差异,按照是否面向传播发生地,将表演行为中的现场表演与表演的远程传输，分别纳入表演权的规制范畴与信息网络传播权和广播权的规制范畴，虽然有悖于惯常对表演的理解，但也不失为一种更为周延的体系化分类，将能有效避免司法适用的冲突，降低司法成本。除版权规则外，在邻接权制度中，应针对出版者、网播组织，适当扩展邻接权权项。在网播组织与广播电台、电视台具有类似的传播效果的情况下，应当将网播组织与广播电台、电视台合并于"广播组织"概念之下，将网播组织与广播电台、电视台等同视之，在邻接权的保护上形成更为周延的保护体系。

大数据时代版权内容的有效利用与传播，需要进一步更新版权的限制与利用规则。在大数据利用与人工智能开发、元宇宙技术应用中，对于数据挖掘与虚拟再现等新兴版权利用方式，应适当拓展合理使用的版权限制规则，变革版权利用的许可机制。针对大数据时代新媒体传播责任体系，应进一步改造现行"避风港规则"，激活"红旗原则"，准确厘定算法推荐行为所引致的平台版权责任规则。

大数据时代的新技术对传播媒介与传播形态产生了颠覆性变革，大数据时代的新媒体在内容运营的商业模式与版权保护的现实需求上亦不断变迁。本书研究回应了大数据时代新媒体传播权体系变革的基本方向与规则建构的具体方案，为我国新媒体产业的创新发展，以及《著作权法》的立法修订与司法保护，提供框架与思路。当然，大数据与人工智能技术的发展日新月异，新媒体的变革进程依然向前，针对新媒体传播权相关的研究需要不断与时俱进，牢牢把握技术发展的前瞻性视野与规则建构的体系化格局，提供传播产业发展与版权规则变革的中国方案。

同时，囿于本书研究团队的知识局限性与资料掌握的有限性，本书仍有很多有待深入探讨的问题，包括对于数据知识产权的定性与定位，新媒体传播权项超出现有立法规则的内涵探讨，以 Chat GPT 等为代表的智能化生成式新媒体平台版权责任主体的拟制等一系列问题，亟待更为深入的产业实践分析与学术理论探讨。本书的研究，尝试横跨传播学与法学的研究视野与研究方法，成果虽较为粗浅，但期待能够为行业产业与理论研究贡献微薄的智慧，也为后续更广博深入的研究提供些许的助力，恳请各位专家学者批评指正。

参考文献

一、著作

[1]埃里克·麦克卢汉,弗兰克·秦格龙.麦克卢汉精粹[M].何道宽,译.南京:南京大学出版社,2000.

[2]保罗·戈斯汀.著作权之道:从谷登堡到数字点播机[M].金海军,译.北京:北京大学出版社,2008.

[3]查尔斯·霍顿·库利.社会过程[M].洪小浪,译.北京:华夏出版社,2000.

[4]查尔斯·霍顿·库利.社会组织[M].展江,何道宽,编.北京:中国传媒大学出版社,2013.

[5]查尔斯·赖特·米尔斯.社会学的想象力[M].陈强,张永强,译.北京:生活·读书·新知三联书店,2001.

[6]崔国斌.著作权法:原理与案例[M].北京:北京大学出版社,2014.

[7]弗德瑞克·威廉斯.传播革命[M].韩玉兰,译.台北:允晨文化实习股份有限公司,1983.

[8]弗兰克·梯利.西方哲学史[M].北京:光明日报出版社,2014.

[9]高宣扬.布迪厄的社会理论[M].上海:同济大学出版社,2004.

[10]宫承波.新媒体概论[M].北京:中国广播电视出版社,2007.

[11]虢亚冰,黄升民,王兰柱.中国数字新媒体发展报告[M].北京:中国传媒大学出版社,2006.

[12]海德格尔.存在与时间[M].陈嘉映,王庆节,译.北京:生活·读书·新知三联书店,1987.

[13]凯斯·桑斯坦．标签：社交媒体时代的众声喧哗［M］．陈颀，孙竞超，译．北京：中国民主法制出版社，2021.

[14]李明德，黄晖，闫文军．欧盟知识产权法［M］．北京：法律出版社，2010.

[15]李明德．美国知识产权法［M］．2版．北京：法律出版社，2014.

[16]梁志文．变革中的版权制度研究［M］．北京：法律出版社，2018.

[17]罗宾·邓巴．人类的演化［M］．余彬，译．上海：上海文艺出版社，2016.

[18]马歇尔·麦克卢汉．麦克卢汉如是说［M］．何道宽，译．北京：中国人民大学出版社，2006.

[19]迈克尔·A.艾因霍恩．媒体、技术和版权：经济与法律的融合［M］．赵启杉，译．北京：北京大学出版社，2012.

[20]迈克尔·舒德森．新闻社会学［M］．2版．徐桂权，译．北京：中国人民大学出版社，2020.

[21]曼纽尔·卡斯特．网络社会的崛起［M］．夏铸九，王志宏，等译．北京：社会科学文献出版社，2009.

[22]孟兆平．网络环境中著作权保护体系的重构［M］．北京：北京大学出版社，2016.

[23]米哈依·菲彻尔．版权法与因特网（上）［M］．郭寿康，等译．北京：中国大百科全书出版社，2009.

[24]尼尔·波兹曼．娱乐至死［M］．章艳，译．北京：中信出版集团，2015.

[25]彭聃龄．普通心理学［M］．北京：北京师范大学出版社，2003.

[26]彭兰．新媒体用户研究：节点化、媒介化、赛博格化的人［M］．北京：中国人民大学出版社，2020.

[27]《十二国著作权法》翻译组．十二国著作权法［M］．北京：清华大学出版社，2011.

[28]汤姆·斯丹迪奇．从莎草纸到互联网：社交媒体2000年［M］．林华，译．北京：中信出版集团，2015.

［29］唐纳德·A. 威特曼．法律经济学文献精选［M］．苏力，等译．北京：法律出版社，2006.

［30］唐纳德·R. 凯利．多面的历史：从希罗多德到赫尔德的历史探询［M］．陈恒，宋立宏，译．上海：上海三联书店，2003.

［31］涂纪亮．杜威文选［M］．北京：社会科学文献出版社，2006.

［32］王洪亮，田士永，等．中德私法研究（第12卷）［M］．北京：北京大学出版社，2015.

［33］王利明．中华人民共和国侵权责任法释义［M］．北京：中国法制出版社，2010.

［34］王迁．网络环境中的著作权保护研究［M］．北京：法律出版社，2011.

［35］王迁．网络著作权专有权利研究［M］．北京：中国人民大学出版社，2022.

［36］王迁．著作权法［M］．北京：中国人民大学出版社，2015.

［37］王泽鉴．民法思维：请求权基础理论体系［M］．北京：北京大学出版社，2009.

［38］维托克·迈尔-舍恩伯格，肯尼斯·库克耶．大数据时代：生活、工作与思维的大变革［M］．盛杨燕，周涛，译．杭州：浙江人民出版社，2013.

［39］熊琦．数字音乐之道——网络时代音乐著作权许可模式研究［M］．北京：北京大学出版社，2015.

［40］熊琦．著作权激励机制的法律构造［M］．北京：中国人民大学出版社，2011.

［41］薛波，潘汉典．元照英美法词典［M］．北京：北京大学出版社，2014.

［42］伊莱休·卡茨，约翰·杜伦·彼得斯，泰玛·利比斯，等．媒介经典文本解读［M］．常江，译．北京：北京大学出版社，2011.

［43］伊丽莎白·爱森斯坦．作为变革动因的印刷机：早期近代欧洲的传播与文化变革［M］．何道宽，译．北京：北京大学出版社，2010.

[44]于雯雯.网络著作权侵权责任研究［M］.北京：知识产权出版社，2020.

[45]喻国明.中国居民的媒介使用图谱——全民媒介使用与媒介观调查报告［M］.北京：人民日报出版社，2020.

[46]约格莱·因伯特，西尔克·冯·莱温斯基.WIPO因特网条约评注［M］.万勇，相靖，译.北京：中国人民大学出版社，2008.

[47]约翰·杜威.公众及其问题［M］.上海：复旦大学出版社，2015.

[48]约翰·杜威.经验与自然［M］.傅统先，译.北京：商务印书馆，2015.

[49]约翰·密尔顿.论出版自由［M］.吴之椿，译.北京：商务印书馆，1958.

[50]赵刚.区块链：价值互联网的基石［M］.北京：电子工业出版社，2016.

[51]赵国栋，易欢欢，徐远重.元宇宙［M］.北京：中译出版社，2021.

[52]郑成思.版权法（修订本）［M］.北京：中国人民大学出版社，1997.

[53]郑成思.版权法［M］.北京：中国人民大学出版社，2009.

[54]郑成思.知识产权论［M］.3版.北京：法律出版社，2003.

[55]周长玲.知识产权国际条约研究［M］.北京：中国政法大学出版社，2013.

[56]朱理.著作权的边界——信息社会著作权的限制与例外研究［M］.北京：北京大学出版社，2011.

[57]邹瑜，顾明.法学大辞典［M］.北京：中国政法大学出版社，1991.

二、中文报刊

[1]曹源.人工智能生成物获得版权保护的合理性［J］.科技与法律，2016（3）.

[2]陈昌凤，师文.个性化新闻推荐算法的技术解读与价值探讨［J］.中国编辑，2018（10）.

[3]陈昌凤,石泽.技术与价值的理性交往:人工智能时代信息传播——算法推荐中工具理性与价值理性的思考[J].新闻战线,2017(9).

[4]陈锦川.关于网络服务中"避风港"性质的探讨[J].法律适用,2012(9).

[5]程明,周亚齐.从流量变现到关系变现:社群经济及其商业模式研究[J].当代传播,2018(2).

[6]代江龙,何震.互联网商业模式竞争法保护的实践与反思[J].湖北社会科学,2018(4).

[7]代江龙.互联网时代媒体融合发展的未来模式探索[J].重庆邮电大学学报(社会科学版),2018(2).

[8]定国.朋友圈里神秘的邓巴数字[N].深圳特区报,2015-10-20(B11).

[9]段淳林,吕笑."大数据+"与IP内容运营及价值分享[J].现代传播,2017(4).

[10]飞利浦影音历史空间——电视技术发展简史[J].音乐爱好者,2001(7).

[11]高寒凝.弹幕,不仅是评论[N].中国艺术报,2016-12-23(3).

[12]高雅宁.技术赋能:5G技术对内容创作和生产流程的影响[J].广电时评,2020(21).

[13]顾晨昊,黄玉烨.欧盟《版权指令》"版权内容过滤条款"指南解读及借鉴[J].中国版权,2022(1).

[14]关光明,孔潇,德宝.信息网络传播权案件中适用"红旗原则"的情形[J].人民法院报,2014(7).

[15]郭婧.网络文艺创作中蕴含的人文精神动机研究[J].大众文艺,2018(23).

[16]郭全中.MCN机构发展动因、现状、趋势与变现关键研究[J].新闻与写作,2020(3).

[17]郭镇之.美国公共广播电视的起源[J].新闻与传播研究,1997(4).

[18]何慧梅,甄翰文.视频网站付费盈利困境及发展策略探析——以爱

奇艺为例[J].视听,2021(4).

[19]何天翔.《哈格里夫斯报告》述评——对英国知识产权立法改革一揽子计划的分析[J].电子知识产权,2012(9).

[20]何文芊,聂卉,裴雷.在线音乐用户付费意愿影响因素的探索性分析[J].现代情报,2021(6).

[21]贺涛.视听作品与录像制品二分立法模式的确立与坚守[J].编辑之友,2021(1).

[22]胡沈明,马婉莹.短视频MCN运作模式与存在问题探究[J].现代视听,2018(7).

[23]江涛.媒体内容创作与生产发展趋势的探讨——访中央广播电视总台技术局央视技术制作中心副主任崔建伟[J].现代电视技术,2020(12).

[24]姜红.从本真生存到人神和谐——海德格尔传播思想探析[J].新闻与传播评论,2007(Z1).

[25]焦和平.三网融合下广播权与信息网络传播权的重构—兼析《著作权法(修改草案)》前两稿的相关规定[J].法律科学(西北政法大学学报),2013(1).

[26]金晶.请求权基础思维:案例研习的法教义学"引擎"[J].政治与法律,2021(3).

[27]克劳锐.2019中国MCN行业发展研究白皮书(节选)[J].中国广告,2019(5).

[28]匡文波."新媒体"概念辨析[J].新闻界,2008(6).

[29]雷蔚真,郑满宁.WEB2.0语境下虚拟社区意识(SOVC)与用户生产内容(UGC)的关系探讨——对KU6网的案例分析[J].现代传播,2010(4).

[30]李国杰,程学旗.大数据研究:未来科技及经济社会发展的重大战略领域——大数据的研究现状与科学思考[J].中国科学院院刊,2012(6).

[31]李明霞,赵晴.网络文学泛娱乐化运营模式下IP版权价值计算与收益分配问题探析[J].戏剧之家,2020(12).

[32]李伟民.人工智能智力成果在著作权法的正确定性——与王迁教授商榷[J].东方法学,2018(3).

[33]李扬，李晓宇．康德哲学视点下人工智能生成物的著作权问题探讨[J]．法学杂志，2018（9）．

[34]李逾男．品质、网感、颜值、有趣——新华社官方社交短视频账号的追求[J]．中国记者，2020（6）．

[35]梁益畅，蒋玉鼐．在摸索中寻找突破机会——湖北日报传媒集团媒体融合的实践与思考[J]．中国记者，2015（9）．

[36]廖秉宜．两微一抖企业官方账号的运营思考[J]．中国广告，2019（5）．

[37]廖望，刘于思，金兼斌．社会媒体时代用户内容生产的激励机制[J]．新闻与传播研究，2013（12）．

[38]廖祥忠．何为新媒体？[J]．现代传播，2008（5）．

[39]林秀芹．人工智能时代著作权合理使用制度的重塑[J]．法学研究，2021（6）．

[40]凌斌．法律救济的规则选择：财产规则、责任规则与卡梅框架的法律经济学重构[J]．法学研究，2012（6）．

[41]刘铭哲．UGC撒网 PGC做大——视频直播平台内容创作圈解读[J]．数码影像时代，2016（6）．

[42]刘雅婷．短视频平台版权纠纷间接侵权责任的认定[J]．电子知识产权，2020（9）．

[43]刘银良．信息网络传播权及其与广播权的界限[J]．法学研究，2017（6）．

[44]刘友华，李扬帆．短视频平台强制性版权过滤义务的质疑与责任规则的优化[J]．法学杂志，2023，（3）．

[45]刘智慧，张泉灵．大数据技术研究综述[J]．浙江大学学报（工学版），2014（6）．

[46]罗昕．算法媒体的生产逻辑与治理机制[J]．人民论坛·学术前沿，2018（24）．

[47]马骏，袁东明，马源．创新制度供给 把握万物互联及智能化机遇[J]．经济日报，2019（15）．

[48]马晓乐,宁继鸣.技术进步与文化再生产的互系与互惠——基于印刷术和自媒体的分析[J].文史哲,2015(6).

[49]梅傲,郑宇豪.人工智能作品的困境及求解——以人工智能写作领域第一案为考察中心[J].出版发行研究,2020(12).

[50]牛禄青.媒体人创业的商业逻辑[J].新经济导刊,2018(Z1).

[51]潘元金.纸质媒体生存危机探析[J].武汉科技学院学报,2009(6).

[52]彭兰.社会化媒体、移动终端、大数据:影响新闻生产的新技术因素[J].新闻界,2012(16).

[53]彭兰.智媒化:未来媒体浪潮——新媒体发展趋势报告(2016)[J].国际新闻界,2016(11).

[54]曲三强,杨华权.网络服务商版权责任的适用基础[J].电子知识产权,2009(4).

[55]阮开欣.欧盟版权法下的文本与数据挖掘例外[J].图书馆论坛,2019(12).

[56]阮开欣.欧盟报刊出版者邻接权的成因及启示——以《数字化单一市场版权指令》为背景[J].出版科学,2020(4).

[57]芮必峰.人类社会与人际传播——试论米德和库利对传播研究的贡献[J].新闻与传播研究,1995(2).

[58]邵冬.罗罗的智能发动机愿景分析[J].航空动力,2020(3).

[59]邵培仁.论库利在传播研究史上的学术地位[J].杭州师范学院学报(人文社会科学版),2001(3).

[60]司晓,曹建峰.欧盟版权法改革中的大数据与人工智能问题研究[J].西北工业大学学报(社会科学版),2019(3).

[61]宋建武.智能推送为何易陷入"内容下降的螺旋"——智能推送技术的认识误区[J].人民论坛,2018(17).

[62]宋健.从"通知-删除"到"通知-必要措施"——以电子商务平台与UGC平台的比较为视角[J].知产财经,2022(5).

[63]宋雅馨.文本与数据挖掘的版权例外——以欧盟版权指令修改草案为视角[J].电子知识产权,2017(6).

[64]谭天，张子俊．我国社交媒体的现状、发展与趋势［J］．编辑之友，2017（1）．

[65]谭洋．在线内容分享服务提供商的一般过滤义务——基于《欧盟数字化单一市场版权指令》［J］．知识产权，2019（6）．

[66]陶乾．论著作权法对人工智能生成成果的保护作为邻接权的数据处理者权之证立［J］．法学，2018（4）．

[67]王超政．著作邻接权制度功能的历史探源与现代构造［J］．华中科技大学学报（社会科学版），2020（4）．

[68]王光利．审美范式转型与新媒体文学发展路向［J］．江苏社会科学，2021（2）．

[69]王国柱．著作权"选择退出"默示许可的制度解析与立法构造［J］．当代法学，2015（3）．

[70]王美儿，王景周，王海蓉．智能软件对新闻内容创作的辅助实践与思考［J］．中国编辑，2021（3）．

[71]王琪琦，李海燕．试论"跨媒体"内容创作的策略［J］．河北师范大学学报（哲学社会科学版），2011（5）．

[72]王迁．"今日头条"著作权侵权问题研究［J］．中国版权，2014（4）．

[73]王迁．《信息网络传播权保护条例》中"避风港"规则的效力［J］．法学，2010（6）．

[74]王迁．论"网络传播行为"的界定及其侵权认定［J］．法学，2006（5）．

[75]王迁．著作权法中传播权的体系［J］．法学研究，2021（2）．

[76]王若佳，张璐，王继民．基于扎根理论的在线问诊用户满意度影响因素研究［J］．情报理论与实践，2019（10）．

[77]王小夏，付强．人工智能生成物著作权问题探析［J］．中国出版，2017（17）．

[78]王悦彤．洞悉社交媒体，剖析使用行为——评牛静新作《社交媒体使用行为研究：互动、表达与表露》［J］．青年记者，2019（30）．

[79]吴汉东，等．对话：人工智能对知识产权法律保护的挑战［J］．中

国法律评论，2018（2）.

[80]吴汉东. 从电子版权到网络版权［J］. 私法研究，2001（1）.

[81]吴汉东. 从应变到求变——《中华人民共和国著作权法》第三次修改评析［J］. 法商研究，2012（4）.

[82]吴汉东. 著作权法第三次修改草案的立法方案和内容安排［J］. 知识产权，2012（5）.

[83]吴幼祥. 媒体人辞职创业这件事［J］. 新闻战线，2018（6）.

[84]习近平. 加快推动媒体融合发展 构建全媒体传播格局［J］. 求是，2019（6）.

[85]谢尧雯. 论美国互联网平台责任规制模式［J］. 行政法学研究，2018（3）.

[86]新华智云推出25款媒体机器人，解决媒体人痛点［J］. 传媒，2019（17）.

[87]熊澄宇. 新媒体与移动通讯［J］. 广告大观（媒介版），2006（5）.

[88]熊澄宇. 整合传媒：新媒体进行时［J］. 国际新闻界，2006（7）.

[89]熊琦. "算法推送"与网络服务提供者共同侵权认定规则［J］. 中国应用法学，2020（4）.

[90]熊琦. 短视频平台该如何化解"二创"版权风波［J］. 光明日报，2021（2）.

[91]熊琦. 著作权集中许可机制的正当性与立法完善［J］. 法学，2011（8）.

[92]熊琦. 著作权许可的私人创制与法定安排［J］. 政法论坛，2012（6）.

[93]徐琦，韩冰. 视频媒体智能化：关键技术、全链应用与突破方向［J］. 电视研究，2021（3）.

[94]徐瑛晗，马得原. "VR出版物"著作权合理使用问题探析［J］. 科技与出版，2021（7）.

[95]薛虹. 再论网络服务提供者的版权侵权责任［J］. 科技与法律（季刊），2000（1）.

[96]薛亚君. 新闻聚合行为的规制与报刊出版者邻接权［J］. 出版广

角，2015（12）．

［97］严霄凤，张德馨．大数据研究［J］．计算机技术与发展，2013（4）．

［98］颜晶晶．报刊出版者权作为邻接权的正当性探析——基于德国《著作权法》第八修正案的思考［J］．比较法研究，2015（1）．

［99］杨新敏．中国圈子文化与社交网站传播［J］．苏州大学学报（哲学社会科学版），2010（5）．

［100］叶韦明．机器人新闻：变革历程与社会影响［J］．中国出版，2016（10）．

［101］叶文波，周琚琛．政务抖音号如何打造爆款短视频——以武汉消防官方抖音账号为例［J］．新闻前哨，2020（8）．

［102］易继明．人工智能生成物是作品吗？［J］．法律科学（西北政法大学学报），2017（5）．

［103］易健雄．"世界上第一部版权法"之反思——重读《安妮法》［J］．知识产权，2008（1）．

［104］喻国明，兰美娜，李玮．智能化：未来传播模式创新的核心逻辑——兼论"人工智能＋媒体"的基本运作范式［J］．新闻与写作，2017（3）．

［105］喻国明．解读新媒体的几个关键词［J］．广告大观（媒介版），2006（5）．

［106］袁锋．论新技术环境下"转换性使用"理论的发展［J］．知识产权，2017（8）．

［107］袁锋．元宇宙空间著作权合理使用制度的困境与出路——以转换性使用的界定与适用为视角［J］．东方法学，2022（2）．

［108］岳改玲，黄灵燕．拍客进行内容创作和分享的动机研究——以优酷网为例［J］．今传媒，2014（7）．

［109］张健．融媒体时代广电媒体经营策略——多元化平台布局MCN新模式［J］．中国广播电视学刊，2020（8）．

［110］张今，陈倩婷．论著作权默示许可使用的立法实践［J］．法学杂志，2012（2）．

［111］张莎莎．公开表演权于网络转播行为的适用——评美国最高法院

ABC, Inc. v. Aereo, Inc. 案［J］.中国版权,2014（4）.

［112］张伟君.广播权与表演权和信息网络传播权的关系辨析［J］.苏州大学学报（法学版）,2020（2）.

［113］张新雯,陈丹."全版权"运营与"微版权"运营的比较研究［J］.科技与出版,2016（6）.

［114］赵海怡.当代法和经济学发展的第三条进路——法学与经济学的双向校验互动［J］.政法论坛,2022（4）.

［115］赵茹,张楠.解读网红：粉丝聚集与流量变现［J］.新闻研究导刊,2016（21）.

［116］赵宇翔.web2.0环境下影响用户生成内容动因的实证研究——以土豆网为例［J］.情报学报,2010（3）.

［117］赵云泽,张竞文,谢文静,等."社会化媒体"还是"社交媒体"？——一组至关重要的概念的翻译和辨析［J］.新闻记者,2015（6）.

［118］赵泽睿.平台革命引发的美国版权责任变革及经验分析［J］.电子知识产权,2020（12）.

［119］钟瑛,李苏,方晨新.媒介环境中用户生产内容的价值及实现路径［J］.西南民族大学学报（人文社会科学版）,2017（1）.

［120］周艳,吴凤颖.互联网下半场内容创作的乱象与破局［J］.新闻与写作,2019（4）.

［121］朱理.互联网领域竞争行为的法律边界：挑战与司法回应［J］.竞争政策研究,2015（7）.

［122］曾祥敏,朱玉芳.专业媒体用户生产内容的求证机制研究［J］.当代传播,2015（3）.

三、外文文献

［1］COOLEY C H. Social Organization：A Study of the Larger Mind［M］. New York：Charles Scribner's Sons, 1909.

［2］INNIS H A. The Bias of Communication［M］. Toronto：University of Toronto Press, 1999.

[3] PATTERSON L R, LINDBERG S W. The Nature of Copyright: A Law of Users' Rights[M]. Georgia: The University of Georgia Press, 1992.

[4] LAZASFELD P F. The Effects of Radio on Public Opinion. In D. Waples (ed.), Print, Radio, and Film in a Democracy[M]. Chicago: University of Chicago Press, 1942.

[5] MASLOW A H. Eligions, values, and peak experiences [M]. New York: Penguin, 1970.

[6] MCLUHAN M, McLuhan E. Laws of the Media: The New Science [M]. Toronto: University of Toronto Press, 1992.

[7] MCLUHAN M. Understanding Media: The Extensions of Man [M]. Cambridge, MA: MIT Press, 1994.

[8] ADORNO T W. On Popular Music [J]. Studies in Philosophy and Social Science, 1941.

[9] ARSHAM B E. Monetizing Infringement A New Legal Regime for Hosts of User-Generated Content [J]. Georgetown Law Journal, 2013, 101(3).

[10] BAUDRILLARD J. Simulations [M]. New York: Semiotext(e), 1983.

[11] BENJAMIN W. Illuminations: Essays and Reflections[M] London: Schocken Books, 1969.

[12] BENJAMIN W. The Author as Producer [M]. Oxford: Blackwell, 1978.

[13] SUNSTEIN C R. Ullmann-Margalit E., Solidarity Goods [J]. Journal of Political Philosophy, 2001(9).

[14] DEPEW D, PETERS J. Communication and Community: The Conceptual Background[J]. Lawrence Erlbaum Associates, 2001(3).

[15] WILLIAMSON E. Transaction Cost Economics: The Governance of Contractual Relations [J]. Journal of Law and Economics, 1979(2).

[16] GITLIN T. Media Sociology: The Dominant Paradigm[J]. Theory and Society, 1978(6).

[17]CALABRESI G, MELAMED A D. Property Rules, Liability Rules, and Inalienability: One View of the Cathedral [J]. Harvard Law Review, 1972(2).

[18] HORTON D, Wohl R. Mass Communication and Para - social Interaction: Obeservations on Intimacy at a Distance [J]. Psychiatry, 1956(3).

[19] JEHORAM H C. The Nature of Neighboring Rights of Performing Artists, Phonogram Producers and Broadcasting Organizations [J]. Columbia Journal of Law & the Arts, 1990(15).

[20] KAPLAN A M, Haenlein M. Users of the world, unite! [J]. The Challenges and Opportunities of Social Media. Business Horizons, 2010, 53(1).

[21] LANG K, LANG G E. The Unique Perspective of Television and Its Effect: A Pilot Study [J]. American Sociological Review, 1953, 18(1).

[22] LAZASFELD P F. and Merton R. K. Mass Communication, Popular Taste, and Organized Social Action [M]. In Bryson L. (ed.), The Communication of Ideas, New York: Harper and Brothers, 1948.

[23] WIRTH L. Consensus and Mass Communication [J]. American Sociological Review, 1948, 13(1).

[24]NIMMER M B, NIMMER D. Nimmer on Copyright [M]. New York: Matthew Bender, 2009.

[25]PALLANTE M A. The Next Great Copyright Act [J]. Columbia journal of Law & Arts,2013(36).

[26] LEARY M R. The Self We Know and the Self We Show: Self - esteem, Self - presentation, and the Maintenance of Interpersonal Relationships [M]. In M. Brewer & M. Hewstone (Eds.), Emotion and Motivation. Malden, MA: Usishers, 2004.

[27]MASLOW A H. Motivation and personality [M]. New York: Harper & Row, 1970.

[28] HORKHEIMER M, ADORNO T. The Culture Industry: Enlightenment as Mass Deception [M]. In Curran, J., Gurevitch, M. and Woollacott, J. (eds) Mass Communication and Society. London: Edward Arnold, 1977.

[29] SAWYER M S. Filters, Fair Use & Feedback: User – Generated Content Principles and the DMCA [J]. Berkeley Technology Law Journal, 2009(24).

[30] NIMMER R. Breaking Barriers: The Relations between Contract and Intellectual Property Law [J]. Berkeley Technology Law Journal, 1998(13).

[31] MERGES R P. A New Dynamism in the Public Domain [J]. University of Chicago Law Review, 2004(71).

[32] MERGES R P. The Continuing Vitality of Music Performance Rights Organizations [J]. UC Berkeley Public Law Research Paper No. 1266870, 2008(8).

[33] SPRAGGON M, BODOLICA V. Knowledge Creation Processes in Small Innovative Hi – Tech Firms [J]. Management Research News, 2008, 31(11).

[34] ZEILINGER M. Digital Art as 'Monetised Graphics': Enforcing Intellectual Property on the Blockchain[J]. Philosophy & Technology, 2016(1).